浙江省哲学社会科学规划一般课题研究成果
（项目编号：14NDJC222YB）

Unique Styles
A Study on Female Teachers
in Modern Universities

别样的风采

近代大学女教师研究

项建英　著

ZHEJIANG UNIVERSITY PRESS
浙江大学出版社

目　录

绪　论

一、选题的缘起

清末民初,随着女子受教育程度的提高,长期以来形成的男尊女卑的社会心理开始出现裂痕,深处闺阁的女性开始萌生反抗诉求,从传统女性无才、无学、无识的噩梦中慢慢苏醒。一批女性开始走出家庭,走向社会,为获得经济和人格的独立,纷纷进入职场,成为职业女性。而在各种职业中,教师这一职业对女性具有很大吸引力。但当时女子主要从事的是中小学教育,认为这是母职的延续,而担任大学女教师的几乎没有。然而随着教会女子大学中女教师的出现,加上当时国内女子高等教育的快速发展,尤其是大学男女同校后,急需一批女性担任大学教师。女性留学人数的增长和女子职业思潮的兴起则为女性走上大学讲台提供了可能和准备。而在主观上,一批女性求知欲望强烈,文化素养中西融汇,个性上独立自主,刚强不屈,呈现出高于一般女性的自信和执着。因此,在主客观因素的作用下,大学女教师群体开始形成。大学女教师群体一经形成后,迅速成为一个备受关注的新兴知识精英群体。她们在大学这个舞台上,无论是教学、学科学术研究,还是管理、社会服务等各方面,发出了别样的光芒和风采,理所当然地成为女子解放运动和女子教育近代化的先驱。

然而迄今为止,人们对这一群体更多的是关注她们的风流逸事,或者只局限于个体的研究,如对林徽因,人们马上想到的是徐志摩因为她而抛弃自己的妻儿、金岳霖为了她终身不娶等,更多地把林徽因作为饭后谈资,而不是作为一个大学女教授、建筑学家,为了建筑事业如何呕心沥血,为了自己钟爱的建筑事业带病工作的执着追求,对这些人们不甚关注,甚至根本不了解、不知道;再如袁昌英,人们可能并不知道她,有些人只知道她是著名经济学家杨端六的夫人,却不知她在武汉大学从事教学 28 年,为工作忙碌、焦灼,倾注了她所有的青春和热情;人们只知道冯友兰、冯景兰俩兄弟的成就,却不知道他们的妹妹冯沅君在近代却是一颗大学讲坛上的星星,闪亮而成绩卓著;等等。可以说,目前学界对近代大学女教师群体的教学、学科学术研究、管理和社会服务等方面的研究是少之又少,跟这一群体的重要性很不匹配。

本研究试图对 20 世纪上半叶大学女教师这一群体进行研究,充分展现她们在大学的教学、学科学术研究、管理和社会服务等方面的风采,揭示这群大学女教师是如何以一种飞扬的姿态,闯入以前女子从未敢涉足的领域,或娓娓而谈,或低吟浅唱,或慷慨激昂。她们大方得体,精致美好,渴望着自己的渴望,追求着自己的追求,即使在战火纷飞的岁月,她们仍然温柔而坚强,就像在高寒地带盛开的鸢尾花,每一朵都是那么的热烈,那么的自由,那么的耀眼。希望通过本研究,让我们对近代大学女教师有一个崭新的认识,发现她们优雅外表下所蕴藏的一颗颗坚强执着的内心,让她们在历史的尘埃中重新熠熠生辉,闪耀其光芒。因此,研究意义主要是:

1. 丰富近代大学教育研究内容

目前,学界对近代大学教师研究更多的关注点在男教师,而对女性研究主要涉及女子解放、女子办报、女子教育等领域,对大学女教师的研究更多关注的是她们的风流逸事,把女性作为大学女教师进行研究的专著和论文几乎没有。因此,本研究以近代大学女教师作为研究对象,对大学女教师群体的形成及其特征,近代大学女教师的教学、学科学术研究、管理和社会服务等风采予以详细描述,并在此基础上分析了近代大学女教师对教学、学科学术研究、管理和社会服务的贡献,最后提出了近代女教师在大学教育中存在的问题以及碰到的几对矛盾,并总结了几条突围路径。这些无疑会大大丰富近代大学教育研究的内容。

2. 对当今大学女教师是一种激励

当今大学女教师地位已大大提高,然而传统的"男主外,女主内"思想并未彻底改变,很多女教师所遭遇的问题,其实近代的大学女教师也碰到过。而且从某种程度上说,近代大学女教师所处的时代比现在更加封建、更加保守,她们所取得的每一点成绩所要付出的努力和代价更加巨大。因此,本研究以近代大学女教师为研究对象,分析她们是如何消解女教师与男教师的矛盾,事业与家庭的矛盾,教学、学术与管理的矛盾等,最终脱离传统的性别樊篱,演绎成近代一个个事业成功、人格独立,又富含女人味的大学教师。今天,我们重新研究近代大学女教师,揭示她们别样风采的背后所付出的努力和辛酸,对当今大学女教师来说更是一种激励和追求。

二、文献综述

我们发现关于女性研究的资料已相当丰富,然而这些研究更多的是关注女权运动、女子教育等方面,而对近代大学女教师群体进行研究,则是非常有限,可供参考的原始资料也非常零散。因此,把对近代大学女教师作为对象进行研究,具有一定的价值,同时也富有很大的挑战性。现将与本研究相关的文献做一系统梳理。

1.直接对近代大学女教师群体进行研究的专著和论文

直接对近代大学女教师进行研究的专著还没有,仅有的主要是1篇硕士学位论文和几篇学术论文。主要有蔡锋《民国时期高校女教师队伍的建设与发展》(《中华女子学院学报》2003年第5期),该文分独立设置的女子高校和一般高校女教师队伍的建设与发展,并分析了影响民国高校女教师队伍建设与发展的主要因素;张建奇《我国早期高校女教师队伍的形成与发展》(《高等教育研究》2010年第5期)一文主要描述了教会大学女性教师的贡献、中国籍大学女教师队伍的形成和国民政府时期大学女教师队伍的发展;而张建奇的另一篇《建国前我国高校女教师队伍的历史演进》(《有色金属高教研究》1997年第4期)则从时间上阐述了高校女教师队伍的形成和发展。但所有这些研究都侧重于近代大学女教师队伍的发展阶段和来源的分析,对本书第一章的写作具有很大参考意义。而对大学女教师进行深入探讨的则是李巧敏《1927—1937年的高校女教师研究》(曲阜师范大学硕士学位论文,2012年),该文主要研究了1927—1937年高校女教师队伍的基本情况、生活和对社会的影响。但这篇文章从时间上看仅仅局限于研究1927—1937年的这十年的高校女教师,还不能全面展示近代大学女教师的教育风貌。前期研究成果虽然十分有限,但所有这些前期研究成果,却为本书的研究打下了基础,并指明了研究方向。

2.通过对教师群体研究涉及近代大学女教师群体研究的专著和论文

王文娟《近代苏州女教师群体研究》(上海师范大学硕士学位论文,2007年)从整体上叙述了近代苏州女教师的婚姻生活、职业生活以及社会活动,其中涉及苏雪林、杨荫榆、俞庆棠等大学女教师;陈媛《中国大学教授研究——近代教授、大学与社会的互动史(1895—1949)》(太原:山西教育出版社,2012年)一书中的第三章中就有论述大学教师的性别结构,大学教授群体中出现女教师,反映了中国近代女性社会角色的多元化,也打破了大学教授群体的男性垄断的单一局面,呈现出别样的风采;庞海江《近代大学教师群体透析》(吉林大学硕士学位论文,2006年)一文的第二章近代大学教师群体结构分析,梳理了近代大学教师群体的形成和发展过程,并从地缘结构、知识结构、性别结构和国籍结构四个方面对大学教师群体的结构进行了分析,其中性别结构中就涉及大学女教师的问题。此外,对教师群体进行分析的还有:章亚希《近代中国女教师的兴起(19世纪末至1937年)》(华东师范大学硕士学位论文,2016年)、刘强《1927—1937年安徽教师群体研究》(安徽大学硕士学位论文,2011年)、许妍《1927—1937年河南教师群体研究》(河南大学硕士学位论文,2008年)、慈鸿飞的《二三十年代教师、公务员工资及生活状况考》(《近代史研究》1994年第3期)、马方方《民国时期女教师的经济地位状况研究(1912—1937)》(《妇女研究论丛》2009年第1期)、李彦荣《民国时期上海教师的薪水及其生活状况》(《民国档案》2003年第1期)、刘玉梅《清末民初教师群体过渡性特征分析》(《河北大学学报》〔哲学社会科学版〕2006年第6期),等等。这些论文都是从整体上对近代教师群体进行某一方面的研究,但其中或多或少亦涉及近代大学女教师的生活、工资待遇等问题,虽只是片言只语,但对本书的研究却是弥足珍贵。

3.通过女性职业的视角研究近代大学女教师群体的专著和论文

大学女教师是职业女性的重要组成部分,对女性职业进行研究的主要有:王晓丹《历史镜像——社会变迁与近代中国女性生活》(昆明:云南大学出版社,2011年)一书中第五章“独立与自立:中国近代女性就业之路”第四节专门描述了女教师的职业生活、家庭生活和经济生活;王琴《女性职业与近代城市社会》(北京:中国社会出版社,2010年)一书从社会史的角度分析了近代女性职业的发展,其中第六章分析了女教师。此外,还有大量论文,如何黎萍的系列论文《试论近代中国妇女争取职业及职业平等权的斗争历程》(《近代史研究》1998 年第 2 期)、《抗战以前国统区妇女职业状况研究》(《文史哲》2002 年第 5 期)、《解放战争时期妇女职业状况考察》(《史学月刊》2003 年第 1 期)、《中国近代妇女职业的起源》(《妇女研究论丛》1997 年第 3 期)等。这些文章指出了女性职业的演变历程,从女工到女医生、女教师,再到女记者、女编辑等。文章虽然没有直接谈及大学女教师,但却为研究写作提供了一个整体的社会背景;程郁《二十世纪初中国提倡女子就业思潮与贤妻良母主义的形成》(《史林》2005 年第 6 期)、阮珍珍《1912—1937 年知识女性职业状况考察》(河南大学硕士学位论文,2008 年)、郭瑞敏《浅析民国时期妇女职业不发达的原因》(《文史杂志》2002 年第 4 期)、蒋美华《中国近代妇女就业初探》(《江苏社会科学》1998 年第 4 期)、王志辉《女性职业问题的言说:以〈妇女杂志〉(1915—1931)为中心的考察》(天津师范大学硕士学位论文,2008 年),等等。这些研究为本书书写大学女教师群体的形成背景以及在职过程中处理家庭与事业等关系问题提供了重要参考。

4. 通过女子教育史研究涉及近代大学女教师群体的论著

在中国女子教育史研究中,涉及了大学女教师研究的资料。如安树芬主编《中国女性高等教育的历史与现状研究》(北京:高等教育出版社,2002 年)一书的前三章对近代中国女子高等教育的产生、发展及其特征和评价进行了叙述,其中有一节叙写了民国时期大学女教师队伍的状况及发展,并分析了女教师队伍形成的影响因素,虽然篇幅非常有限,但对本研究却具有导向性作用;张建奇在《高等教育中女性地位研究》(广州:中山大学出版社,1999 年)一书的第一章书写新中国成立前我国女性在普通高等教育中的地位,其中第二大点考察了女性担任高校教师职务状况,主要分三个历史阶段进行,并对每一阶段大学女教师的人数、地位及存在问题等进行了剖析,这些对本课题研究也是非常宝贵。此外,程谪凡编《中国现代女子教育史》(上海:中华书局,1936 年)、黄新宪《中国近现代女子教育》(福州:福建教育出版社,1992 年)、雷良波等《中国女子教育史》(武汉:武汉出版社,1993 年)、熊贤君《中国女子教育史》(太原:山西教育出版社,2006 年)、谷忠玉《中国近代女性观的演变与女子学校教育》(合肥:安徽教育出版社,2006 年)、乔素玲《教育与女性——近代中国女子教育与知识女性觉醒(1840—1921)》(天津:天津古籍出版社,2005 年)、杜学元《中国女子教育通史》(贵阳:贵州教育出版社,1995 年)、卢燕贞《中国近代女子教育史(1895—1945)》(台北:文史哲出版社,1989 年)、朱峰《基督教与近代中国女子高等教育:金陵女大与华南女大比较研究》(福州:福建教育出版社,2002 年),等等。这些研究虽只描述了女子教育的发展概况,对大学女教师的研究涉及亦相当有限,但对本书的研究开阔了视野,拓宽了知识面,对研究大学女教师打下了扎实的知识底蕴。

5.通过留学史研究涉及近代大学女教师群体的论著

近代担任大学教师的人员几乎都有出国留学的背景。因此,从大量留学史研究中,我们可以窥见她们在国外学习的概况。台湾中正大学王惠姬女士的博士学位论文《中国现代化的推手——以留美实科女生为主的研究(1881—1927)》(新北:花木兰文化出版社,2011 年)一文从清末自金雅妹留学美国以来,至 1927 年为止,对实科女生群体进行了相关研究,这些实科女生回国后很多人从事大学教师的职业,对中国的理工与自然科学、医护卫生科学以及农工科技与教育等方面做出了卓越的贡献,该文资料翔实,对本书的写作有很大的参考价值;美国密歇根州立大学学者史黛西·比勒的《中国留美学生史》(北京:生活·读书·新知三联书店,2010 年)是一本专门论述留美学生状况的著作,它以《留美中国学生月刊》为核心材料,用一些具体个人故事来构建其整体的主题,在第六章中选取了中国第一位大学女教授——陈衡哲的个人事例作为研究对象,生动展示了那一时期留美学生在国外的生活学习风貌,其中很多关于留美女学生在美国的细节研究,对本研究内容的充实、深化不无裨益;美国马萨诸塞州州立大学波士顿分校的历史系教授叶维丽编写了《为中国寻找现代之路——中国留学生在美国(1900—1927)》(北京:北京大学出版社,2012 年)一书,从中美两种文化交汇冲撞中蜕变出来的现代中国人——留美生入手,从不同的视角着手研究,譬如留美生对"唐人街"的态度和与华工的关系,在婚姻与爱情问题上的态度,在课余生活中的表现,以及留美女性需面对的与她们性别相关的种种独特问题,均进行了研究概述。编著第四章专门论述了"女留学生的故事(1880 年代—1920 年代)",为本研究的写作思路和写作框架提供了可供借鉴参考的重要依据;王奇生《中国留学生的历史轨迹:1872—1949》(武汉:湖北教育出版社,1992 年)一书中有一章专门用来讲述从深闺走向世界的留学女性,这就为本研究的撰稿提供了大量的史料线索和可供参考的研究资料。此外,还有大量留学史专著如李喜所《近代中国的留学生》(北京:人民出版社,1987年)、《近代留学生与中外文化》(天津:天津人民出版社,1992 年)、《近代中国的留美教育》(天津:天津古籍出版社,2000 年)、《五千年中外文化交流史》(北京:世界知识出版社,2002 年)、《中国留学通史》(广州:广东教育出版社,

2010 年）；孙石月《中国近代女子留学史》（北京：中国和平出版社，1995 年）、黄新宪《中国留学教育的历史反思》（成都：四川教育出版社，1991 年）、留学生丛书编委会《中国留学史萃》（北京：中国友谊出版公司，1992 年）、田正平《留学生与中国教育近代化》（广州：广东教育出版社，1996 年）、周棉《留学生与中国的社会发展》（徐州：中国矿业大学出版社，1997 年）、谢长法《借鉴与融合——留美学生抗战前教育活动研究》（石家庄：河北教育出版社，2001年）、周一川《近代中国女性日本留学史》（北京：社会科学文献出版社，2007年）、林子勋《中国留学教育史（1847—1975 年）》（台北：华冈出版有限公司，1976 年）、陶龙生《留学与中国社会》（台北：台湾学生书局，1978 年）、汪一驹《中国知识分子与西方——留学生与近代中国（1872—1949）》（新竹：枫城出版社，1978 年）、陈琼璆《清季留学政策初探》（台北：文史哲出版社，1989年），等等。通过留学史研究，挖掘了大量女教师在国外留学时的经历，对本研究丰富化立体化大有帮助。

6. 通过近代妇女运动史和女权运动研究涉及近代大学女教师群体的专著和论文

有关近代妇女运动史的专著和论文研究中，也或多或少有提及大学女教师的资料。如陈东原《中国妇女生活史》（上海：上海书店，1990 年）描述了从古代一直到近代妇女的生活概况，特别是对近代妇女的教育、职业、婚姻、性态度、参政等方面进行了详细的阐述，让我们从整体上了解了近代妇女的生活，对本书的研究更加清晰和深刻。另外还有李又宁、张玉法主编《近代中国女权运动史料：1842—1911》（台北：传记文学出版社，1975 年，上下册）、谈社英《中国妇女运动通史》（南京：妇女共鸣社，1936 年）、中华全国妇女联合会《中国妇女运动史》（北京：春秋出版社，1989 年）、马庚存《中国近代妇女史》（青岛：青岛出版社，1995 年）、梁占梅《中国妇女奋斗史话》（北平：建中出版社，1943 年）、王平陵《中国妇女的恋爱观》（上海：光华书局，1926 年）、梅生编《中国妇女问题讨论集》（上册，上海：上海书店据新文化书社影印，1989年），等等。

此外，大量有关女权运动的论著，也为本书的研究拓宽了思路。如李银河《女性权力的崛起》（北京：中国社会科学出版社，1997 年）对西方女权主义理论流派进行了详细考察，并对女性气质问题进行了专题讨论；她的另一本专著《性别问题》（青岛：青岛出版社，2007 年）中，则开辟专章讨论了性别气质中的刻板印象问题；王俊《遮蔽与再现：学术职业中的性别政治》（武汉：华中师范大学出版社,2011年)一书生动地描绘了女教师在大学被边缘化的结构性因素,解读了学术职业的性别符码。此外,[英]莱斯蕾·罗杰斯《大脑的性别》(北京:生活·读书·新知三联书店,2004年)、[法]西蒙娜·德·波伏娃《第二性Ⅱ》(北京:中国书籍出版社,1998年)、李小江等《文化、教育与性别:本土经验与学科建设》(南京:江苏人民出版社,2002年)、方刚主编《性别心理学》(合肥:安徽教育出版社,2010年)、郑新蓉《性别与教育》(北京:教育科学出版社,2005年),等等。这些有关性别理论的书籍,为书的写作提升了理论高度,提供了新的视角。

7. 人物传记、回忆录、自传中涉及民国大学女教师群体的资料

人物传记、回忆录、自传的资料现在很多。有关陈衡哲的主要有:陈衡哲《陈衡哲早年自传》(合肥:安徽教育出版社,2006年)、史建国《陈衡哲传:"造命"人生的歌者》(上海:上海远东出版社,2010年)、抢救民间家书项目组委会编《任鸿隽陈衡哲家书》(北京:商务印书馆,2007年)、陈衡哲《说中年》(长春:吉林摄影出版社,1999年),等;有关林徽因的主要有:陈学勇《林徽因寻真》(北京:中华书局,2004年)、陈学勇《莲灯微光里的梦:林徽因的一生》(北京:人民文学出版社,2008年)、刘小沁编选《窗子内外忆徽因》(北京:人民文学出版社,2001年)、杨永生编《记忆中的林徽因》(西安:陕西师范大学出版社,2004年)、陈钟英和陈宇编《中国现代作家选集:林徽因》(北京:人民文学出版社,1992年)、清华大学建筑学院编《建筑师林徽因》(北京:清华大学出版社,2004年)等;有关冰心的主要有:冰心《冰心自传》(南京:江苏文艺出版社,1995年)、冰心《冰心自述》(郑州:大象出版社,2005年)、肖凤《冰心传》(北京:北京十月文艺出版社,1987年)等;有关苏雪林的主要有:苏雪林《浮生九四:雪林回忆录》(台北:三民书店,1991年)、苏雪林《苏雪林自传》(南京:江苏文艺出版社,1996年)、苏雪林《苏雪林自述自画》(北京:中国青年出版社,2013年)、范震威《世纪才女:苏雪林传》(石家庄:河北教育出版社,2006年)等;有关袁昌英的有罗惜春《袁昌英评传》(湘潭:湘潭大学出版社,2015年)、杨静远编选《飞回的孔雀——袁昌英》(北京:人民文学出版社,2002年)等;有关冯沅君的有严蓉仙《冯沅君传》(北京:人民文学出版社,2008年)、许志杰《陆侃如和冯沅君》(济南:山东画报出版社,2006年)等;有关林巧稚的有吴崇其《林巧稚》(福州:福建科学技术出版社,1997年)、张清平《林巧稚传》(天津:百花文艺出版社,2012年)等;有关吴贻芳的主要有:程斯辉、孙海英《厚生务实　巾帼楷模——金陵女子大学校长吴贻芳》(济南:

山东教育出版社,2004 年)、钱焕琦和孙国锋《厚生育英才:吴贻芳》(南京:南京师范大学出版社,2012 年);有关杨崇瑞的有左奇和严仁英主编《杨崇瑞博士——中国妇幼卫生事业的开拓者》(北京:北京医科大学出版社,2002 年)、严仁英等主编《杨崇瑞博士:诞辰百年纪念》(北京:北京医科大学、中国协和医科大学联合出版社,1990 年);有关陆礼华的有:李小江主编《让女人自己说话:独立的历程》(北京:生活·读书·新知三联书店,2003 年);等等。

此外,还有大量有关大学女教师个体研究的论文:夏一雪《现代知识女性的角色困境与突围策略——以陈衡哲、袁昌英、林徽因为例》(《妇女研究论丛》2010 年第 4 期)、黄波粼《女人,只有一条女性的路可走:陈衡哲的事业与家庭》(《档案春秋》2013 年第 2 期)、冯梅《陈衡哲:中国第一女教授》(《新世纪周刊》2008 年第 10 期)、赵晓玲《中国第一女教授陈衡哲四川行》(《红岩春秋》2001 年第 1 期)、杜方智《胡适与陈衡哲》(《书屋》2003 年第 2 期)、段明艳《"一代才女"陈衡哲家书家事》(《收藏界》2007 年第 7 期)、吴继路《勇于"造命"的女教授陈衡哲》(《炎黄春秋》1999 年第 3 期)、刘云《陈衡哲女性观解析》(华中师范大学硕士学位论文,2006 年)、谈晓洁《勇于造命的女学者——陈衡哲生平及思想研究》(上海师范大学硕士学位论文,2005 年)、高云贵《中国历史上第一位女性大学校长杨荫榆》(《档案时空》2004 年第 3 期)、宋凤英《杨荫榆的复杂人生》(《文史天地》2008 年第 5 期)、梁从诫《我的母亲林徽因》(《北方人》2006 年第 2 期)、啦哇《倾城才女林徽因的爱情传奇》(《健康》2010 年第 11 期)、朱勉《林徽因的建筑人生》(福建师范大学硕士学位论文,2006 年)、陈学勇《〈林徽因年表〉补》(《新文学史料》1999 年第 2 期)、沈晖《1930—1931 年:苏雪林在安徽大学》(《新文学史料》2009 年第 2 期)、潘丽珍《伊人宛在——守护精神》(福建师范大学硕士学位论文,2008 年),等等。

这些资料生动形象地展现了某位大学女教师个体的一生,虽然只是个案,但从这些大学女教师个体身上,我们可以窥见整个近代大学女教师群体的概貌,同时也为个案研究提供了大量丰富而深入的资料。

8.校史、史料中涉及近代大学女教师群体的资料

大量校史、史料中真实地记录着近代大学女教师的资料。如龙泉明、徐正榜编《老武大的故事》(南京:江苏文艺出版社,1998 年),其中有吴鲁芹的《记珞珈三杰》一文,生动地展现了苏雪林、袁昌英和凌淑华在武汉大学的教学生活。此外,还有袁昌英女儿杨静远的《一个小女孩眼中的珞珈山》一文,

对母亲袁昌英在武汉大学的生活进行了追忆;徐正榜主编《武大逸事》(沈阳:辽海出版社,1999年)一书中有《孙家琇》一文,对孙家琇作为武汉大学最年轻的女教授在学校的教学、课余生活进行了描述;中央大学南京校友会、中央大学校友文选编纂委员会编《南雍骊珠:中央大学名师传略》(南京:南京大学出版社,2004年),该书对曾在中央大学教过的女教师陈衡哲、潘玉良、俞大纲等女教师的教育教学事迹进行考察;北京大学、清华大学、南开大学、云南师范大学编《国立西南联合大学史料(四:教职员卷)》(昆明:云南教育出版社,1998年)对各个年份的教师的籍贯、学历、学位、毕业学校等进行了统计,其中就包括大量女教师的信息。此外还有王学珍、郭建荣主编《北京大学史料(1912—1937)》(第2卷上、中、下)(北京:北京大学出版社,2000年),萧超然编《北京大学校史(1898—1949年)》(上海:上海教育出版社,1981年),朱斐主编《东南大学史(1902—1949)》(南京:东南大学出版社,1991年),《南大百年实录》编辑组编《南大百年实录·中央大学史料选》(南京:南京大学出版社,2002年),王振乾、丘琴、姜克夫编著《东北大学史稿》(长春:东北师范大学出版社,1988年),[美]华惠德《华南女子大学》(珠海:珠海出版社,2005年),[美]德本康夫人、蔡路得《金陵女子大学》(珠海:珠海出版社,1999年),等等。这些资料和研究成果都是研究大学女教师群体的重要文献,对本书的写作具有很高的史料价值。

　　总而言之,有关近代大学女教师个体研究的资料已非常丰富,不同的学者从各个不同的角度对大学女教师有所阐述。以上资料,对丰富本研究的写作提供了大量的信息和参考。

三、概念厘定

1. 大学

　　近代中国大学是在特定的历史条件和背景下产生的。1894年甲午战争失败,朝野上下普遍认识到"教育救国"的重大意义。因此,近代意义上的大学开始出现,最早有天津中西学堂、京师大学堂等。为规范高等教育的办学,1904年颁布了《奏定学堂章程》,规定:"设大学堂,令高等学堂毕业者入焉;并于此学堂内设通儒院(外国名大学院,即设在大学堂内),令大学堂毕业者入焉,以谨遵谕旨,端正趋向,造就通才为宗旨。"①到民初,教育部公布《大学令》,其中第二条规定:"大学分为文科、理科、法科、商科、医科、农科、工科";同时在第三条中强调:"大学以文理二科为主;须合于下列各款之一,方得名为大学:一、文理二科并设者;二、文科兼法商二科者;三、理科兼医农工三科或二科一科者。"②1929年教育部又公布《大学规程》,第一条规定:"大学依大学组织法第四条之规定,分文、理、法、教育、农、工、商、医各学院","独立学院依大学组织法第五条第二项规定,得分二科";"大学须具备三学院,并遵照中华民国教育宗旨及其实施方针,大学教育注重实用科学之原则,必须包含理学院或农工医各学院之一"。③ 于是,独立学院从大学中分离出来,它们共同构成中国高等教育的主体部分。

作为教育之母机的师范大学,在1904年《奏定学堂章程》中规定师范分初级和优级,其中优级师范相当于高等师范学校。进入民初,优级师范学堂改称为高等师范学校,1912年教育部公布的《师范教育令》规定将高等师范学校定为国立。1913年教育部公布的《高等师范学校规程》对高等师范学校的学制更是进行了具体而详细的规定:高等师范学校分为预科、本科、研究科、专修科和选科,修业年限预科1年,本科3年,研究科1年或2年,专修科2年或3年,选科2年以上、3年以下,等等。到1922年,北洋政府颁行《学校系统改革案》,其中规定:"依旧制设立之高等师范学校,应于相当时期内提高程度,修业年限四年,称为师范大学校。"④这样,高等师范学校改名为师范大学。抗日战争全面爆发后,除师范大学外,国民政府教育部于1938年颁布了《师范学院规程》,师范专科学校也得到进一步发展。到1948年底,全国师范专科学校达到12所。⑤ 高等师范成为中国高等教育的重要组成部分。

众所周知,鸦片战争后传教士开始在中国创办教会大学,最早创办的是

---

① 璩鑫圭、唐良炎编:《中国近代教育史资料汇编·学制演变》,上海:上海教育出版社,1991年,第339页。

② 宋恩荣、章咸选编:《中华民国教育法规选编》,南京:江苏教育出版社,2005年,第384页。

③ 宋恩荣,章咸选编:《中华民国教育法规选编》,南京:江苏教育出版社,2005年,第386页。

④ 参见李友芝等编:《中国近现代师范教育史资料》(第二册),北京师范学院内部交流资料,1983年,第267—268页。

⑤ 李均:《中国高等专科教育发展史》,上海:学林出版社,2005年,第145页。

1879 年由度恩书院、培雅书院合并而成的上海圣约翰书院，这是中国第一所教会大学。到 1952 年时，共创办 16 所教会大学，其中 13 所由基督教创办，3 所由天主教创办。清末民初，教会大学一直游离在中国高等教育体制之外。到 1920 年，教育部布告第十一条规定："兹为整理教育，奖励人才起见，特定外国人之在国内设立高等以上学校者，许其援照大学令、专门学校令，以及大学专门学校各项规程办法，呈请本部查核办理，以泯畛域，而期一致。"①这样，16 所教会大学先后向国民政府立案，成为中国高等教育不可分割的组成部分。

清末，在反帝爱国的大背景下，私立大学创办，主要有中国公学、复旦公学等。到民初，北洋政府教育部颁布的《大学令》明确规定："私人或私法人亦得设立大学。"②次年颁布的《私立大学规程》则使私立大学的地位得到进一步巩固。于是私立大学大量涌现。到 1947 年，私立大学有 12 所，私立的独立学院有 24 所，私立专科学校 22 所，私立高等教育机构共计达到 58 所。③ 私立大学也是中国高等教育必不可少的组成部分。

专科学校也是中国高等教育的重要来源。1904 年《奏定学堂章程》中有关专科学校的章程主要有《奏定高等农工商实业学堂章程》，其中就包括高等农业学堂、高等工业学堂、高等商业学堂和高等商船学堂。到民初，教育部颁布《专门学校令》，其中第二条"专门学校的种类为法政专门学校、医学专门学校、药学专门学校、农业专门学校、工业专门学校、商业专门学校、美术专门学校、音乐专门学校、商船专门学校、外国语专门学校等"④。专科学校得到大力发展。到国民政府成立，先后颁布了《专科学校组织法》、《专科学校法》等重要法规，从此专科学校走向制度化。到 1947 年，全国专门学校达 77 所。⑤

综上所述，本书所指的大学是指包括近代的国立综合性大学、高等师

① 朱有瓛、高时良主编：《中国近代学制史料》（第四辑），上海：华东师范大学出版社，1993 年，第 782—783 页。

② 宋恩荣、章咸选编：《中华民国教育法规选编》，南京：江苏教育出版社，2005 年，第 385 页。

③ 教育部教育年鉴编纂委员会编：《第二次中国教育年鉴》，上海：商务印书馆，1948 年，第 166—304 页。

④ 宋恩荣、章咸选编：《中华民国教育法规选编》，南京：江苏教育出版社，2005 年，第 383 页。

⑤ 教育部教育年鉴编纂委员会编：《第二次中国教育年鉴》，上海：商务印书馆，1948 年，第 1402 页。

范、教会大学、私立大学、独立学院、独立专科学校、研究院等在内的所有高等教育机构。

2.大学教师

近代中国于1898年创办了京师大学堂后,就有了大学教师。但不同的历史时期,对大学教师的称呼是不一样的。京师大学堂成立前后,称教师为"教习"。1902年制定的《钦定学堂章程》中提出:"设总教习一员,主持一切教育事宜;副总教习二员,佐总教习以行教法,并分别稽查中外各教习及各学生功课。"①到1904年,《奏定高等学堂章程》称大学教师为"教员",指出高等学堂应置各项教员:"正教员掌分教各种科学,副教员助教员教授"②,同年还专门颁布了《奏定任用教员章程》。这样,"教员"逐渐取代了"教习"。

到民国,各级教师统称为"教员",但在大学开始采取了一套新的分级标准。1912年10月,教育部颁布了《大学令》,提出大学设"教授、助教授;大学遇必要时得延聘讲师"③,"讲师具有特殊的地位,不列入大学教员的等级"④。当然这里的助教授并不是助教,而是相当于副教授,而讲师只是必要时才延聘的,并不是学校的专任教师。到1917年,北京大学校长蔡元培提议大学改制,经部分高等学校校长讨论,后教育部对《大学令》进行了修订,并颁布《修正大学令》,其中第十二条提出:"大学设正教授、教授、助教授","大学遇必要时,得延聘讲师"。⑤ 这样大学教师就包括了正教授、教授、助教授、讲师。

1926年,广州国民政府颁发了《国民政府对于大学教授资格条例之规定》,把大学教师分为教授、副教授、讲师、助教。次年6月,南京国民政府教育行政委员会在《国民政府对于大学教授资格条例之规定》的基础上,颁布《大学教员资格条例》,正式规定:一等曰教授,二等曰副教授,三等曰讲师,

---

① 璩鑫圭、唐良炎编:《中国近代教育史资料汇编·学制演变》,上海:上海教育出版社,1991年,第249页。

② 璩鑫圭、唐良炎编:《中国近代教育史资料汇编·学制演变》,上海:上海教育出版社,1991年,第338页。

③ 宋恩荣、章咸选编:《中华民国教育法规选编》,南京:江苏教育出版社,2005年,第384页。

④ 伍振:《中国大学教育发展史》,台北:三民书局,1982年,第180—181页。

⑤ 璩鑫圭、唐良炎编:《中国近代教育史资料汇编·学制演变》,上海:上海教育出版社,1991年,第815页。

四等曰助教，四种名称只有大学教师得用之。① 1929 年公布的《大学组织法》和 1934 年国民政府公布修正的《大学组织法》，其中第十三条再次声明："大学各学院教员，分教授、副教授、讲师、助教四种，由院长商请校长聘任之。"②从此，大学教师基本分为这四等。当然，各大学并不完全按照教育部所规定的，还有自己的标准，如 1944 年《西南联大改订教职员俸给标准》指出："国内大学毕业为助教。助教三年，可升教员。国内研究院毕业得有硕士学位者，为教员。教员三年得升专任讲师。讲师三年得升副教授。副教授三年得升教授。"③这里所讲的"教员"是指在助教和专任讲师之间的职称级别，并不指代前面所讲的全体教员；武汉大学在聘任苏雪林时称她为"特约讲师"，也是相当于"副教授"级别。

因此，本研究中的大学女教师指的是全体女性教职员工，包括各个级别、各个岗位上的女性教师，有时书中会出现"教员"字样，除非特别说明，一般也指统称的大学教师。

3. 群体

关于群体的概念，不同的学者有不同的阐述。如赫尔雷格尔（D. Hellrigel）等人在《组织行为学》一书中指出：群体是"拥有共同目标，在某段时间内经常沟通的一群人。群体的人数不多，其中的每个个体都能和其他人进行面对面的交流"④；也有学者认为"群体是两人或两人以上的集合体，他们遵守共同的行为规范、在情感上互相依赖、在思想上互相影响，而且有着共同的奋斗目标"⑤。不同的学者对群体概念的理解有所不同，但归根到底，群体必须是由两个或两个以上相互作用、相互依赖的个体，为了实现某一共同目标而组成的集合体。本书中的群体是指近代大学女教师，她们具

---

① 中国第二历史档案馆编：《中华民国史档案资料汇编》（第五辑第一编教育一），南京：江苏古籍出版社，1994 年，第 168—169 页。

② 宋恩荣、章咸选编：《中华民国教育法规选编》，南京：江苏教育出版社，2005 年，第396 页。

③ 北京大学、清华大学、南开大学、云南师范大学编：《国立西南联合大学史料（四：教职员卷）》，昆明：云南教育出版社，1998 年，第 485 页。

④ ［美]D. 赫尔雷格尔等著，俞文钊、丁彪等译：《组织行为学》，上海：华东师范大学出版社，2001 年，第 351 页。

⑤ 组织行为学编写组编：《新编组织行为学》，北京：中央广播大学出版社，2006 年，第134 页。

有相似的教育背景、经济地位、社会角色和生活方式,在很多地方具有同质性。她们能够进行相互交流沟通,有共同的目标,在民国特定的历史背景下,她们又相互依赖,相互支持,共同构成大学组织中的重要组成部分。可以说,每一个大学女教师都是个性的、丰富的、独特的,这一个个丰富多彩的女教师聚合在一起就形成了女教师群体。

四、研究方法和内容

(一)研究方法

本书作为一项历史研究,主要采取以下三种研究方法:

第一,文献研究法:文献研究法指通过搜集某种教育现象发生、发展和演变过程中所形成的相关文献,加以系统客观的分析研究,从而揭示其发展规律的一种研究方法。[①] 文献研究最能体现研究的功力,是研究的前提和基础。因此,本书在撰写过程中,第一步就是搜集、查阅大量的文献资料,包括校史资料、校友回忆录、文集、人物传记、论著、部分外文资料、档案文献、报刊、杂志等,力图使资料丰厚系统;第二步是对这些资料进行整理与分析,力求再现近代大学女教师的别样风采,做到论从史出、史论结合。

第二,个案分析法:个案分析法也是教育史研究中一种常用的方法,它是指对研究对象的某一典型个体进行全面、深入的考察和分析,弄清研究问题的现状、原因等。通过对个案的分析不仅可以加深对个案的认识,从而达到对同类事物共性的验证;而且也可以从特殊上升到普遍,也就是从个案的分析中得到同类事物的共性。本书整体上展现近代大学女教师的风采,但在具体的论述中,选取典型个案进行深入阐述,如教学上选取苏雪林、袁昌英、林巧稚为个案,展现女教师的教学风采;学科学术研究上选取冯沅君、林徽因、俞庆棠为个案,突显女教师的学术风格;管理上选取王世静、杨崇瑞、陆礼华为个案,揭示女教师的管理风范。通过个案分析目的在于反映近代大学女教师在教学、学科学术研究和管理方面的整体概况。

第三,历史研究法:历史研究法是通过搜集事件发生和演变的历史事

---

①　参见裴娣娜:《教育研究方法导论》,合肥:安徽教育出版社,1995 年,第 136 页。

实，通过相关资料的阅读，对其进行系统分析研究，进而还原历史本来面目，得出与史实相符的结论。因此，在写作过程中，举凡各种史料、人物传记、回忆录、各种报纸、杂志以及 20 世纪初的一些档案数据，笔者都着力进行搜集，尽可能占有大量史料，用史实说话，把大学女教师研究放在当时具体历史情境下进行分析、论述，以把握其实质。

（二）主要内容

大学女教师作为一个特殊的新兴群体，自形成之日起就展示出"别样的风采"，她们如寒风中开放的花朵，自强、自立、富有韧劲。本书紧紧围绕女教师"别样的风采"作为主线，在具体研究过程中，先从整体上描述大学女教师群体的形成及特征，再从教学、学科学术研究、管理、社会服务等各方面详细展开，在这过程中，通过对苏雪林、袁昌英、林巧稚、冯沅君、林徽因、俞庆棠、王世静、杨崇瑞、陆礼华等个案的剖析，凸显女教师的"别样风采"。本书研究除绪论外，主要分三大部分：

第一大部分为研究的第一章"近代大学女教师群体的形成及特征"。本章论述了近代大学女教师队伍形成并不是一蹴而就的，而是由主客观因素共同促成。客观上：教会大学女教师为大学女教师群体的形成提供了示范；中国自办女子高等教育的发展为女教师群体提供了舞台；大学男女同校为为女教师群体拓宽了就职空间；女子留学教育为女教师群体形成提供了一种可能；女子职业教育思潮为女教师群体形成做了舆论准备。主观上：强烈的求知欲望、刚强不屈的个性、独立的自主意识和融汇中西的文化素养和能力推动了大学女教师群体的形成。这样，在主客观条件的共同诉求下，近代大学女教师作为一个新兴的知识群体悄然兴起，女教师成为高校教师队伍中的重要组成部分。而且这一群体自一出现，就形成了独特的特征：人员结构主要由外籍女教师、留学归国学生和中国高校自己培养的学生这三部分人员共同组成；专业结构从本科、硕士向博士不断提升；地缘特征表现为主要来自江苏、浙江、广东、福建等东南沿海一带，地域色彩浓厚；专业结构由最初的人文社会科学逐渐走向多样化。

第二大部分为第二到第五章，主要从教学、学科学术研究、管理、社会服务等各个方面分章叙述大学女教师的别样风采，这也是本研究的主体部分。

第二章为"别样的风采：近代大学女教师教学研究"。本章突出大学女教师把女性特有的真、善、美揉进了大学教学之中，并选取了三位典型女教师苏雪林、袁昌英和林巧稚,重点突出苏雪林教学中的真、袁昌英教学中的美和林巧稚教学中的善。当然,每个女教师的教学都蕴含着真、善、美的追求,但侧重点是不同的。苏雪林在教学中"真"的特点特别明显:认真备课为教学;率真为教显初心;真心付出爱学生;真知源于教学中。袁昌英在教学中的"美"主要体现在:教学形象呈现端庄美;教学语言富有情感美;教学态度蕴含温暖美;教学内容渗透正气美。林巧稚在教学中的重点在于"善":教导学生以慈善之心对待病人;秉持亲善之心对待学生;对待教学精益求精止于至善。并在个案基础上,总结了女教师在大学教学中的风采及贡献。

第三章为"别样的风采:近代大学女教师学科学术研究"。本章选取了对学科学术研究作出重要贡献的三位女教师冯沅君、林徽因和俞庆棠。冯沅君主要学术研究领域在古典文学,她在文学科学术研究中的主要特点是:第一,融入情感,使文学科学术研究更加丰富;第二,关注细节,使文学科学术研究更加准确;第三,中西比较,使学科学术研究视野更加开阔。林徽因的主要学术研究领域是建筑学,她在建筑学科的学术研究特点是:第一,用科学的方法研究古建筑学术;第二,探索民族特色的建筑创作;第三,在建筑学术领域注入诗意和灵气。俞庆棠的主要学术领域是教育学科,她被誉为"民众教育的保姆",她在教育学科的学术研究特点是:第一,带着关爱研究民众教育;第二,在民众教育实验中进行学术研究;第三,借鉴国外教育经验进行学术研究。本章在剖析了三个个案的基础上,最后总结了女教师在大学学科学术研究中的风采及贡献。

第四章为"别样的风采:近代大学女教师管理研究"。本章先选取了王世静、杨崇瑞和陆礼华三个个案,分别指出了她们在各自学校的管理特点。王世静在华南女子大学的"精细化"管理,具体体现在:办学目标明确化;课程设置精品化;学生管理细致化;教师管理细腻化;行政组织结构精小化。杨崇瑞在北京国立第一助产学校的"服务型"管理,具体体现在:制定校训"牺牲精神,造福人群";"造就产科专门人才",服务社会;组建精干的师资服务团队;秉持服务社会的教学原则。陆礼华在两江女子体育专科学校的"刚柔并济式"管理,具体体现在:办学宗旨:办女体校,达强国梦;内柔外刚,多渠道筹款办学;刚柔结合,培养体育人才;刚中含柔,考核师资队伍;以柔克刚,带领运动员在赛事中绽放风采。在三个个案分析的基础上,总结近代大学女教师的管理特色及贡献。

第五章为"别样的风采:近代大学女教师社会服务研究",这一章主要描述了大学女教师们在文学作品创作、医疗卫生教育服务、抗日爱国活动、国际重大事务参与等活动中展现出的风采和魅力。

第三大部分：第六章"几点思考"。分析了近代女教师在大学存在的几个问题：如女教师所占比例低；女教师职称职务偏低；女教师地位偏低。并提出了近代大学女教师在教学、学科学术研究、管理和社会服务等过程中所面临的几对主要矛盾和困惑：如女教师与男教师的矛盾；事业与家庭的矛盾；教学、学术研究与管理三者之间的矛盾。并在此基础上得出了近代大学女教师突围的几种具体路径。

特别需要补充说明，书稿中涉及的近代大学名称在不同的文献中略有差异，如密西根大学又译作密歇根大学；北京女子高等师范学校有些文献中又称为"国立北京女子高等师范学校"；河北省立女子师范学校升格后改为"河北女子师范学院"；华南女子大学立案后改名为"华南女子文理学院"，又简称"华南女大"；金陵女子大学立案后改名为"金陵女子文理学院"，又简称"金陵女大"；西南联合大学有些文献简称为"西南联大"；等等。在书中，作者在引用文献时，这些大学名称直接按近代文献录入，不擅自修改。还有近代部分文献"的"、"地"、"得"的用法，跟现在不一样，在书稿写作过程中涉及引用文献的，也直接按照文献录入，而不根据现在的习惯用法加以修改。

第一章　近代大学女教师群体的形成及特征

近代大学女教师群体的形成是主客观因素共同作用的结果。在巨大的男性话语权笼罩之下,女教师群体一经出现,就成为一个备受关注的新新群体,虽然每个大学女教师呈现出其独特的魅力和风采,但我们发现大学女教师群体的基本特征也十分鲜明。

一、近代大学女教师群体的形成

在封建社会,奉行"女子无才便是德",女子被禁锢在闺阁,连受教育的基本权利都没有,更别说教书育人了。19 世纪末,在大学中任教的主要是外籍女教师,到 20 世纪初期,具有留学背景的中国籍大学女教师开始零星出现。而到 1931 年时,全国专科以上学校有教员共 7234 人,女教员已达 407 人,占全体教员的 5.6%。职员 4234 人,女职员没统计,若按 5.6%的比例折算,女职员总数为 237 人,则女教职员工已达到 644 人;[①]到 1947 年,全国专科以上学校有职员 13363 人,女职员 3060 人,女职员占职员总数的 22.9%。全国专科以上学校有教员 20133 人,女教员没有统计,若也按职员的比例折算,则女教员人数约为 4610 人。这样,高校女职员和女教员人数共计约 7670 人。[②] 这说明大学女教师群体已然形成。然而大学女教师群体的形成并不是一蹴而就,而是由主客观因素共同促成的。

---

① 参考教育部高等教育司编:《二十年度全国高等教育统计》,南京:教学部高等教育司,1933 年,第 5—18 页。

② 参考教育部教育年鉴编纂委员会编:《第二次中国教育年鉴》,上海:商务印书馆,1948 年,第 1404—1405 页。

(一)大学女教师群体形成的客观因素

自古以来,女性在中国教育场域中一直处于缺席的状态。然自晚清以来,中国社会加速了新陈代谢的进程。"女子无才便是德"、"男主外,女主内"等封建陈腐观念受到很大冲击,女子受教育权也开始受到了前所未有的重视,从小学、中学到大学,女子受教育程度越来越高,女子高等教育快速崛起。外部大环境开始有利于大学女教师群体的形成。

1.教会女子大学女教师为大学女教师群体形成提供了示范

在中国大学女教师出现之前,教会大学已出现了女教师,尤其在教会女子大学,从校长到普通教职员工,基本上都是女教师。最早建立的教会女子大学是 1905 年创办的华北协和女子大学,校长是麦美德(Luella Miner)女士。1920 年并入燕京大学,称燕京女大,女校师资队伍也迅速扩大,当时任教的主要人员是"美国公理会的麦美德女士、费宾闺臣夫人(Mrs. Murray S. Frame)、斐恩(Jessie Payne)女士、拉拇(Maryette Lum)女士、包贵思(Grace Boynton)女士和莱恩(Anna Lane)女士;长老会的霍尔夫人(Mrs. Francis Hall);美以美会的苏路得(Ruth Stahl)女士"①。尤其是麦美德女士,有人称她为"校园中走动的灵魂"。在她去世后,燕京女校学生对她满怀尊敬,认为"她把一生都献给了这个国家,她的品德和才华影响了这个国家的学术、政治和宗教趋向。然后我们,她的同事和继承者们,认为她对其时代最大的贡献是创建并培育了华北女子学院——第一所献身中国女子教育的学校"②。1907 年,华南女子大学由美国基督教美以美女布道会创立,初期仅设大学预科,到 1914 年,开设大学本科一、二年级课程,1917 年设置了大学本科三、四年级课程。第一任校长是传教士程吕底亚女士(Lydia Trimble)。师资也以外籍女传教士为主体,如华惠德(L. Ethel Wallace)、明茂利(Mary Mann)、康师姑(Elsie G. Clark)、和爱德(Katherine Willis)、罗黎晞(Roxy Lefforge)等。这时,华南女大还出现了第一位华人女教师谢绍英,她从美国康奈尔大学毕业回国。金陵女子大学是由长老会、美以美会、监理会、浸礼会、基督会联合举办的,1915 年开学就招本科学生。随之,圣公会、伦敦会、复初会也相

---

① 〔美〕艾德敷著,刘天路译:《燕京大学》,珠海:珠海出版社,2005 年,第 65 页。
② 〔美〕艾德敷著,刘天路译:《燕京大学》,珠海:珠海出版社,2005 年,第 77 页。

继加入合作，金陵女子大学规模不断扩大，校长由德本康夫人（J. Lawrence Thurston）担任，德本康夫人的治校理念是尽量聘用女教师从事女子教育。金陵女大开学时，当时只有 6 名教师，5 名为女性，1 名为男性。其中美籍教师 4 人，华籍教师 2 人。美籍教师除了德本康夫人外，另外 3 名外籍教师是 1914 年就参加学校筹建的美文教师伊丽莎白·高切尔（Elizabeth E. Goucher）小姐和费雷德里克·米德（Frederica R. Mead）小姐，还有 1915 年来自杭州弘道女中的历史和心理教师诺玛利（Mary A. Nourse）小姐；华籍教师是数学和化学教师李玛莉小姐和中文教师王先生。1915—1927 年，金陵女大共聘任过 70 名外籍和华籍教师，其中外籍教师 37 名中，女教师 34 名，男教师 3 名（仅在学校工作一年）；华籍教师 33 名中，女教师 18 名，男教师 15 名（多为兼职）。此外，北京协和女子医校、广州夏葛医科女子大学等教会女子大学都以女教师为主体。

教会女子大学大量女教师的出现，标志着中国第一代女大学教师群体的形成。这一崭新的女性群体的出现，为当时的中国广大知识女性提供了新的职业榜样，为近代大学女教师队伍的形成起了很好的示范作用。

2. 中国自办女子高等教育的发展为女教师群体提供了舞台

随着教会女子大学的发展，国人自办的女子高等教育亦渐萌生。早在 1912 年教育部公布的《师范教育令》已规定设置女子高等师范学校，目的是"造就女子中学校、女子师范学校教员"[①]。但民国初年，北洋政府对女子教育的教育方针是"贤妻良母"，社会对女性接受高等教育还存有偏见，认为女性如果"和男子一样去研究高深的学问，他们就要好高骛远，不肯去担那些琐碎的家政，和那些烦难的育儿事实了"[②]。因此，女子高等教育发展相当迟缓，有关设立女子高等师范学校的设想并未实现。新文化运动后，妇女运动不断深入，当时舆论开始认为，教育是女性真正获得解放的关键。有人曾说："教育是人生的根本，没有受过教育，知识从何而来？一个人没有知识，别说解放，随便什么事都够不上。"[③]另有人认为，女子解放"第一要紧，就是

---

① 宋恩荣、章咸选编：《中华民国教育法规选编》，南京：江苏教育出版社，2005 年，第 423 页。

② 梅生编：《中国妇女问题讨论集》（上册），上海：上海书店据新文化书社影印，1989 年，第 184 页。

③ 紫兰：《妇女怎样可以做到真正的解放》，《女星》1923 年第 22 期，第 2 页。

教育"①;"妇女问题虽然千头万绪,而其根本问题,还是在教育。只要女子教育发达了,种种关于妇女的问题,总有法子可以解决的"②,等等。类似言论很多,女子接受教育已为社会所普遍认同。因此,女子教育蓬勃发展,女子小学、女子中学、女子师范学校人数急剧增加,而女子高等教育机构则非常欠缺,当时除了几所教会女子大学外,中国还没有专门的女子高等教育机构,普通综合性大学专属男性领域,也还没有向女性开放。中国女性迫切需要深造之所。于是,1916年全国教育会联合会专门通过了《请设女子高等师范学校》的议案呈教育部,要求"从速筹设女子高等师范学校,先由北京设立,以后各省逐渐推广"③。1919年3月,教育部公布女子高等师范学校规程,"女子高等师范学校设预科、本科","预科、本科学生之总额须在六百名以下,选科、专修科及研究科名额由校长定之",而"预科及专修科入学资格,须身体健全、品行端洁,在女子师范学校或中学校毕业者,由各省区长官送校试验收录"等。④ 这样,北京女子高等师范学校作为中国第一所女子高等教育机构得以确立。随着专门的女子高等教育机构的设立,女性教师已成为迫切需要。据统计,1924年6月,北京女子高等师范学校教职员124人,其中国外专门大学毕业者62人,占50%;国内专门大学毕业者42人,占33.9%,中等学校毕业者12人,占9.7%,特别经验者8人,占6.4%。⑤ 在当时全校教职员124人中,已有女性教师10人,虽然女教师人数不多,但已经初成规模,杨荫榆、袁昌英、吴贻芳等人都曾任教于北京女子高等师范学校。紧接着河北女子师范学院也成立,1934年时已有17名女性教、职员工,具体名单如表1-1、表1-2。

① 梅生编:《中国妇女问题讨论集》(上册),上海:上海书店据新文化书社影印,1989年,第92页。

② 李业光:《今后的女子教育》,《妇女杂志》1922年第2期,第19—22页。

③ 李友芝等编:《中国近现代师范教育史资料》(第2册),北京师范学院内部交流资料,1983年,第631页。

④ 潘懋元、刘海峰编:《中国近代教育史资料汇编·高等教育》,上海:上海教育出版社,2007年,第690—691页。

⑤ 《职教员出身统计表》,《北京女子高等师范周刊》1924年第73期,第8页。

表 1-1　1934 年 4 月河北省立女子师范学院职员一览

姓名	性别	职务
孙家玉	女	家政学系主任
杜隆元	女	体育学系主任
曹棣生	女	图书课课员
柴岫莒	女	图书课课员
董家政	女	舍务课课员
张玉华	女	舍务课课员
冯启亚	女	医药室主任

资料来源:河北省立女子师范学校一览,档案号:401206800-J0164-1-000001,天津市档案馆藏。

表 1-2　1934 年 4 月河北省立女子师范学院教员一览

姓名	性别	职称
朱高清兰	女	讲师
步毓芝	女	讲师
孙家玉	女	教授
程之淑	女	教授
王非曼	女	讲师
杜隆元	女	教授
余淑琴	女	讲师
严琼圃	女	讲师
梁秀萱	女	讲师
贺升息	女	讲师
谈新铭	女	讲师
夏志珍	女	讲师

资料来源:河北省立女子师范学校一览,档案号:401206800-J0164-1-000001,天津市档案馆藏。

随之,各地纷纷出现了女子高等教育专门机构,如首都女子法政学院、成都女子法政学院、国立四川女子师范学院、重庆国立女子师范学院等。在这些女子高等教育机构中,虽然还是以男教师为主,但独立高等女子教育已经呼唤女教师的出现,为女教师登上讲台准备了广阔的舞台。可以说,随着女子高等学校的增多,具有丰富知识和管理经验的女教师已成为急需,这给女教师提供了一个广阔的职业舞台。

3. 大学男女同校为女教师群体拓宽了就职空间

早在 1905 年的广州岭南大学就已出现男女同校,到 1920 年时女生数已达 28 人。随后上海浸礼会学院、东吴大学和雅礼医学院等也开始招收女生。1925 年,仅岭南大学、沪江大学、齐鲁大学、东吴大学、金陵大学(农科和林科)、华西协和大学、雅礼医学院七所教会大学,女生总数已达到 197 人。[①]私立大学中,最早实现男女同校的是上海的大同大学,它在 1916 年开始招收女生。国立大学方面,中国还是实行女禁。随着新文化运动的开展,男女平等的思想不断深入人心,人们对当时大学的现状极为不满,大学男女同校已成为时代呼声。蔡元培曾在各种场合大声疾呼,他说:"改良男女关系,必要有一个养成良好习惯的地方,我以为最好的是学校了。外国的小学与大学没有不是男女同校的,美国的中学也大多数是男女同校。我国现在除国民小学外,还没有这种组织。"[②]1920 年 1 月,在同《中华新报》记者谈话时更是明确表示:"大学之开女禁,则予以为不必有所表示。因教育部所定规程,对于大学学生,本无限于男子之规定,如选举法中之选举权者。且稽诸欧美各国,无不男女并收。故予以为,无开女禁与否之问题,即如在北京大学明年招生时,倘有程度相合之女学生,尽可投靠。如程度及格,亦可录取也。"[③]随之,国立大学开女禁。国立大学中最早开女禁的是北京大学,1920 年 2 月北京大学哲学系招收了 1 名女旁听生,同年春,北京大学文科又招收了 8 名女学生作为旁听生,经入学考试后,成为北大正式学生。同年夏,南京高等师范学校开始正式招收 8 名女生,20 名女旁听生。于是北京大学和南京高等师范学校成为国立大学中最早实现男女同校的大学。1920 年 10 月,广州省政府公布了第一个大学开放女禁的官方文件,在该文件的指示下,广东高等师范学校实行男女同校。到 1922 年,《壬戌学制》颁布,女学不再另设系统,女子和男子一样接受同等教育,这是我国第一个不分性别的单轨学制,

---

① 〔美〕杰西·格·卢茨著,曾钜生译:《中国教会大学史》,杭州:浙江教育出版社,1988 年,第 127 页。

② 徐彦之:《男女交际问题杂感》,《晨报》1919 年 5 月 4 日。

③ 蔡孑民:《蔡孑民先生外交教育之谈话》,《中华新报》1920 年 1 月 1 日。

也是从法制上认可了大学开女禁。此后,各大学纷纷招收女生,具体统计如表 1-3 所示。

表 1-3　1928—1929 年各大学及专科学校招收女生人数统计

学校名称	女生数(人)	学校名称	女生数(人)
国立中央大学	157	东北大学	71
国立中山大学	99	山西大学	2
国立北平大学医学院	91	河南中山大学	22
国立北平大学河北学院	37	湖南大学	42
国立北平大学俄文法政学院	14	安徽大学	5
国立清华大学	13	私立厦门大学	25
国立交通大学	13	私立大同大学	62
国立武汉大学	17	私立复旦大学	47
国立浙江大学	7	私立大夏大学	85
国立暨南大学	45	私立南开大学	50
国立同济大学	2	浙江省立医药专门学校	5
国立劳动大学	19	江西省立医学专门学校	13
国立艺术院	38	浙江省立法政专门学校	9
国立音乐院	18	山西公立法政专门学校	5
成都大学	55		

资料来源:庄俞、贺圣鼐编《最近三十五年之中国教育》,上海:商务印书馆,1931 年,第 200—201 页。

由此可见,在新文化运动影响下,女子教育思想进一步解放,当时很多综合性大学开放女禁,招收女生,女大学生数量也越来越多。据中华教育改进社调查,1922—1923 年间,全国大学生总数为 34880 人,而女大学生数为 887 人,女生所占比例为 2.54%;据高等教育司所编之高等教育概况统计,1928—1929 年,全国各类大学生男生总数为 17285 人,女生总数为 1485 人,女生所占比例为 7.91%。而全国专门学校 1041 人,女学生总数为 67 人,女生所占比例为 6.44％。① 大学校园女生人数不断增加,但"男女有别"的封建文化传统依然在社会中有着强大的根基。因此,为吸引生源,并让女学生家长放心,聘请大学女教师已成为急需,正如当年胡适所说:"大学当延聘有学问的女教授,不论是中国女子还是外国女子。"②这样,大学女教师不仅任教于教会大学、女子高等师范学校,一般性大学的教职也开始向女性开放。可以说,大学男女同校拓宽了大学女教师群体的发展空间,一批女教师如陈衡哲、袁昌英、冯沅君、苏雪林等开始登上综合性大学讲台,大学女教师人数遂逐年增加。1931 年时,国立大学女教师已达 122 人,其中北平大学 53 人,中央大学 16 人,中山大学 5 人,北京大学 8 人,北平师范大学 15 人,浙江大学 3 人,清华大学 2 人,暨南大学 7 人,四川大学 8 人,武汉大学 3 人,山东大学 2 人。省立大学女教师 14 人,其中东北大学 6 人,安徽大学 2 人,河南大学 2 人,湖南大学 3 人,广东大学 1 人。③ 因此,大学男女同校极大地拓宽了大学女教师群体就职发展空间,女教师队伍逐渐壮大。

4. 女子留学教育为女教师群体形成提供了一种可能

中国女子留学教育发轫于清末,但早期数量不多、层次也较低。随着教育救国思潮的兴起,留日教育达到高潮。有学者曾描述当时情形:"学子互相约集,一声'向右转',齐步辞别国内学堂,买舟东去,不远千里,北自天津,南自上海,如潮涌来。"④在这过程中,留学日本的女生也逐渐增多。据统计,1908 年,中国留日女生总数为 126 名,1909 年 149 名,1910 年 125 名。⑤ 虽数量不多,但在当时开风气之先。到民国,女子留学国家越来越多,留美、留法、留英、留苏等,规模和层次都有提升,人数也不断增加。如留美女生人数,具体见表 1-4。

① 庄俞、贺圣鼐编:《最近三十五年之中国教育》,上海:商务印书馆,1931 年,第 199—201 页。
② 胡适:《大学开女禁的问题》,《北京大学日刊》1919 年 10 月 22 日。
③ 教育部高等教育司编:《二十年度全国高等教育统计》,南京:教育部高等教育司,1933 年,第 50—51 页。
④ [日]实藤惠秀著,谭汝谦、林启彦译:《中国人留学日本史》,北京:生活·读书·新知三联书店,1983 年,第 37 页。
⑤ 周一川:《清末留日学生中的女性》,《历史研究》1989 年第 6 期,第 49—64 页。

表 1-4　1912—1949 年部分年度留美男女学生统计

入学年份	男（人）	女（人）	性别未详（人）	能辨性别总数（人）	总数（人）	女性占能辨性别的百分比（%）
1912	69	4	6	73	79	5.48
1926	266	42	33	308	341	13.64
1927	233	50	19	283	302	17.67
1928	237	43	26	280	306	15.36
1929	286	34	20	320	340	10.63
1930	248	40	28	288	316	13.89
1931	170	33	24	203	227	16.26
1932	121	22	15	143	158	15.38
1933	74	17	13	91	104	18.68
1934	120	29	23	149	172	19.46
1935	147	35	30	182	212	19.23
1936	166	38	26	204	230	18.63
1937	157	38	24	195	219	19.49
1938	157	64	14	221	235	28.96
1939	104	48	6	152	158	31.58
1940	140	55	11	195	206	28.21
1941	138	64	18	202	220	31.68
1942	114	32	4	146	150	21.92
1943	158	50	10	208	218	24.04
1944	204	52	14	256	270	20.31
1945	408	82	53	490	543	16.73
1946	422	164	62	586	648	27.99
1947	780	340	74	1120	1194	30.36
1948	846	320	108	1166	1274	27.44
1949	672	297	47	969	1016	30.65
总计	6437	1993	708	8430	9138	23.64

　　资料来源:陈学恂主编:《中国近代教育史教学参考资料》(下册),北京:人民教育出版社,1987 年,第 372—374 页。

留学女子学成归国后,她们所遭遇的国内环境是大学需要大批女教师。但为规范大学教师的资格,当时国民政府对大学教师制订了一系列的规则和要求。1927 年,南京国民政府颁布的《大学教员资格条例》专门规定:大学教员分教授、副教授、讲师、助教。大学担任助教者必须满足"国内外大学毕业,得有学士学位,而有相当成绩者","于国学上有研究者";大学担任讲师者要求"国内外大学毕业,得有硕士学位,而有相当成绩者","助教完满一年以上之教务,而有特别成绩者","于国学上有贡献者";副教授要求"外国大学研究院研究若干年,得有博士学位,而有相当成绩者","讲师满一年以上之教务,而有特别成绩者","于国学上有特殊之贡献者";教授的条件是"副教授完满二年以上之教务,而有特别成绩者"。① 说明国民政府非常看重留学经历,留学成为担任大学教师的一项主要依据。而这些规定和要求,为留学归国女性担任大学教师提供了一种资历和可能。因此,留学归国女性担任大学女教师的人数越来越多,如陈衡哲 1920 年获美国芝加哥大学英国文学硕士学位回国后,受蔡元培之邀任教北京大学历史系,开讲西洋史和英文课,成为北京大学第一位女教授;司徒月兰 1922 年留美回国后先后任教于南开大学、燕京大学、上海圣约翰大学等学校;冰心 1926 年留美回国后相继任教于燕京大学、清华大学女子文理学院;劳君展 1927 年留法回国后任教于武汉大学数学系;林徽因 1928 年留美回国后受聘于东北大学建筑系;雷洁琼 1931 年留美回国后到燕京大学社会学系任教;袁昌英留学英法,1928年回国后在中国公学、武汉大学外文系任教;冯沅君 1935 年留法回国后任教于河北女子师范学院、中山大学、武汉大学、东北大学、山东大学等校。

5. 女子职业教育思潮为女教师群体形成做了舆论准备

中国传统社会,女子被剥夺受教育权,长期受封建思想的桎梏,她们被迫把贤妻良母作为自己的主要职责。1840 年鸦片战争后,中国国门被打开,在与西方文化的接触中,一批有识之士开始倡导女子职业教育。最早提出职业教育的是郑观应,他主张对女子进行职业训练,最终达到"庶他日为贤女、为贤妇、为贤母,三从四德,童而习之,久而化之;纺绣精妙,书算通明;复能相子佐夫,不致虚縻坐食"②。而维新派人士则从救国保种的角度,大力呼

---

① 宋恩荣、章咸选编:《中华民国教育法规选编》,南京:江苏教育出版社,2005 年,第636—637 页。

② 夏东元编:《郑观应集》(上册),上海:上海人民出版社,1982 年,第 287 页。

吁实行女子职业教育,如梁启超认为:"今中国之无人不忧贫也,则以一人须养数人也。所以酿成此一人养数人之世界者,其根源非一端,而妇人无业,实为最初之起点。"①

民国成立以后,随着资本主义经济的快速发展,贤妻良母和救国保种已经不能适应快速发展的经济需求,尤其是新文化运动的开展,民主、平等思想的传播,广大中国女性开始觉醒。这时,资产阶级革命派更是摇旗呐喊,指出要想男女平等,女性必须经济独立,拥有一份平等独立的职业。如蔡元培认为:"女子不学,则无以自立而一切倚男子以生存,至乃不惜矫揉涂泽,以求容于男子"②;李达曾发文指出:"女子的地位,常随着经济的变化为转移。女子也是'人',就当为生产者,这是社会所必需的经济要素,是左右个人的重要问题。……所以女子若想求得一个不卖力不卖淫可谋生活谋真正幸福,惟有发挥自己的经济能力,求经济的独立"③,"妇女问题的中枢本是职业问题,而职业问题若用广义解释,即是劳动问题。劳动问题解决了,妇女问题自然会消灭"④;梅生提到"妇女的人格,为什么不为社会所承认?其中的原因,虽有许多,而她们的仗男子而生活,不能得到经济的独立,要算是主要的原因"⑤;另有学者认为"中华民国成立之初,我国国民生产能力薄弱,职业教育确应格外注意,女子欲得解放与独立,非提高教育程度不可,大器晚成于普通学科未窥门径之际,不易知吾人终身兴趣(life interest)之所在,职业训练似不宜太早,然女子必须经济独立,庶不致被治被动,而累及他人,女子欲求经济独立,须先有职业,在生产落后之中国,未受职业训练者,不易得业,因此女子教育中之女子职业教育甚为重要"⑥;等等。当时许多报刊也对女子职业进行报道,如1924年《妇女杂志》第10卷第6号发起了"职业问题号",以"我的职业生活"为题进行征文活动等。女子职业思潮如火如荼,在女子职业思潮的推动下,女子就业成为潮流所趋。

但是女子适合什么职业?当时有人建议:"凡现社会所有职业,除一二男子特别职业女子生理上万不能经营外,其余都是女子职业的领域。"⑦具体

---

①　梁启超:《论女学》,《时务报》1897年4月12日。

②　金林祥:《蔡元培教育思想研究》,沈阳:辽宁教育出版社,1994年,第35页。

③　李其驹、陶德麟、熊崇善等:《李达文集》(卷1),北京:人民出版社,1980年,第20页。

④　李其驹、陶德麟、熊崇善等:《李达文集》(卷1),北京:人民出版社,1980年,第148页。

⑤　梅生编:《女性问题研究集》,上海:新文化书社,1928年,第30页。

⑥　庄俞、贺圣鼐编:《最近三十五年之中国教育》,上海:商务印书馆,1931年,第195页。

⑦　陈问涛:《提倡独立性的女子职业》,《妇女杂志》1921年第8期,第6—10页。

来说,凡商业、工场上的工作、合作的手工业、各级学校教师、书记、新闻记者、邮电管理、银行管理、铁路职员、戏剧家、音乐家、农业等行业,职业都应对女子开放。很多报刊也认为,教师、医生、护士等职业跟家务、母性相关,是最适宜女子的职业,恰如1926年《生活》杂志的一项调查所描述的:"民国以来,时局扰攘,生活程度日见增高,而妇女之谋事业者日众,妇女职业为潮流所趋,亦随之膨胀。于最高之政党领袖,次如大中小学之教职员,又次如农工商各界之职工,几莫不有妇女厕身其间,种类之繁,指不胜屈。"①

随着职业教育思潮的发展,各级各类学校教师已成为女子择业的理想选择。因此,大学女教师的出现是女子职业教育思潮发展的必然。反过来也可以说,女子职业教育思潮为大学女教师做了舆论准备。

(二)大学女教师群体形成的主观因素

近代,虽然经过新思想、新文化的冲击,但传统封建思想浸透着整个民族心理,女性要发出自己的声音并非易事。因此,要想成为大学女教师除了客观环境具备外,女性要突破传统教育的束缚,真正从"社会需要大学女教师"走向"我要成为大学女教师"的境界,还需女性自己本人的努力和诉求。审察近代大学女教师,我们可以看到,她们在走上大学讲台前,都具有强烈的主观诉求。

1. 强烈的求知欲望

到近代,虽然社会风气已经发生了一些变化,女性可以走出家门接受学校教育。但当时除一些比较开明的家长,顺应时代潮流,送女孩子上学外,其实,社会整体非常保守,"女子无才便是德"的思想根深蒂固,一般家庭对女孩子读书并不重视,认为培养女孩子读书等于为他人投资。因此,若想接受学校教育,女性本人必须要有强烈的求知欲望,否则即使生在富裕的家庭,也未必能为自己争取到读书的机会和权利。通过对大学女教师早年读书经历的考察,我们可以获知她们对知识的强烈渴望。陈衡哲出生于江苏常州武进的一个书香门第,祖籍湖南衡阳,其祖父陈钟英曾任浙江杭州知县,为人清廉,不置私产,著有《知非斋诗钞》。其父陈韬,举人出身,是晚清

---

① 阮珍珍:《1912—1937年知识女性职业状况考察》,河南大学硕士学位论文,2008年,第16页。

官吏和著名学者,擅长书法,他的言行对儿女的成长有很大的影响。陈衡哲的高祖母开创了陈家"每个出生于或嫁入陈家的女子,或出于天性或由于环境,都在文学艺术方面有或多或少的造诣"①的传统,陈衡哲的祖母赵氏、母亲庄曜孚、姑妈、阿姨等等无一例外地在绘画、书法、诗歌等领域有所成就。母亲庄曜孚,更是师从恽派画家邑人袁毓卿女士学画,擅长恽派没骨花卉画法,她是著名画家并成就斐然,严谨博学的她对于陈衡哲的教育和发展起了铺垫作用。但陈衡哲决不就此满足,为了学习更多的新知识,苦苦哀求母亲让她只身一人到广州,母亲劝她:"你这么有志气当然好,可你还太小。我们以后再说吧。"但十三岁的陈衡哲"心中燃烧着上学的渴望","不停地想着上学",所以她一次又一次地恳求母亲让她去广州三舅家,最后"毫不犹豫地选择了可以把我带往心灵向往的所在的道路"。② 可到了广州后,由于年龄太小,医学院不收,后又独自一人转到上海中英女子医学院学习了 3 年。随后,姐姐妹妹都已出嫁了,但陈衡哲还是坚持读书,并考取了清华留美学校的考试,远赴重洋,在瓦莎女子大学获得了历史学学士学位,并荣获该校的奖学金去芝加哥大学获得了硕士学位。陈衡哲为求新知,早年不惜与父母分离,违抗父命拒绝婚约,后又漂洋过海求学,正是这种对知识的强烈渴望,才一次又一次超越自我,最终回国后成为北京大学第一位女教授。冯沅君,小时候除了母亲在家里对她进行过学业上的指导之外,仅上了两年私塾,没有接受过正统的学校教育的训练。冯沅君为到北京女子高等师范学校读书,向母亲表示:"如家里怕花钱,可把家里给自己结婚时买嫁妆的钱先拿出来,待将来出嫁时,什么都不向家里要。"③母亲为女儿求学的炽热情感所打动,不顾冯沅君婚约在身,断然决定送她去北京上学。到北京女子高等师范学校后,尽管冯沅君来自书香家庭,但家里藏书有限,内容比较单一。因此,她的知识漏洞很多,在上课时常常会遇到很多难题。在顾震福先生的历代文选课上,第一次上课她背诵了一篇《登楼赋》,赢得了顾先生的赏识,对她颇有好感并格外关注。但在一次作业中,冯沅君露出了知识的漏洞,让顾老师大为吃惊,关切地问她是不是生病了,还让她以后要多读书,扩大知识面。尽管批评并不是很严厉,却让一向要强的冯沅君非常伤心,哭过之后,她立

---

① 陈衡哲:《陈衡哲早年自传》,合肥:安徽教育出版社,2006 年,第 4—5 页。
② 陈衡哲:《陈衡哲早年自传》,合肥:安徽教育出版社,2006 年,第 66—69 页。
③ 郭建荣主编《北大的才女们》,北京:北京大学出版社,2009 年,第 29 页。

下雄心:"要通过自己的苦读,赶上同学;再通过努力,争取超越同学。"①为此,冯沅君"没白没黑地贪婪读书,连星期天哥哥来找她玩,她也不愿浪费时间"②,"为了争取时间多读书,她征得母亲的同意,春节也留在学校不回家"③。冯沅君的努力,最终被北京大学国学门看中,成为北京大学第一位女研究生,为她以后的学术研究奠定了坚实的基础。苏雪林为能上学,曾"哭泣、吵闹,总无结果",最后她"走到附近一个地点,名为松川者,涧水渟潴深约丈许,我想不自由,毋宁死,不如跳下去求解脱"。④ 当时苏雪林以死相要挟,母亲真怕女儿会做出什么事来,再三向祖母求情,才勉强同意。冰心小时候非常喜欢看书,她自己曾说:"我看书看迷了,真是手不释卷。海边不去了,头也不梳,脸也不洗;看完书,自己喜笑,自己流泪。母亲在旁边看着,觉得忧虑;竭力的劝我出去玩,我也不听。有一次母亲急了,将我手里的《聊斋志异》卷一,夺了过去,撕成两段。我趔趄的走过去,拾起地上半段的《聊斋》又看,逗的母亲反笑了。"⑤

所以,这些大学女教师在整体不利的大环境下,想要和男孩子一样赢得读书的机会和权利,非常不容易,她们从小就有一股强烈的求知欲望,特别珍惜读书的机会,这为日后成为大学女教师打下了知识底色。

2. 刚强不屈的个性

我们发现近代大学女教师从小就生性要强,没有传统女子的低眉顺从、忍辱负重的性格,而是刚强不屈,坚定执着,不断地丰满自己的羽翼,努力做最好的自己。正是这种坚强的个性,使她们在外部环境不利的条件下,依然能与男教师相互共存,自由地驰骋于大学舞台,使自己立于不败之地。

陈衡哲的不屈个性可以追溯到她的启蒙时期,她是家里老二,刚生下来时,父母曾因她是个女孩子感到失望。但陈衡哲在童年时期就雄心勃勃,她在自传中曾说:"我不是立志要穿比别人更漂亮的衣服之类,而是希望别人觉得我聪明、在学业上有前途。因此,当父母有一天问我和姐姐谁想要先学

① 严蓉仙:《冯沅君传》,北京:人民文学出版社,2008年,第7页。
② 严蓉仙:《冯沅君传》,北京:人民文学出版社,2008年,第6页。
③ 严蓉仙:《冯沅君传》,北京:人民文学出版社,2008年,第7页。
④ 苏雪林:《苏雪林自传》,南京:江苏文艺出版社,1996年,第128页。
⑤ 冰心:《冰心自传》,南京:江苏文艺出版社,1995年,第60页。

认字时，我回答说我想先学。"①尽管由于年龄太小，当时只有四岁，习字不了了之，但却赢得了父母的另眼相看。到六七岁时，母亲教姐姐和妹妹，父亲单独给她开课。一般女孩子都开始学习《三字经》《千字文》，但父亲直接让她学习《尔雅》，第二本书是记录中国两千个地名的地理书，第三本书是历史笔记，包括中国历代君主的称号和统治年代。这些书枯燥艰涩，难以理解，没有节奏，没有韵律，甚至很多连意义都不懂，但陈衡哲不抱怨，凭着一股不服输的倔劲，硬是把它们一一背诵下来，从此，父亲对她更是刮目相看。冯沅君从小跟着教书先生学习，有一次"不知道先生说一句什么批评的话，沅君生气了，第二天就不去上学。母亲生气地说，不上学，就要把她送到上房后边的一间黑屋里。她宁愿上小黑屋，也不去上学。母亲劝说解释，亲自把她送到书房门口，先生也出来接她，她无论如何也不进门槛"②。这是哥哥冯友兰讲述的一段幼年轶事，但冯沅君倔强的个性可见一斑。吴贻芳出生于湖北武昌的一个书香门第家庭，曾祖父是翰林，祖父是举人，全家随着吴举人的官职，迁至武昌定居。父亲吴守训只考取了秀才，后捐了一个"候补知县"的头衔。吴守训是一个安于本分，在官场上不受贿行贿，只求稳定的生活。可是官场黑暗，终究还是被人陷害，背上亏空公款的罪名，万般无奈之下竟跳江轻生。原本幸福美满的生活因父亲的离去变得惨淡不堪，母亲带着一家人投奔杭州祖母家，从此过着靠亲戚接济的生活。哥哥因为不小心弄丢了筹集来的学费，自怨自艾，没脸面对家人，竟纵身跳入黄浦江。母亲因接受不了儿子跳江的现实上吊自缢，姐姐在母亲出殡的前一晚也随母亲而去。身边至亲一个接一个离她而去，只留下七旬祖母和九岁妹妹。面对冷酷的现实，吴贻芳并没有就此倒下，历经磨难的她，暗下决心一定要支撑起这个破碎的家，照顾好祖母和妹妹，成为这个家的顶梁柱。在困苦中走出来的吴贻芳学习更加刻苦，丝毫不让自己有懈怠的机会，拼命地抓紧每分每秒，变得更加沉寂，更加坚韧。冰心在贝满女中读书时，数学很差，经常考试不及格，后来在老师的鼓励下，她每天回到家就学习，甚至在睡梦中还在做数学，一道道难题就这样在她的努力下得到解决，最终冰心以全校最优秀的应届毕业生代表同学们致辞。苏雪林在安庆省立女子师范学校读书时，为了与另一名同学争夺第一，经常熬夜到凌晨三点，甚至为此得了一身病，一累就要头痛的毛病。

---

① 陈衡哲：《陈衡哲早年自传》，合肥：安徽教育出版社，2006年，第8页。
② 严蓉仙：《冯沅君传》，北京：人民文学出版社，2008年，"代序"第1—2页。

可见,近代这些女教师小时候和读书时期就表现出争强好胜的个性和不屈不挠的韧劲,她们为了达到自己的目标,孜孜以求,甚至不惜牺牲其他一切。这些为她们日后成为大学教师打下了良好的个性基础。

3.独立的自主意识

近代大学女教师从小就有强烈的自主意识。陈衡哲认为女性的真正解放在于女性现代人格的建立。这个现代人格包括两个基本方面:一是女性的性别人格,"为女"的人格;一是女性的个性人格,"为人"的人格。女性的双重人格都要给予充分发展,否则牺牲任何一种人格,女性的人格就不会健全。她在自己的人生中,也一直在为自己"造命"。从十三岁起,她就远离父母南北奔走。曾有一次,从成都到上海的船上,她一路远行,并不感到寂寞,反而感到独处具有相当诱惑力。当时同船的两个男孩子一直哭哭啼啼,最后一个仆人告诉她:"这些男孩比你胆小多了,小姐,虽然他们是男孩你是女孩。他们老哭,想他们的母亲和舒服的家,尽管他们要比你大两三岁。"[1]甚至考上了清华大学留美奖学金出国时,陈衡哲也不要家人为她送别,她说:"我已经习惯于各种各样的独处。"[2]林徽因从小就知道父亲不喜欢母亲,对她母亲非常冷淡。她父亲善诗文、工书法,是一个儒雅风流的新派人物,而她母亲则是一个没有受过教育的旧式女子。所以"她爱父亲,却恨他对自己母亲的无情;她爱自己的母亲,却又恨她不争气;她以长姊真挚的感情,爱着几个异母的弟妹,然而那个半封建家庭中扭曲的人际关系却在精神上深深地伤害过她。可能是由于这一切,她后来的一生中很少表现出三从四德式的温顺,却不断地追求人格上的独立与自由"[3]。她跟随父亲游历欧洲时,就立志学建筑,做一名优秀的建筑师。到美国宾夕法尼亚大学时,建筑系只收男生,不收女生,因为建筑系的学生常常要彻夜赶图,女生不是很方便。虽然林徽因在美术系注册上学,但第二年春季班开始,林徽因就成了建筑系设计教授的助理,过了一个学期,又当上了建筑设计课的辅导员。虽然我们不知道林徽因是怎样成为建筑系设计教授的助理和建筑设计课辅导员的,但有一点非常明确,她有她自己的执着追求,她不想步她母亲的后尘,她非常清楚自己想要什么,想学什么,想成为一个怎样的人。

---

① 陈衡哲:《陈衡哲早年自传》,合肥:安徽教育出版社,2006 年,第 133 页。
② 陈衡哲:《陈衡哲早年自传》,合肥:安徽教育出版社,2006 年,第 174 页。
③ 梁从诫编选:《薪火四代》(下),天津:百花文艺出版社,2003 年,第 170 页。

正是这种独立的自主意识,使得她们敢于同传统守旧势力作斗争,实现人生的真正独立;也正是这种独立自主意识,使得她们非常自信,为她们以后走上大学讲台奠定了基础。

4.融汇中西的文化素养和能力

近代大学女教师,用柯灵的话说是:"大多出生于仕宦之家,还是清末的遗民,有的留学海外,沮欧风,沐美雨,或多才多艺,或作家而兼学者,格调高雅清婉,上承古典闺秀余绪而别具五四新姿。"①也就是说,这些女性之所以能成为大学女教师,是因为她们有着令人羡慕的高等教育背景,具有融汇中西的文化素养和能力。赵萝蕤出生于书香世家,她的父亲是东吴大学教授赵紫宸。她曾在苏州圣约翰堂附近的幼儿园上学三年,七岁进景海女子师范学校学习,十四岁考入燕京大学附属中学,十六岁时,她被燕京大学中文系录取,大学二年级时转入英语系,二十岁考入清华大学外国文学研究所。在积累了深厚的中国传统文化素养后,她又赴美国芝加哥大学英语系学习,专攻美国文学,在广泛阅读的基础上,对亨利·詹姆斯(Henry James)的作品产生独特兴趣,花了几年时间关注他的各种作品。正是这种教育,使她得天独厚,具备了中西融汇的素养和能力。袁昌英是一位集学者、大学教授、外国文学研究家、翻译家、作家于一身的现代知识女性。在她小时候,她的父亲就非常重视对她进行传统文化教育和中国诗歌艺术的熏陶。由于她父亲袁雪安曾留学日本早稻田大学,观念很新,非常看重女儿的教育。袁昌英十三岁时,她父亲就送她到上海教会学校中西女塾读书,1916年毕业后又自费送她去英国深造。1921年袁昌英毕业于爱丁堡大学,获英国文学硕士学位,是在英国获硕士学位的第一位中国女性。1926年她又只身赴法,在巴黎大学攻读法国文学和近代欧美戏剧,获硕士学位。这种融汇中西的文化积淀,使得"在对中国传统文化的继承与西方文化的接受时,袁昌英也并非盲目照搬,而是以传统的伦理道德观和自身的好恶,有选择地吸纳与接受,形成了她兼具知识分子的雍容气度、传统女性的兰心蕙质和西方人文精神的独立意识,表现出女作家中少见的才、学、识、德的水乳交融,这些正是袁昌英散发出的独特魅力所在"②。再如林徽因学贯中西,早年教会女中学习、留

---

①　柯灵:《柯灵文集》(第 2 卷),上海:上海文汇出版社,2001 年,第 279 页。

②　刘馨:《袁昌英对中西文化的选择与接受》,《安顺学院学报》2009 年第 8 期,第 23—25 页。

学欧美的生活，使她较好地接受到西方现代文化的熏陶和教育。同时，深具传统文化底蕴的家庭背景，又让她与传统文化存留着一份难以割断的情结，从而形成了林徽因亦中亦西，古典和现代融于一身的独特气质。正如梁再冰后来回忆所说："妈妈到英国前主要受中国文化熏染，在英国居留的一年多中，开始接触欧洲文化影响"，而"这种影响不仅表现在某些生活方式上（如英国人普遍爱好的 afternoon tea 或下午茶聚），也涉及更深层次的领域，首先是文学艺术的鉴赏方面。这一时期妈妈的英语口语和阅读水平都大大提高了，通过阅读英国文学作品等，她开始在原有的中国文化根底上吸收西方的影响和理念"①。此外，冯沅君曾以第一名的成绩被保送到北京大学国学门做研究生，后又留学法国，获巴黎大学文学系东方文学博士学位；吴贻芳在金陵女子大学获得学士学位，为进一步提高自己，她又到美国密歇根大学研究院，最终获得生物学博士学位，等等。近代大学女教师学贯中西，视野开阔，为她们走上大学讲台打下了扎实的知识基础。

总之，在主客观条件的共同诉求下，近代大学女教师作为一个新兴的知识群体悄然兴起。这一群体的产生，标志着男性统治大学讲台的格局被打破，从此，中国女性开始在知识的最高层次占有一席之地，打破了女子智力不如男性的传统观念，成为高校教师队伍中的重要组成部分。

二、近代大学女教师群体的基本特征

大学女教师作为知识精英群体，一经形成就引人注目。虽然每个女教师有自己独特的魅力，但纵观大学女教师群体，我们还是可以发现，她们中有许多共同的基本特征。

（一）大学女教师群体的人员构成

近代大学女教师群体队伍主要由三部分构成：外籍女教师、留学归国的学生和本国自己培养的学生，这三部分人员共同构成了近代大学女教师队伍。而且不同时代，女教师队伍的组成结构也不一样。

首先，外籍女教师是大学女教师队伍的有机组成部分。早在清末新式

---

① 清华大学建筑学院编：《建筑师林徽因》，北京：清华大学出版社，2004 年，第 39 页。

学堂中,由于中国师资匮乏,当时曾大量聘请外籍教师,其中也包括一部分外籍女教师。到民初,随着高等教育的发展,尤其是女子高等教育的发展,外籍女教师越来越多,主要分布的高校有:第一是中国人创办的高校。如清华学堂 1912 年美籍教师共 19 人,其中女性 9 人,1914 年美籍教师共 18 人,其中女性 7 人;[①]东南大学在 1921 年到 1925 年曾聘任法国的季亚德夫人任教。第二是普通教会大学。一些外籍女教师在教会大学工作,如柯安喜女士在燕京大学英文系工作;赛珍珠则在金陵大学外语系任教;等等。第三是在教会女子大学。教会女子大学早期,外籍女教师以女传教士为主。如 1905 年华北协和女子大学初创时由米勒(S. L. Miner)担任校长,而米勒是一位虔诚的传教士。华南女子大学的首任校长是传教士程吕底亚,她曾在福建农村地区传教,"在这广阔的教区四处奔走,呼召着那些奉主之名却少有真实灵性、被人们忽视的妇女"[②]。随着教会女子高校的发展,学校开始招聘外籍专业女教师。这些女教师拥有博士、硕士、学士学位,有些原本就在大学工作过,有丰富的教学经验。如金陵女子大学创办之初,曾聘请黎富思教授,她是美国密歇根大学博士,曾在密歇根州立师范大学任教两年,1917年秋到金陵女子大学担任生物学教师。华南女子大学专门聘请了卢爱德(Ida B. Lewis)担任校长,卢爱德曾获哥伦比亚大学博士学位,从而开启教育家办学的时代。但到 20 世纪 20 年代以后,尤其是教会女子大学立案以后,外籍女教师人数明显减少,典型的是金陵女子大学和华南女子大学。金陵女大 1926 年外籍教师占 65%,而到 1949 年,外籍教师则占 15%[③];华南女大也是如此,创校之初,外籍女教师占主体,但到 1931 年,外籍女教师占女教师总体的 43%[④],到 1950 年,外籍女教师占女教师总体的 13%左右[⑤]。此外,中国高等学校中,外籍女教师也逐渐减少,如清华大学美籍女教师 1912

---

① 苏云峰:《从清华学堂到清华大学(1911—1929):近代中国高等教育研究》,北京:生活·读书·新知三联书店,2001 年,第 127 页。

② L. Ethel Wallace: *Hwa Nan College*: *The Woman's College of South China*, New York: United Board For Christian Colleges In China, 1956, p. 6.

③ 参见朱峰:《基督教与近代中国女子高等教育:金陵女大与华南女大比较研究》,福州:福建教育出版社,2002 年,第 250—251、260—263 页。

④ 据"私立华南女子学院呈请立案用表之(一)",福建省档案馆,39-1-5。

⑤ 据"私立华南女子文理学院教育概况",福建省档案馆,39-1-97。

年为9人，到1914年为7人，1924年为3人，1927年为2人。[①] 因此，整体外籍女教师人数经历了一个由少到多，再由多到少的历程，外籍女教师的专业性也在不断增强。

其次，留学归国成员是女教师队伍的主体。早在1910年，从美国康奈尔大学毕业回国的谢绍英成为华南女子大学第一位华人教师。但清末，留美女生不多，当时国人主要留学日本。为救国图强，国人开始求教于日本，开始了留日狂潮。起先，女性只是跟随父兄丈夫来到日本，并进入日本女子学校就读。紧接着，留学日本的女性越来越多，女子留学日本进入繁盛期。随着留日女性学成归国，她们中很多从事教育工作，如"曾任学校校长者有杨荫榆、廖冰筠、李果、费达生，成为大学教授的有陶慰孙、杨荫榆、钱青、程国敩等"[②]。随着美国推行庚款留学，一大批女性开始留学美国。加之，教会、传教士资助一部分女性留美以及官宦士绅商人愿意将女儿自费送去留学，使得留美女生日益增多，她们获得学士、硕士、博士学位后归国，大批留美女性开始加入大学女教师队伍，女教师队伍不断壮大。主要有：史凤珠、伍哲英、陈衡哲、余矩英、俞庆棠、朱兰贞、张汇兰、陈淑圭、徐亦蓁、吴贻芳、王世静、韩湘眉、陆慎仪、黄孝贞、冰心、方令孺、顾静徽、张蕙生、雷洁琼、余宝笙、林徽因、杨崇瑞、高振贞、曹简禹、鄮云鹤、高君珊、周贞英、毛彦文、刘恩兰、关瑞梧、邬静娴、孙家琇、吴素萱、喻宜萱，等等。此外，还有一批留学加拿大、英国、法国、德国、苏联等国的留学女性也纷纷回国担任大学教职，主要有：袁昌英、苏雪林、劳君展、魏璧、冯沅君、刘馥英、崔芝兰，等等。这些留学女性，经过几年的苦学，学有所长，她们回国后有些在大学担任教职，有些担任大学校长，她们的归国，极大地壮大了女教师队伍，提高了女教师层次。在金陵女子大学，1923年中国籍大学女教师只有2人，外籍女教师25人，中国籍女教师仅占7%，而到了1949年，中国籍女教师已达57人，外籍女教师10人，中国女教师占了85%，这其中增加的女教师基本都是留学归国学生。可见，留学归国的女学生已成为女教师队伍的主力军。

第三，中国高校自己培养的学生也是女教师队伍的重要来源。各个高校自己培养的女学生，不断地充实大学女教师队伍。如冯沅君在北京大学国学研究院深造之后，曾在燕京大学做执教；吴贻芳在金陵女子大学毕业之

---

① 参见苏云峰：《从清华学堂到清华大学(1911—1929)：近代中国高等教育研究》，北京：生活·读书·新知三联书店，2001年，第127、136页。

② 周一川：《近代中国女性日本留学史》，北京：社会科学文献出版社，2007年，第287页。

后,曾在北京女子高等师范学校执教;冼玉清在岭南大学毕业后留校任教。
到民国后期,随着女性接受高等教育人数的增多,毕业后留在学校担任助教
的人数越来越多。我们以 1946 年度为例,国立西南联合大学的女助教基本
上都是本校毕业的留校学生。如冯钟芸联大文学院毕业留校任文学院助
教,顾元、刘君若联大外文系毕业留校任外国语文系助教,倪佩兰联大哲学
心理系毕业留校任哲学心理系助教,戚志芬联大历史学系毕业留校任历史
学系助教,萧福珍联大经济学系毕业在经济学系任助教,田日灵、闵嗣桂联
大化学系毕业在化学系任助教,等等。

　　大学女教师人员构成在不断变化。早期外籍女教师占有很大比例,但
随着教会大学立案,外籍女教师所占比例逐渐减少。与此同时,随着留学归
国女性的增加,中国留学生逐渐成为大学女教师队伍的重要生力军。到民
国后期,随着中国女子高等教育的蓬勃发展,高校自己培养的学生人数也不
断增加,成为女教师队伍的重要来源。

(二)大学女教师群体的地缘结构

　　清末民初,中国还没有自己的女子高等教育,女子高等教育主要集中在
教会女子大学,当时担任大学教师的女性多来自域外,主要是美国、英国、加
拿大等国的传教士。随着女子高等教育的发展,中国籍女教师逐渐增多,而
这些女教师群体的地缘结构有着显著特征,我们发现她们大多来自江、浙、
闽、粤等东南沿海一带。

　　女教师主要集中在女子高等学校。如 20 世纪 20 年代的国立北京女子
高等师范学校,当时女教师主要有杨荫榆(江苏无锡)、吴贻芳(江苏泰兴)、
袁昌英(湖南醴陵)、廖翠凤(福建厦门)、刘吴卓生(浙江温州)等[1],她们主要
来自江苏、浙江、福建东南沿海一带。教会女子大学也是女教师聚集之地,
1931 年华南女子大学和 1936 年金陵女子大学中国籍女教师的籍贯,具体如
表 1-5、表 1-6 所示。

表 1-5　1931 年华南女子大学中国籍女教师籍贯

姓名	余宝笙	高振贞	吴芝兰	周贞英	陈淑圭	宋方雪琼	程赛月	陈佩兰
籍贯	莆田	莆田	古田	平潭	闽侯	泉州	古田	闽侯

　　资料来源:朱峰:《基督教与近代中国女子高等教育:金陵女大与华南女大比较研究》,
福州:福建教育出版社,2002 年,第 253—255 页。

---

[1]　周一川:《近代中国女性日本留学史》,北京:社会科学文献出版社,2007 年,第 287 页。

表 1-6　1936 年金陵女子大学中国籍女教师籍贯

姓名	籍贯	姓名	籍贯
严思纹	广西马平	刘恩兰	山东安丘
章德卫	浙江吴兴	黄秀清	广东三水
林玉文	福建福州	陈品芝	福建福州
朱澈	江苏宝山	邬静娴	浙江
李子真	湖北武昌	胡菜	湖南
叶冷竹琴	山东	黄俊美	南京
胡惜苍	上海	沈乃森	浙江绍兴
陈黄丽明	广东花县	鲁淑英	南京
杭陈越梅	浙江	王明贞	江苏吴县
凌陈英梅	广东新会	李惠廉	广东中山
朱谢文秋	浙江山阴	张肖松	湖北武昌
陈诚思慈	北平	高杨宝瑜	江苏吴江
周翰青	浙江杭县	许张镜欧	上海
蓝乾碧	湖北武昌		

资料来源:朱峰:《基督教与近代中国女子高等教育:金陵女大与华南女大比较研究》,福州:福建教育出版社,2002 年,第 260—263 页。

表 1-5 华南女子大学中国籍女教师共 8 人,全部来自福建;表 1-6 金陵女子大学中国籍女教师来自浙江有 6 人,江苏 5 人,广东 4 人,上海 2 人,福建 2 人,湖北 3 人,山东 2 人,北平 1 人,广西 1 人,湖南 1 人,共 27 人。其中,浙江、江苏、广东、上海、福建、广西等东南沿海一带,就占了 70% 以上。从上述两张表格,我们可以看到教会女子大学中,中国籍女教师以江、浙、闽、粤等东南沿海一带为主。至于综合性大学,典型的如西南联合大学,西南联合大学是由北京大学、清华大学和南开大学合并而成,那么西南联合大学的中国籍女教师又是来自哪里呢? 我们看表 1-7。

表 1-7　1942 年国立西南联合大学女教员籍贯

姓名	籍贯	姓名	籍贯
姚殿芳	安徽贵池	池际尚	湖北安陆
林同梅	福建闽侯	萧福珍	福建晋江
蒋铁云	江苏武进	李植人	湖南
邵景洛	浙江绍兴	成莹犀	四川
彭慧云	浙江	汪　静	湖南
朱汝华	江苏太仓	陈丽妫	山西
刘翠麟	浙江上虞	姚哲明	江苏无锡
沈淑英	江苏吴县	李敏华	江苏吴县
吴素萱	山东	陆其惠	江苏江宁
高　潜	山东历城	马葆炼	广东
沈淑瑾	江苏苏州	潘承懿	江苏吴县
张友端	湖南长沙	严倚云	福建闽侯
曹宗巽	山东济南		

资料来源:北京大学、清华大学、南开大学、云南师范大学编:《国立西南联合大学史料(四:教职员卷)》,昆明:云南教育出版社,1998 年,第 118—129 页。

表 1-7 是 1942 年国立西南联大女教师名册,共 25 名女教师,其中来自江苏的有 8 人,浙江、福建、山东、湖南各 3 人,湖北、安徽、山西、四川、广东各 1 人,江苏、浙江、福建、广东四省占了 60%。

从上我们可以基本断定,女教师主要来自江苏、浙江、广东、福建等东南沿海一带,地域色彩浓厚。当然,随着中国女子高等教育的发展,女教师的来源地域也在不断地扩大。这其中原因很多,主要有:第一,由于江浙一带自宋室南迁以后,一直就是中国文化重镇,经过几百年的积淀,已凝聚了深厚的文化底蕴,江浙一带已成为学术渊薮,人才汇聚,具有很强的影响力和辐射力。第二,由于鸦片战争后,西方殖民主义者同清政府签订了一系列不平等条约,迫使清政府在东南沿海各省开辟港口,对外开放。大批传教士通过建立教堂、学校、医院等手段传播西方文化,使得东南沿海一带最早受到欧风美雨的浸润,思想上相对比较开放,容易接受新鲜事物,较早吸纳了女子教育和男女平等思想,女子接受高等教育也较早得到认可。第三,江、浙、闽、粤等东南沿海一带,较早对外开放,经济相对富裕,女子留学人数较多。

1916 年全国自费女留学生总数 96 人,其中江西、四川 18 人,广东 15 人,江苏 14 人,浙江 11 人,湖南 6 人,广西、贵州各 3 人,福建、陕西各 2 人,山东、河南、湖北、奉天各 1 人;全国各省共派遣官费女留学生 43 人,其中福建 9 人,山东、江西、湖南、云南各 4 人,浙江、广东各 3 人,直隶、陕西、四川、江苏、吉林各 2 人,湖北、安徽各 1 人。① 共计官费自费女留学生总数 139 人,其中江西 22 人,四川 20 人,广东 18 人,江苏 16 人,浙江 14 人,福建 11 人,湖南 10 人,山东 5 人,陕西、云南 4 人,广西、贵州 3 人,直隶、吉林、湖北 2 人,河南、奉天、安徽各 1 人。江、浙、粤、闽四省就占全国女留学生总数的 42.4%。20 世纪 20 年代以后,随着女子高等教育的进一步发展,女性留学人数快速增加。据国民政府教育部 1931 年统计,女留学生"多来自江苏、浙江、广东三省,其次为河北、安徽、福建等省"②。可见,江苏、浙江、广东、福建等东南沿海各省的女留学生人数始终处于前列,这些女留学生大部分都成了日后中国教育界的精英和大学女教师的主体。

(三)大学女教师群体的学历结构

学历结构是指教师群体中具有不同学历层次人员的比例构成状况。学历能反映一个教师的学习经历和知识水平。综观近代大学女教师的学历水平,整体呈现出不断上升的趋势。

近代中国女子高等教育产生迟缓,女教师能站上大学讲台已是非常不易,因此,近代大学女教师最初的学历不是太高。我们以 20 世纪 20 年代北京女子高等师范学校的女教师为例:杨荫榆获美国哥伦比亚大学教育学硕士学位、袁昌英获英国爱丁堡大学文学硕士学位、吴贻芳金陵女子大学本科毕业获学士学位、廖翠凤圣玛丽亚书院毕业(兼职英文教师)、张祥麟夫人学历不详(兼职英语教师)、刘吴卓生学历不详。

可以说,20 世纪 20 年代,一方面女教师人数有限,另一方面大学需要女教师。因此,对女教师的任职资格没有太多限定。如陈衡哲,1920 年获美国芝加哥大学英国文学硕士学位回国,成为北京大学第一位女教授;司徒月兰1922 年留美回国后在南开大学英语系任教授。国外硕士毕业就可担任大学教授。但随着留学归国成员的增加,尤其是 1927 年南京国民政府公布了

---

① 黄新宪:《中国近现代女子教育》,福州:福建教育出版社,1992 年,第 113 页。

② 刘宁元主编:《中国女性史类编》,北京:北京师范大学出版社,1999 年,第 246 页。

《大学教员资格条例》,并对大学教师任职资格进行了规定,成为副教授必须
是"外国大学研究院研究若干年,得有博士学位,而有相当成绩者",教授的
条件是"副教授完满二年以上之教务,而有特别成绩者"。① 这就使得留学经
历愈发显得重要,要想在大学聘任为教授或副教授,海归派优势凸显。因
此,很多女生国内毕业后,还会到国外留学,进一步提高自己的学历。我们
以 1931 年和 1950 年的华南女子大学为例,看看女教师的学历概况,见表 1-
8 所示。

表 1-8　1931 年华南女子大学女教师学历

姓名	学历	姓名	学历
华惠德	加拿大多伦多大学文学士,美国哥伦比亚大学硕士	邓惠贞	美国波士顿大学学士
和爱德	美国哥伦比亚大学理学士、哈佛大学体育科毕业	爱以利	美国西北大学学士、威斯康辛大学硕士
琴陶世	美国塞烈克士大学文学士、硕士	陈淑圭	美国康纳尔大学文学士、哥伦比亚大学硕士
张淑琼	美国晨边学院文学士	巴美德	美国波芒拿大学文学士、哥伦比亚大学硕士
余宝笙	美国芒卯大学理学士、哥伦比亚大学硕士	康慎德	美国白提士大学文学士、哥伦比亚大学硕士
高振贞	美国芒卯大学理学士、哥伦比亚大学硕士	宋方雪琼	美国柯大学文学士、波士顿大学医学博士
刘玛利	美国他桥大学理学士、哥伦比亚大学硕士	程赛月	华南女大文学士、美国哲吾大学硕士
刘李舜旬	华南女大文学士、美国芝加哥大学硕士	陈佩兰	华南女大文学士、美国柯里干大学家政学硕士
吴芝兰	华南女大文学士、美国密歇根大学硕士	施曼姿	美国威廉参大学学士
周贞英	华南女大文学士、美国密歇根大学硕士		

资料来源:《私立华南女子学院呈请立案用表之(一)》,福建省档案馆,39-1-5,表中的许
多美国大学校名、地名,根据原档案表格写入。

① 宋恩荣、章咸选编:《中华民国教育法规选编》,南京:江苏教育出版社,2005 年,第
636—637 页。

1931 年,华南女大共有女教师 19 人,其中学士 4 人,占 21.05%,硕士 14 人,占 73.68%,博士 1 人,占 5.26%。可见,20 世纪 30 年代初,华南女大女教师的学历就已相当高,女教师主要毕业于美国哥伦比亚大学和密歇根大学等。下面我们再来看 1950 年华南女大女教师的学历,见表 1-9。

表 1-9　1950 年华南女子大学女教师学历

姓名	学历	姓名	学历
王世静	美国密歇根大学硕士、晨边学院博士	傅华星	学士
许引明	美国密歇根大学博士	王瑜钦	本学院毕业、岭南大学研究院肄业
陈淑圭	美国哥伦比亚大学博士	苏柏新	美国堪萨斯大学硕士
余宝笙	美国约翰霍普金斯大学博士	陈懿德	本学院文学士
吴芝兰	美国密歇根大学物理学博士	林梅英	本学院毕业
周贞英	美国密歇根大学博士	陈琼琳	本学院毕业
陈芝英	美国堪萨斯大学硕士	王纯懿	美国密歇根大学硕士、加利福尼亚大学研究院
康慎德	美国哥伦比亚大学硕士	黄淑娟	美国加利福尼亚大学研究院
爱以利	美国威斯康辛大学硕士	吴美锡	本学院毕业
何淑英	美国波士顿大学数理硕士	刘以熙	本学院毕业
张芗兰	美国西北大学哲学博士	德 穆	硕士
佟德馨	美国密歇根大学硕士		

资料来源:《私立华南女子文理学院教育概况》,福建省档案馆,39-1-97。

到 1950 年,女教师达 23 人,其中博士 7 人,占 30.43%;硕士 10 人,占 43.48%;学士 6 人,占 26.09%。女教师学历明显提升,具有博士学位的从原来的 1 人上升至 7 人,陈淑圭、余宝笙、吴芝兰、周贞英 4 人由硕士升为博士。

这一方面说明女教师群体不断进取,要求上进,对学问的追求有一股执着的信念。但另一方面也说明女教师竞争激烈,学历要求越来越高,如果想要晋升为教授、副教授,仅有国内的本科学历已经不行了,必须到国外获得硕士、博士学位。因此,很多国内毕业留在高校的大学女教师,在竞聘高一级职称时,都会选择出国留学,攻读硕士、博士学位。这无形之中也使得大学女教师的学历越来越高。

(四)大学女教师群体的专业结构

近代大学学科专业的性别隔离现象非常显著,女教师大多聚集在人文社会学科。但大学女教师的专业结构也在悄悄地发生着变化,从最初的人文社科逐渐走向多样化。

甲午前出国的金雅妹、柯金英、康爱德、石美玉都无一例外地选择了医科专业,她们把医学职业看成是女性理想的服务行业,把自己的工作看成是一种虔诚的奉献,她们所取得的成就,证明了女性有能力接受教育,也使得医科这个专业成为最先被社会认可的女性可以从事的职业之一。

甲午战后至民国初年,女性所选择学习的专业日趋增多,专业领域不断扩大,但在学科专业分布上,还是以文学、医科、教育、音乐居多。如 1924 年《留美学生录》所载的 108 名留美女生所习专业,具体如表 1-10 所示。

表 1-10　1924 年部分留美女学生专业学科统计

专业	人数	专业	人数
医药、看护、牙科	17	社会学、社会服务	3
教育、体育	15	美术	2
文学	9	新闻学	2
音乐	7	动物学	2
政治、经济	4	宗教	2
商科	3	家政学	1
物理学	3	不明者	36
数学	2		

资料来源:孙石月:《中国近代女子留学史》,北京:中国和平出版社,1995 年,第 149 页。

表 1-10 留美女学生的专业选择也可基本代表近代大学女教师的专业概况。我们可以看看 1923 年北京女子高等师范学校的女教师专业选择概况,如表 1-11 所示。

表1-11 1923年北京女子高等师范学校专(兼)任教员专业

姓名	所教专业	专(兼)职	备注
杨荫榆	教育	专	
袁昌英	英文	专	所学专业为外国文学
廖翠凤	英文	兼	
张祥麟夫人	英文	兼	
刘吴卓生	英文	兼	北大外国文教授

北京女子高等师范学校中的杨荫榆所学专业为教育,袁昌英所学外国文学,廖翠凤、张祥麟夫人、刘吴卓生3人都教英文。从表1-11中5位女教师所教专业来看,她们学的全都是文科。到1929年,南京国民政府制定了《中华民国教育宗旨及其实施方针》,对大学教育规定:"注重实用科学,充实科学内容,养成专门知识技能。"①同时颁布的《大学组织法》和《大学规程》都强调实科教育。《大学规程》第二条指出:"大学依组织法第五条第一项之规定,至少须具备三学院,并遵照中华民国教育宗旨及其实施方针,大学教育注重实用科学之原则,必须包含理学院或农工医各学院之一。"②"九一八"事件以后,国民政府更加重视实科教育,历任教育部部长都重视实科教育的发展。如陈果夫提出了《改革教育初步方案》,该方案指出:"近二三十年来,学校课程偏重文法科系而忽视农工医各门,导致文法各科人才过剩,农工医人才缺乏,而致造成社会种种不安现象,提出若干解决办法,包括自民国二十一年度起停招文法艺术科系学生,将文法科经费移作农工医科之用,并主张对文法科系学生再施加职业训练等。"③在政府的倡导下,就读实科的大学女性越来越多。这些女性毕业后很多走上教师岗位,她们的专业也开始出现多样化,有些女教师力图突破男性为其设置的禁区,跳出传统的职业限制,进入了航空工程、地质、经济学、土木工程等专业,闯入男性的知识和职业领域,走出家庭,走向社会公共领域,开始追求独立与平等发展的机会。如1942年西南联大女教师的专业,具体如表1-12所示。

---

① 宋恩荣、章咸选编:《中华民国教育法规选编》,南京:江苏教育出版社,2005年,第36页。

② 宋恩荣、章咸选编:《中华民国教育法规选编》,南京:江苏教育出版社,2005年,第386页。

③ 陈能治:《战前十年中国的大学教育(1927—1937)》,台北:台湾商务印书馆,1980年,第91—92页。

表 1-12　1942 年西南联合大学女教员专业

姓名	专业	姓名	专业
姚殿芳	中国文学	池际尚	地质
林同梅	外国文学	萧福珍	经济学
蒋铁云	外国文学	李植人	社会学
邵景洛	历史学	成莹犀	土木工程
彭慧云	数学	汪静	机械工程
朱汝华	化学	陈丽妫	电机工程
刘翠麟	化学	姚哲明	电机工程
沈淑英	化学	李敏华	航空工程
吴素萱	生物	陆其惠	化学工程
高潜	生物	马葆炼	教育学
沈淑瑾	生物	潘承懿	理化学
张友端	生物	严倚云	理化学
曹宗巽	生物		

资料来源:北京大学、清华大学、南开大学、云南师范大学编:《国立西南联合大学史料(四:教职员卷)》,昆明:云南教育出版社,1998 年,第 118—129 页。

　　虽然,近代大学女教师专业出现多样化,但整体来说,大学女教师的专业选择还是以人文社会科学为主。根据民国教育部 1942 年和 1944 年编制的 2 册《专科以上学校教员名册》来看,整理如表 1-13。

表 1-13　1942 年和 1944 年专科以上学校女教师学科专业情况

学科	文科	理科	法科	师范科	农科	工科	商科	医药科	艺术科	总计
人数	59	122	11	55	19	11	7	42	25	351

资料来源:数据根据 1942 和 1944 年教育部编的《专科以上学校教员名册》(共 2 册)统计而成。

　　通过审核的女教师共 351 人,其中文科、法科、师范科、医药科、艺术科共计 192 人,占了 54.7%。当然其中有很多原因:首先,大学女教师整体还是以人文社会科学为主,这跟学科性质有关。人类学家默多克(George Murdock)曾对 200 多个社会群体进行跨文化研究,发现所有文化中都存在劳动的性别分工,女性多专注家务和家庭责任,而男性在外工作,这既是现实的,也是最便利的。① 劳动内外分工亦成为学术职业性别化的主要原因之一。这也使得那些柔弱的、感性的、具体的、情感的女教师从事人文社会科学多一些,而那些强壮的、理性的、抽象的、概括的男教师从事理工科领域多些。在民国时期这方面的特征就表现得非常明显。教育、医护、人文社会科学等大学女教师相对多一些,而理工科领域大学女教师就少一些。其次,大学女教师选择以人文社会科学为主,这跟近代女性社会地位低下有关。"在男性为中心的社会文化中,性别与科学作为一种社会制度通过与权力的关系而相互作用、相互建构,它们可视为文化中这种权力关系的结果和反映。"②随着科学的发展,理工科成为学术系统中的重要知识,而人文学科的地位不断下降。由于在权力和利益分配中,女性一直处于弱势地位,因此,人文学科理所当然地成为大学女教师的主要栖身之地。

总而言之,在主客观因素共同作用下,近代大学女教师群体形成。随着这一群体的产生和发展,在人员结构、地缘结构、学历结构和专业结构等方面逐渐呈现出鲜明特征。而透过大学女教师群体的形成与特征分析,我们也触摸到这一群体内心的挣扎和艰辛,但她们仍毅然决然地立于潮头,开风气之先,不仅演绎着自己的精彩人生,更为近代中国女性写下了靓丽一笔,有力地促进了中国女子教育近代化进程。

---

① Murdock G: *Social Structure*,New York: Macmillan,1949,p. 27.
② 王俊:《遮蔽与再现:学术职业中的性别政治》,武汉:华中师范大学出版社,2011 年,第 99 页。

第二章　别样的风采:近代大学女教师教学研究[*]

——以苏雪林、袁昌英、林巧稚为个案

　　冰心曾说过:"世界上若没有女人,这世界至少要失去十分之五的'真'、十分之六的'善'、十分之七的'美'。"[①]本章将重点选择三位典型女教师,探究她们在教学中是如何充分展示真、美、善的风采。当然,每位女教师都蕴含真、善、美的追求,这里所选择的三位女教师只是相对在某个方面比较突出,并不是绝对的。在分析三位女教师教学风采的基础上,进而总结近代大学女教师对中国大学教学的贡献。

一、苏雪林的教学风采——求真[②]

　　苏雪林(1897—1999),祖籍安徽太平岭下苏氏,一个没落的名门望族。祖父苏锦霞是封建保守人士,皇权观念根深蒂固,父亲苏锡爵是晚清秀才,一生挣扎求官,重男轻女思想极重,母亲又是尊崇三从四德的旧式女性。在家长们封建观念的影响和管制下,苏雪林早期的生活和教育浸染了浓重的传统礼教色彩,这对她思想观念的形成产生了深远影响。1925年苏雪林无奈地接受了封建包办婚姻,与张宝龄完婚,但屈服礼教的结果是一段聚少离多、名存实亡的无爱婚姻和孤苦寂寞的一生。

　　苏雪林幼时在家塾中接受过短暂的教育,但塾师教学质量不高,对她提

---

[*]　本章由项建英、吕芳芳撰写。

①　冰心:《冰心自述》,郑州:大象出版社,2005年,第124页。

②　本书所讲的"真"主要指苏雪林在教学中备课认真、教学态度率真、对学生真心和在教学中探寻真知。

高学识毫无裨益。1913 年苏雪林进入培媛女校学习,但这所教会学校中西混杂的教学方式,条理不明又毫无章法,苏雪林半年后便辍学离开。1914年,她誓死反抗家中阻挠,入安庆女子师范学校学习,三年后顺利毕业并留校任教。1919 年,苏雪林入北京女子高等师范国文系学习,师从胡适、李大钊、陈独秀、陈中凡、吴贻芳等一大批先进知识分子,饱受"五四"新思潮的洗礼。1921 年苏雪林又获得了赴法留学的机会,在中法大学学习西方文学和绘画艺术,但由于语言障碍和身体孱弱,直到 1925 年回国时,她也未获得一个学位,以此为终生憾事。

丰富的求学经历,提高了苏雪林的文化水平,训练了她为师治学的能力,为她从事教师职业打下了坚实基础。苏雪林是集教师、学者、作家身份于一身的知识女性。如果说创作是她生活中不可或缺的一部分,那么教书就是她坚守一生的事业。苏雪林曾执教景海女子师范学校、东吴大学、沪江大学、安徽大学、武汉大学、台北师范学院、台南成功大学、新加坡南洋大学等多所高等学府,所教科目为"世界文化史"、"基础国文"、"中国文学史"等课程。在教育界,苏雪林驻守了近半个世纪,因而更愿意称自己为教书匠。一个"真"字,淋漓尽致地形容了苏雪林的教学特色。

(一)认真备课为教学

苏雪林毕业于师范院校,献身教育,为国家培养人才是师长对她的谆谆教诲。在她从教的几十年里,一直秉持着初为人师时抱定的宗旨,以吃苦耐劳的精神心甘情愿地付出,认真专注地对待自己的本职工作,认真备课上课,这是她教书育人理念的生动表现。

1930 年苏雪林到安徽大学中文系任教,所授课程为"基本国文"、"诗词选",每周分别为 4 小时、3 小时。后由于文学院院长程憬(字仰之,北京大学毕业,清华大学国学研究院出身)升任教务长,行政事务太多,便将每周 3 小时的"世界文化史"的课交苏雪林接任。院长一再诚恳地说:"苏女士,担子交给你挑,实在没有办法,不过你不用担心,我可以把编好的大纲借给你,再介绍几本西洋文化史供你参考,总能勉强对付下去。"①苏雪林没有料到,院长交给她的所谓大纲,竟然只是寥寥数行的 8 个篇目:(1)史前文化,(2)太古文化,(3)人类成人时代的文化,(4)古文化衰老时代,(5)文化的再生时

---

① 沈晖:《1930—1931 年:苏雪林在安徽大学》,《新文学史料》2009 年第 2 期,第 34—36 页。

代,(6)近世文化,(7)19世纪的文化,(8)文化混合的倾向。当时大学课程,大多无统编教材,上课全凭口授,学生记笔记。当苏雪林提出想参考一下他的讲义时,院长以自己讲义支离破碎,字迹难以辨认,婉言拒绝了。苏雪林自幼好强,从不在男子面前示弱。她下定决心,一定要教好这门课,尤其是中途接教的课,只有比前任教得更好,才能在讲台上站得住、立得稳。因此,苏雪林备课时分外专注认真,她从图书馆借来几本外国文化史的图书仔细揣摩,对埃及、希腊等古代文化有初步的了解后,结合自己留法学习艺术的经历,从熟知的史前艺术出发,搜集相关材料丰富教学内容。同时将其他内容进行分类,不同的观点排成系统,最后编成讲义,逐章逐节地为学生讲解。除了准备好教学材料外,苏雪林还详细准备讲稿,把授课内容的顺序做出安排,穿插的图画、自己的经历和思想情感等都注明了讲述位置。为教好这门课,苏雪林还专门裁宣纸装订了一本长27厘米、宽16厘米的备课笔记,每面用毛笔书写14行,约450字,计223面,达10万言。[①] 苏雪林的苦心并没有白费,她在回忆安徽大学教书的往事时曾动情地说:"安大学生多来自贫寒之家,学习非常勤奋、刻苦,纷纷借我讲义传抄。"[②]认真的备课,不仅使她顺利地完成了授课任务,而且也赢得了学生的认可和尊敬。

　　转战武汉大学后苏雪林依旧保持着认真备课的习惯。她的教学任务是教授一个班的"中国文学史"和两个班的"国文"课程。中国文学史是她从来没有教过的新课,同样需要编写讲义供学生使用。为此,苏雪林常常待在图书馆,寻找参考资料,梳理中国文学的发展脉络,以年代顺序为节点,将不同时期文学的体裁、特点以及作用等一一进行总结。课程涵盖的范围甚广,备课所花的时间和精力更是巨大,但苏雪林仍不辞辛苦地一章一章撰写。"开始一年,讲义只编到六朝,第二年,编到唐宋。一直教到第六年止,我才将已编成的讲义,加以浓缩,每章限六七千字左右,自商代至五四,一共二十章,成为一部中国文学史略。"[③]这部废寝忘食编写而成的讲义,让苏雪林在课前做好了充足的准备,这也是她在武汉大学教授长达18年的"中国文学史"课程的重要原因。

---

　　① 沈晖:《1930—1931年:苏雪林在安徽大学》,《新文学史料》2009年第2期,第34—36页。

　　② 沈晖:《1930—1931年:苏雪林在安徽大学》,《新文学史料》2009年第2期,第34—36页。

　　③ 沈晖编:《苏雪林文集》(第2卷),合肥:安徽文艺出版社,1996年,第88页。

(二)率真为教显初心

苏雪林性格倔强,自小便显露出一份男子气概,不愿缠足,不爱女红,喜欢读书,整日与男孩嬉戏打闹,上树下河,捕鸟摸鱼。这种个性也造就了她率真的教学风格,她排斥曲意逢迎和扭捏作态的育人方式,教学忠于内心,勇于表达自己的看法,毫不掩饰自己的喜恶态度。用直率和真诚改变墨守成规的课堂教学,将理性思维与感性情绪相融合,营造动静相宜、情理相融的课堂氛围。

近代社会动荡,教育发展受到限制。缺乏教材是常事,因此教师上课不会规定教材,但需要自编讲义进行教学。对苏雪林这样不喜欢被拘束的人来说,这恰好给了她极大的自我发挥空间。教学中,苏雪林按照她自己的喜好和学生的需求选择教学内容。在东吴大学教"诗词选"课程时,她选择教学内容就比较率性。她拿到唐诗的教材,便为学生讲解几首经典唐诗,从诗人生平经历讲到写作背景,从诗歌韵味讲到诗人思想情感,层层递进;无意间看到几篇纳兰容若的词,就与学生一起领略词中那凄美哀婉、情意缠绵的美妙意境;当学生对李商隐无题诗感兴趣时,她也有求必应,选择几首名篇与学生共同探讨……当然,这一切都以她博学多识为前提,因她自幼酷爱诗词,鉴赏唐诗宋词,创作五言七律,对她而言均无难度,因此,这种教法对苏雪林来说收放自如,学生也觉得趣味十足,能够心领神会。在武汉大学教授"新文学研究"这门课时,苏雪林又尊重自己的内心,她常常将自己的情感态度融入课堂教学中,偶尔会让感性冲动战胜理性头脑。苏雪林喜欢在讲解时,大段地摘录原作,逐句地进行解读,以原作为佐证,论证自己的观点,力求论点与论据相结合。然而除了分析文本内涵以及其中的写作技巧、艺术特色和现实意义之外,她会不自觉地结合作家的人生观念、性格特点、政治立场来解读作品,有时候还会将自己的主观喜恶传达出来。如介绍胡适的《尝试集》时,她说:"胡适本是一个头脑清楚,见解透彻的哲学家,其文字言语都如一股寒泉,清沁心脾,其诗亦天然近于白居易。"[①]胡适是苏雪林的恩师,也是她崇拜一生的偶像,她不知不觉地便流露出崇敬之意,毫不吝啬溢美之词。相反,讲到鲁迅的文学作品,她虽然肯定鲁迅的《野草》一书是不可不介绍的,但她说读这书时"不由得要想起散文诗的鼻祖波特莱尔和他一卷

---

① 苏雪林:《中国二三十年代作家》,台北:纯文学出版社有限公司,1983 年,第 45 页。

精湛魅力的散文小诗来"①。但是她同时也称"鲁迅这人好像满腔怀着毒念,不向人发泄好像就会自毙似的……这样'睚眦必报'阴险狠毒的性格,给青年影响当然说不上一个好字"②。在现实中,苏雪林是反鲁人士。与评价胡适相比,不难看出,她在教学中从不隐瞒自己的私人情感,带有情绪化的特性。这种肯定中透露喜爱和宽容,否定中夹杂着憎恶和苛刻的感情,在一定程度上影响了学生对材料的解读和对所介绍作家的客观评价。不过这也是苏雪林率性为教的表现,她的情感和喜恶都出自本心,忠于自己的所思所想所感,虽存在偏颇之处,但也是坦坦荡荡。这样的教学方式,让学生看到了她的率真之处,同时又鼓励学生勇于表达自己的观点,而不是禁于一家之言,盲信一家之学。

(三)真心付出爱学生

苏雪林如此勤于教学事务,并不奢求将学生培养成为万众瞩目的佼佼者,只是期盼学生能够凭借在学校所学的知识,在各自领域能做出一点成绩,为国家和社会做出自己的一份贡献。这是苏雪林走上讲台的动力,也是她执教四十多年的信念。因此在教学的时候,她总是以学生为重,付出全部真心,时刻关心学生的学习和生活,只为学生能够有所精进。她说:"当我带着书踱上讲坛……我还是希望他们中间有人能向世界宣传中国优越的文化,和平的王道,向世界散布天下为公的福音,叫那些以相斫为高的刽子手们,初则眙愕相顾,继则心悦诚服……青年的前途是浩荡无涯的,是不可限量的。"③

苏雪林上课时说话带着方言口音,担心学生听不懂,她常常将教学内容一一写在黑板上,用文字帮助学生理解讲课内容。常常一节课结束,黑板总被擦写过五六回。学生们常常听得有滋有味,课堂笔记也做得十分细致,这让苏雪林十分感动。特别是安徽大学一个姓柯的男生,苏雪林曾教过他一学年的世界文化史课程,这个学生上课尤为用心,常借她的讲稿与自己做的笔记校对,以查漏补缺。苏雪林精彩的文学史课程给他留下了深刻印象,以致他到美留学时还专门选修过类似课程。后来苏雪林随武汉大学迁往四川

---

① 苏雪林:《中国二三十年代作家》,台北:纯文学出版社有限公司,1983 年,第 210 页。
② 苏雪林:《中国二三十年代作家》,台北:纯文学出版社有限公司,1983 年,第 210 页。
③ 沈晖编:《苏雪林文集》(第 2 卷),合肥:安徽文艺出版社,1996 年,第 234 页。

乐山,这个学生曾深夜携灯来看望她,并说"苏老师的一门课,影响了他一生"①。可见,苏雪林的教学对学生影响之大,对学生的真心诚意也从学生那里获得了回应。

除了在课堂教学中处处为学生着想,对学生作业的批改,她更是不遗余力。国文课是苏雪林任教生涯中最主要的任教课程,坚实的国文功底和文学素养让她教课游刃有余,唯一耗费精力的就是批改作文。她批改作文讲究"艺术性",总批、旁批、眉批俱全,勾画圈点,连细小的错误都一一指出;在语言上格外注重夸赞学生,学生看她给的评语常会心花怒放,这是自她从教以来便养成的批改作业的习惯。但她也有心情烦闷的时候,"见了太粗糙的练习簿子和太潦草的字迹,也会起惹一腔烦恼,想撩开一边,永远不替他改"②,"我们当国文教师的人,看见学生在作文簿上写了俗破体的字,有义务替他校正。校过二三回之后,他还再犯,便不免要生气怪他太不小心;甚至心里还要骂他几声低能"③。但在抱怨之后,苏雪林依旧伏案工作,花费一两天的时间仔细批阅学生的作业,甚至为了思索一小段评语,花费比批改一篇作文还要长的时间。这样批改作业十分费时费力,但为了鼓励学生上进,她还是一如既往地评阅。

在教书的过程中,看着学生不断地进步,不断地成长,这是她作为教师所获得的乐趣。她常说:"教书之际,能将你所发现的真理向学生宣布,开始的时候,他们因你说的话太惊世骇俗,并且从来也没听人谈起过,总不免怀疑。几节课听受下来,听出头绪了,迟钝的眼光发亮了,微笑不信任的面容变严肃了,从此便专心一志听受下去。你看了这种光景,自己也感觉莫名的兴奋,恨不得将所有的心得,倾筐倒箧传授给他们,这时候教书的热忱,真和充满神火的传教士一样了。"④苏雪林已把学生的进步作为自己最大的快乐,学生的成长已与她紧密相连,她将自己的全部情感和母爱给了学生,在某种程度上也找到了自己的情感归属。

(四)真知源于教学中

苏雪林十分崇尚教学相长的原则,因而不惧接受新的教学挑战,她曾

---

① 沈晖:《1930—1931年:苏雪林在安徽大学》,《新文学史料》2009年第2期,第34—36页。

② 沈晖编:《苏雪林文集》(第2卷),合肥:安徽文艺出版社,1996年,第118页。

③ 沈晖编:《苏雪林文集》(第2卷),合肥:安徽文艺出版社,1996年,第242页。

④ 沈晖编:《苏雪林文集》(第2卷),合肥:安徽文艺出版社,1996年,第90页。

说："教书顶好接受新功课，虽然比较辛苦，但它能拓宽你的视域，增进你的知识，加深你的思境，并使你在学术上得到许多意想不到、极有价值的发现。若十余年老教着一门旧课，除了开开留声机器，不能再做什么，那是没有意思的！"[①]在她看来教学工作最能启发教师的灵感，探索不同领域的学问能得到意外收获，而这些新鲜的见解和材料必能在教学中打开学生的视野。对教师来说，这也是不断获得新知，积累学识，提升思想高度和教学深度的好机会。

执教东吴大学"诗词选"课程是她在教学中求真知的开端。为了给学生讲解李商隐的无题诗，她在阅读参考资料中发现李商隐与女道士恋爱的蛛丝马迹，便在课堂中向学生公开怀疑。她认为李商隐的无题诗不是文笔浅陋、无内涵的作品，也不是前人研究所称的表达自己仕途失意之作，而是记录他多情风流的恋爱史。并且，他恋爱的对象极有可能是妃嫔、宫娥、女道士，才会采用各种象征手法去隐晦地表情达意。苏雪林所提出的"爱情说"，引起了学生的兴趣，但更多的是受到学生的质疑，他们"个个摇头，谓宫禁森严，外人岂容擅入，为此说者，毋乃胜过荒唐？"[②]为了解释学生的疑惑，苏雪林参看了大量参考书，从作品文本出发，结合历史事迹考证，更加确定"恋爱说"的观点。然后继续在课堂中与学生讨论，力证自己观点的正确性。她条理清晰的论证过程，让不少原先纷纷质疑的学生改变了立场，出现了支持的声音。学生的反应鼓励了苏雪林，她拿出了"为寻真相，掘地三尺"的气势，不断搜集证据，进行深入研究。在这样的情况下，她一边收集资料，一边研究，一边上课，一边讨论，几个月后写成了近七万字的《李商隐恋爱事迹考》，这是汇聚了她教学真知的一本书，也是在课堂上不断与学生切磋琢磨的成果。

对屈赋的一系列研究是苏雪林学术研究的重地，而她也将自己在这一领域的学术成就归功于教学。1927年，苏雪林在《现代评论》杂志上发表了《屈原与河神祭典关系》（后改名为《九歌中人神恋爱问题》）一文，这是她对屈赋研究的第一次试水，此后一段时间都没有发表相关的文章。直到在武汉大学执教"中国文学史"课程，讲到楚辞部分，学术的火花便在教学中再次点燃。当她讲到《天问》时，她告诉学生此文之所以难懂，是因为许多研究者按照王逸主张的"呵壁说"来理解，事实上应该参照"错简说"来解释。她的

---

①　沈晖编：《苏雪林文集》（第2卷），合肥：安徽文艺出版社，1996年，第91页。

②　苏雪林：《苏雪林自传》，南京：江苏文艺出版社，1996年，第66页。

另类说法引起了学生的兴趣,他们认为《天问》难懂,历来都是屈赋研究者的一个大难题,既然是"错简说",又该如何复原错简,理解其中的内涵?苏雪林根据自己的研究,将重新排列成文的《天问》展现在学生眼前,通过逐字逐句的分析,解释复原后的语义。她的讲解史论结合,有理有据,学生听后无法辩驳。为了让学生更加直观、深入明确她的"错简说",苏雪林特地写了篇《天问整理之初步》,让学生抄录这篇系统的研究文章,帮助他们课后复习和理解。苏雪林独特的研究视角,让学生在课堂上听到了与众不同的观点,"新奇"是她带给学生最大的感受。

苏雪林始终相信教学能够带给她学术灵感,在为学生讲解和与学生相互探讨的过程中总会有新的收获。1952 年苏雪林就职于台北师范学院,主讲国文课,并主动请开楚辞课,目的便是"教学相长"。撰写《论〈九歌〉大司命》一文,灵感就源于她为中文系一年级学生讲授姚鼐的《泰山游记》。苏雪林考虑到这篇游记是名篇,需要作详细解读,由于原文太过简短,讲课时难免会显得单调无味,学生会失去听课兴趣,因而她收集一些典故来充实课堂教学内容,以活跃课堂气氛,加深学生印象。在她翻阅资料时发现了研究《九歌》的新线索。"忽见有人死则魂归泰山之说,又见《泰山府君》、《泰山司命》诸条,大有感触。"[1]她又细细品读了《九歌·大司命》一文,沿着线索广搜中国古代史料,将历代帝王泰山封禅的史实进行对比研究,最终撰写了数万字的论文。当时,她给三年级学生开的楚辞课恰好讲到《九歌》,她对楚辞研究还不成系统,许多问题尚未解决,她上课又完全按照自己的研究思路和研究成果讲解,学生有时难以接受。但每一次新的发现都为她的观点提供新的证据,也为她课堂教学提供新的材料。直到研究成果日渐成熟,课堂教学时她也不再犹豫不安,而是中气十足。"教《九歌》,每篇皆以我的新见解,同学生讨论,学生皆翕然信服,无反对者。"[2]在教学中获得学术灵感,探寻学术真知,由此,学术论文和学术专著也不断呈现。

直到古稀之年,苏雪林依旧保持着在教学中求真知的品质。1964 年,六十八岁的苏雪林受聘远赴新加坡访学南洋大学,在那里授课一年。她承担的课程主要是"孟子"和"诗经",对她来说这是从未涉及的研究领域,没有丰厚的知识作为基础,难以保证课堂的教学效果。不过,苏雪林是个好强不服输的女人。为了能上好课,不在教学中出错,最关键的是不会误人子弟,她

---

① 苏雪林:《苏雪林自传》,南京:江苏文艺出版社,1996 年,第 141 页。

② 苏雪林:《苏雪林自传》,南京:江苏文艺出版社,1996 年,第 149 页。

开始研究《诗经》。苏雪林一边靠着几本《诗经》注释和参考书为学生们讲课,力求在课堂上把诗论常识详细介绍给学生;一边利用课余时间搜集有关《诗经》的史料,认真研究,学到了不少知识,最后洋洋洒洒地写了一篇近三万字的《诗经通论》。她将这份经过系统整理的讲义分发给学生,供学生复习参考使用,学生拿到这篇讲义都十分惊喜,认为拥有这篇文章,好比读了十几部研究《诗经》的书,让他们明白《诗经》是一门怎么样的学问。在这样融洽的教学氛围下,苏雪林更加卖力地教学,以此来回应学生的好意。

综上所述,认真负责的选材备课,带给学生融汇中西的知识体系;率真的教学方式,营造了张弛有度的课堂氛围;真心关爱学生的教学情感,用直击心灵的力量拉近师生距离;在教学中求真知的教学态度,以不断精深的学识涵养了一大批求知若渴的学子。苏雪林心无旁骛地对待教学工作,这与她不幸的婚姻也有关系,她曾说:"我想我今日在文学和学术界薄有成就,正要感谢这不幸的婚姻。假如我婚姻美满,丈夫爱怜,生育有一窝儿女,我必安于家庭生活,做个贤母良妻,再也不想到社会上去奋斗,则我哪能有今日的成就?"[①]确实,苏雪林对教学尽心尽责,将一颗赤诚之心全部交付于教育事业。在三尺讲台上,执鞭育人数十载,默默耕耘,如痴如醉,一个"真"字尽情地诠释了她的教学风采。

二、袁昌英的教学风采——求美

袁昌英(1894—1973),号兰紫,湖南醴陵人。她是我国著名的教授、作家和女学者。袁昌英出生在一个乡绅家庭,父亲袁雪安曾留学日本,毕业于名校早稻田大学。他是一位博览群书、才华出众的才子,曾服务于教育事业,后转而从政,在政界颇具影响力。袁昌英的母亲是一个普通农村妇女,曾为她生过三个妹妹,可惜都早夭了。在"重男轻女"思想极其严重的中国社会,未生育男孩的女性,往往会遭到鄙视和唾弃。袁昌英的母亲正是在邻里乡亲的耻笑和白眼中郁郁而死。母亲的死在袁昌英心中留下了难以泯灭的伤痛,也因此让她发奋图强,立志成为自立自强、思想解放的新女性。

袁昌英幼时先在私塾接受了中国古典文学的熏陶,十二岁又入上海中

---

① 苏雪林:《苏雪林自传》,南京:江苏文艺出版社,1996年,第158页。

西女塾,接受了西式教育,学习英语和西方文化知识。这种中西合璧的教育背景,对她思想观念的形成和行为模式的养成产生了重大影响。1916年,父亲自费将她送往英国留学。在国内打下的良好英文基础,让袁昌英迅速进入学习和生活状态。1918年,她考入苏格兰爱丁堡大学学习英国文学,主修古典与近代戏剧,1921年成为在英国获得文学硕士学位的第一位中国女性。1926年,袁昌英二次赴欧,在法国巴黎大学学习了两年的法国文学,留学海外的经历成就了她的戏剧创作和研究,也为她从事教育事业奠定了坚实基础。

袁昌英的丈夫杨端六先生是著名的经济学家,二人的结合虽不是自由恋爱,但二人婚姻和睦,生有一儿一女。婚后,袁昌英正式开始了她的教学事业。1922年至1924年,袁昌英任教北平女子高等师范学校,主讲莎士比亚的戏剧,成为中国介绍和研究莎士比亚戏剧的第一位女学者。1928年留法回国后,她带着满腹学识开始执教中国公学,主讲英国散文和莎士比亚。不过,袁昌英教学活动的主要阵地是武汉大学。1929年,她作为首批教授来到新建的武汉大学,在接下来的二十八年里坚守于此,将自己的全部青春奉献给了武大学子。她在武汉大学承担了"莎士比亚"、"希腊神话"、"希腊悲剧"、"现代欧美戏剧"、"中英翻译"、"戏剧入门"、"法文"、"英文散文"等课程的教学工作。在三十多年的执教生涯中,一个"美"字概括了袁昌英的全部教学特色。

(一)教学形象呈现端庄美

袁昌英特别爱美,她曾写过一篇文章《爱美》,在文中写道:"我生平最爱美,人造美与自然美于我均是同样宝贵。"[1]正因为袁昌英爱美,所以她特别注重自身的教学形象,时时处处呈现出一种端庄美。

袁昌英留学英国,而英国是个文化气息浓厚的国家,尤为重视礼仪规范,英国强调的淑女风范,绝不是中国千百年来强调的"大门不出,二门不迈"的大家闺秀,而是具有独立精神,拥有自立能力的新女性。她们举止有度,仪态得体,举手投足间显露出良好的修养,一直被看成是女性文明的典范。在这种环境和文明的濡养下,袁昌英自然而然地养成了英式淑女范。

袁昌英本人虽长得算不上是大美人,但"一双玲珑的大眼,配着一口洁

---

[1] 张林井、杜耀文编译:《中国名家散文精译》,青岛:青岛出版社,1999年,第66页。

白如玉的齿牙,笑时嫣然动人,给你一种端庄而流丽的感觉"①。袁昌英平时比较注意自己的穿着。她爱穿白衣裙,结果武汉大学文学院院长陈源见到她就说道:"奇怪,武大医学院尚未成立,白衣天使倒先飞起来了。"②当年听她上课的学生也曾回忆,"听袁老师的课,课堂上连一丝声音都没有,她还未上课,只见穿着素雅淡丽就如同印花布的蓝和六月莲的那抹粉之意趣的她,已经端站讲台,美得印在许多人心里";当她在讲《奥赛罗》时,她"穿着浅蓝色的西装套裙,胸前别着一对白兰花"③。袁昌英爱美的形象在师生中已留下深刻的印象。她不仅自己仪容仪表一丝不苟,还要求她的好友也必须做到。苏雪林对此曾回忆:"我们的昌英女士礼貌颇为周到,仪容的整饬更为注意,头发梳的一根不乱,衣服熨的平平正正,不容有一丝皱痕。有时候,她似乎想拿仪容之整饬与否判定人品之高下,这就苦了我这个不修边幅的人了。她一看见我,往往从头到脚打量一番,忽然眉头一皱:雪林,你的领钮没有扣拢呢。或者:你穿的这件衣服材料太不行,穿了这样衣服去上课,是有损你的威仪的。"④为此,袁昌英还不惜赠送珍贵的衣料给苏雪林。可见,在外在形象上,袁昌英爱美,时时处处以一个清雅、端庄的教师形象给学生以美的视觉体验。

袁昌英不仅注意外在形象,而她内在所散发出的端庄大方之气更如兰花一样清丽,更能提升她的教师形象之美。她曾在文中说:"容貌上的美,对于我的魔力,是如此猛烈而深入。可是天赋特厚、内心优美的人,也是我的崇尚",而且我"总是一往情深、一见如故的"。⑤可见,袁昌英不仅仅注重外表,更看重人的内心的优美。她有一篇短文特别推崇朴朗宁教授,这位女教授的三个儿子都在第一次世界大战中牺牲了,学生们估计她今日不会来上课,结果钟声一响,这时"门开处,一个五十来岁,头戴黑角博士帽,身披黑色宽大博士袍的女教授,憔悴容颜,惨淡面目,从容不迫地走上讲台。全体同学,不约而同地,如触电般,同时起立,向她整整低头五分钟。她不胜了,眼泪如泉奔如川决,簌簌然直流而下"⑥。最后,朴朗宁教授擦干眼泪继续上

① 杨静远编选:《飞回的孔雀——袁昌英》,北京:人民文学出版社,2002年,第2页。
② 杨静远编选:《飞回的孔雀——袁昌英》,北京:人民文学出版社,2002年,第3页。
③ 罗惜春:《袁昌英评传》,湘潭:湘潭大学出版社,2015年,第95页。
④ 杨静远编选:《飞回的孔雀——袁昌英》,北京:人民文学出版社,2002年,第3页。
⑤ 张林井、杜耀文编译:《中国名家散文精译》,青岛:青岛出版社,1999年,第67页。
⑥ 袁昌英:《袁昌英作品选》,长沙:湖南人民出版社,1985年,第227页。

课,仍旧声音洪亮气概激昂。袁昌英对此曾进行了评述,她认为:"以一弱女子,能以这种不屈不挠,敛神忍痛的态度担当之,而孜孜不息地履行自己的职务,这是多末沉毅而悲壮的精神!"①其实,袁昌英对朴朗宁教授的评价正是她自己为人师的写照。1939 年 8 月 19 日,日寇疯狂轰炸四川乐山,全城三分之二被毁,袁昌英家虽人都逃出来了,但财物全部化为灰烬。到 9 月开学初,袁昌英虽然内心痛苦,但她还是"神采奕奕地走上讲台,热情洋溢地讲课,不遗余力地备课,认真不苟地批改作业。她的这个形象深深印入一届又一届学生的心田"②。

袁昌英教学形象上的美,是由心而生、由内而外的全面展露,端庄清雅的外表,纯粹自然的内心,交相辉映,共同构筑起袁昌英的教学形象。

(二)教学语言富有情感美

袁昌英口才很好,她凭借自己的语言魅力,运用声情并茂的教学方式,创造了教师情动于心而形于言的课堂氛围,也让学生的情感经历了从感知到感染最后达到感动的过程。在这种语言魅力的影响下,袁昌英与学生之间建立了一种和谐的师生关系,教学课堂也变得更加生动。

袁昌英秉性慷慨大方,说话富有大丈夫气概,因她本身口才极佳,思维也十分敏捷,常常能在辩论时让别人甘拜下风。苏雪林曾说:"假如你想同她辩论,你一定得不着便宜。辩论愈激烈,她的词锋也愈犀利。你明明觉得那是方的,然而她却说成圆的。"③她还能"同时用几种外语讲课,还做到字正腔圆"④。可见,她是一个极具语言才能的人。好友苏雪林因她良好的口才和引人入胜的教学语言风格,还曾偷偷旁听过袁昌英的课:"口才也很好,上课时口讲指画,精神奕奕,永远不会教学生瞌睡。数年前因了某种便利,我常去偷听她的课。我觉得听好口才的人演讲是一种愉快,同我所经验到的打球,游泳,驰骋自行车的愉快相同。有人以为我好学,谁知我在享乐。"⑤

在上课时,袁昌英经常用带有情感的语言表扬学生,不吝用最优美的辞藻夸赞学生的进步,她发自肺腑的言语让学生记忆犹新。虽然很多年过去

① 袁昌英:《袁昌英作品选》,长沙:湖南人民出版社,1985 年,第 228 页。
② 杨静远编选:《飞回的孔雀——袁昌英》,北京:人民文学出版社,2002 年,第 97 页。
③ 杨静远编选:《飞回的孔雀——袁昌英》,北京:人民文学出版社,2002 年,第 2 页。
④ 罗惜春:《袁昌英评传》,湘潭:湘潭大学出版社,2015 年,第 88 页。
⑤ 杨静远编选:《飞回的孔雀——袁昌英》,北京:人民文学出版社,2002 年,第 2 页。

了，但仍有学生记着袁昌英老师的赞美，吴鲁芹同学在《记珞珈三杰》一文中曾提到："每次兰紫女士在发还报告的时候，总是不惜以最美丽的字眼恭维我的凡品"，"我写阿斯基勒司、索佛克里斯、尤里匹迪斯剧本的读书报告，自然不如写易卜生、萧伯纳等人的作品那么得心应手，但是这并无大碍，兰紫老师还是继续夸奖下去……"①怪不得苏雪林会戏谑地评价："兰子对学生的奖励有时嫌太滥。一个自命青年诗人，诗却并不好的学生，呈她阅一首求爱长诗，她赞叹道：'这首诗写得这么缠绵婉转，嫦娥读了恐也会思凡下界，何况人间女郎？'"②殊不知，正是这些充满情感的赞美之词，产生了久旱逢甘霖的作用，言语中涵盖了她对学生的关心，传达了对学生的期望，给予学生莫大的鼓励，以至于学生天天想着去上她的课，后来就有学生回忆："我不愿失掉受恭维的殊荣，只有准时上课等待夸奖……"③袁昌英用赞美之词，使学生有如沐春风之感，师生情感更加和谐。

　　袁昌英的这种好口才在讲述教学内容时，使得她在上课时颇具大将风范，该怎么讲就怎么讲，自己怎么想就怎么表达，毫无粉饰之意。袁昌英主要讲授外国文学的课程，尤以戏剧教学让学生印象最深。戏剧这一文体，讲究通过语言描写推测人物的神情和心理活动，通过情节的跌宕起伏吸引读者的注意。袁昌英懂得语言艺术的重要性，因而她的教学语言往往蕴含着丰富细腻的情感，给人赏心悦目之感。她常用女性特有的分析视角解读教学材料，学生从她的讲课内容中体悟到她丰富的内心世界。有学生曾回忆，在袁昌英老师讲授易卜生的《玩偶之家》时，"由于袁老师本人就是一位妇女解放运动的倡导者和实行家，所以讲到女主人公娜拉的性格发展，她如何不甘做男人的玩物，如何与丈夫发生冲突最后导致出走，发挥得淋漓尽致，富有很大的感染力。五十多年过去了，她讲课的音容笑貌，至今仍栩栩如生"④。袁昌英把对女性的同情和推崇女性自由独立的情感融入教学中，通过富有感染力的教学语言将一个冲破家庭束缚，摆脱玩偶地位并自我觉醒的女性故事展现在学生面前，使整个课堂教学具有情境化和情感性。这些深触心灵，极具震撼力的语言表达，潜移默化中感染了学生的情绪，让他们了解到戏剧的魅力，精神得到陶冶和升华，并对戏剧知识进行新的思考，令

①　杨静远编选：《飞回的孔雀——袁昌英》，北京：人民文学出版社，2002年，第31页。

②　杨静远编选：《飞回的孔雀——袁昌英》，北京：人民文学出版社，2002年，第11页。

③　杨静远编选：《飞回的孔雀——袁昌英》，北京：人民文学出版社，2002年，第31页。

④　杨静远编选：《飞回的孔雀——袁昌英》，北京：人民文学出版社，2002年，第13页。

学生产生深入理解作品内涵的意愿。所以有学生说："在这样精彩的讲授基础上，我们进而去阅读易卜生的其他作品如《社会栋梁》（*Pillar of Society*）、《人民公敌》（*Enemy of the People*）等等，因而能够进一步领会其剧作的艺术性和思想性，并通过作品进一步了解作家所处时代的社会弊病以及作家为揭露这些弊病而奔走呼号的战斗的一生。"①这种极具情感美的语言魅力，实现了教师、学生、文本内容三者的情感共鸣，让课堂变得生动而美丽。

（三）教学态度蕴含温暖美

袁昌英对待教学始终秉持着严谨专注和认真负责的态度，她是一个名副其实的严师，"作为一位教授，袁老师素以严格闻名。我们一踏进武大外文系就听说系里有几位非常严格的老师，其中就有袁昌英教授"②。严格的教学让学生们都能认真对待她教授的课程，不敢掉以轻心。但袁昌英的内心始终如水般柔软，她有"一颗异常柔软而博大的慈母心。母爱，原是一切动物共有的天性。但我母亲的爱不限于对一己之所出。她的爱怜广及于所有的孩童"③。在那严厉为教的背后，蕴含着她如慈母般对学生的关心和爱护，散发着温暖美。

袁昌英任教武汉大学外文系时，是当时授课最多的一位教授，但在从教的三十多年里，她几乎从不缺课，也不会敷衍地对待教学工作，而是从备课、找资料、编教材到课堂教学，再到课后辅导、批改作业，她都事必躬亲。"那时的教授，待遇优厚，课业不重，许多教授只教两门课。也有人年复一年抱着老讲义'开留声机'，闲时搓搓麻将，享尽清福。我母亲是个放着清福不会享、偏爱往自己肩上压担子的人。"④她承担的课程多，而且"差不多都是需要花大力气备课编讲义并不断补充更新的重头课。由于她学得扎实，责任心又极强，她恨不得把'填满了一肚子的学问统统掏给学生'"⑤。虽然有些课程有规定课本，但她拒绝照本宣科的上课模式，而是花大量的时间和精力挑选材料，编订讲义，还会不断地更新、补充教材内容，因此，她的书房"慢慢积

① 杨静远编选：《飞回的孔雀——袁昌英》，北京：人民文学出版社，2002 年，第 13 页。
② 杨静远编选：《飞回的孔雀——袁昌英》，北京：人民文学出版社，2002 年，第 13 页。
③ 杨静远编选：《飞回的孔雀——袁昌英》，北京：人民文学出版社，2002 年，第 76 页。
④ 杨静远编选：《飞回的孔雀——袁昌英》，北京：人民文学出版社，2002 年，第 80 页。
⑤ 杨静远编选：《飞回的孔雀——袁昌英》，北京：人民文学出版社，2002 年，第 80 页。

累起了一架架的中外书籍,此外就是一柜柜的卡片,上面工整地写满了中外文摘记。这些卡片是她科研的基础,为她编讲义写文章提供了丰富翔实的资料"①。即使在战乱之时,生活入不敷出的艰难日子里,当时不少教授在外兼职授课以补贴家用而难免疏于本职,但袁昌英依旧坚持承担数门课程,不遗余力地投入教学,并以此为乐,让学生在混乱的社会环境中,仍有一方温暖平和的课堂接受学问的滋养。她不会因个人私事而耽误学生宝贵的学习时间,也不会因生活的困境而忘记作为教师的责任,始终以最饱满的状态从事教学工作。

袁昌英对待学生时的教学态度也是严中有爱。课前,她要求学生做好预习,诵读所要讲授的内容;上课时,她要求学生做好笔记。所以,"当袁老师讲课的时候,人人全神贯注,不停地记笔记,我们用英语记笔记的本领也就是这样锻炼出来的,通常是上课时抓要点记笔记,下课后凭记忆整理笔记,两节课所做的笔记,经过整理补充,往往是洋洋数千言,可以说是一篇有条有理组织严密的文章"②,这样一堂高质量的课程让学生英语的听、写能力有了极大的提升;课后则布置额外的阅读和写作任务,每月定要上交一篇读书报告。有时,阅读晦涩的外文戏剧作品和必须完成的英法文作文的任务,常让学生叫苦不迭,但袁昌英认为无论遇到多大的困难,都应该尽全力完成学业任务。她的学生张培刚先生曾回忆称,为了完成一次法文作文作业,他不断查阅字典,对照语法书刊,花费了近一个星期的课余时间才完成了这篇短文,但这样的学习体验,让他更加体会到"大哲学家培根所说的'多写使人准确'的深刻含义"③。对于读书报告的撰写,袁昌英要求学生坚持认真、诚实的态度。"谁写了,谁没有写,谁认真写了,谁敷衍了事,她都记录在案。关于如何写读书报告,她一再叮嘱,要认真阅读原著,直接领会作品,而不是把原著放在一边或草草过目,光凭几本参考书就妄发议论。"④所以她说:"写读书报告不可以光罗列各家之说,重要的是讲出自己的观点,讲错了也没关系。"⑤她时刻鼓励学生要善于独立思考,勇于表达自己的观点,以严谨的态度对待学业,遇到困难的时候能够积极主动地寻找解决问题的方法,脚踏实

---

① 杨静远编选:《飞回的孔雀——袁昌英》,北京:人民文学出版社,2002年,第80—81页。
② 杨静远编选:《飞回的孔雀——袁昌英》,北京:人民文学出版社,2002年,第14页。
③ 杨静远编选:《飞回的孔雀——袁昌英》,北京:人民文学出版社,2002年,第21页。
④ 杨静远编选:《飞回的孔雀——袁昌英》,北京:人民文学出版社,2002年,第14页。
⑤ 杨静远编选:《飞回的孔雀——袁昌英》,北京:人民文学出版社,2002年,第14页。

地珍惜宝贵的学习年华。对于学生读书报告的批阅，她不仅重视报告的质量，连细小的语言运用规范都会一一指出，要求学生改正并谨记于心，她指出："在读书报告之类的正式文件中，用语必需规范，不可以用诸如 he's，he'd，he hasn't，he'll 之类的缩略形式。"①袁昌英在教学上对学生的态度，表面上看似乎有些严厉无情，其实却蕴含着她的一片苦心，学生也是收获多多。

袁昌英对自己严格要求，用自己的知识服务学生；对学生严慈相济，用实际行动感动学生。在教学中，袁昌英倾注了她全部的精力，毫无保留地将自己的学识和爱心统统地掏给学生。袁昌英的教学态度温暖着学生，六十年后，那些年过八旬的学生还撰文纪念她，有些还专门到她的坟前去祭拜她。

（四）教学内容渗透正气美

"教学内容美"是教学美的重要存在形态。② 教学内容的选择关系着学生思想、心灵的浸润。袁昌英是一个至情至性的女子，在那个年代，她和所有志士仁人一样，时刻关注着国家的命运和未来，爱国是她思想的主旋律。

早在留法期间，她在一篇散文中就写道："我们到国外来固然是为读书起见，但是不可把祖国的生命忘记了。如果我们国家消灭，我们求了学问又有什么益处呢？又有什么地方去实用我们所学的呢？国际主义、人道主义，都是我们应当注意的，但是没有国，又何有国际呢？没有四万万同胞生命在心里，我们还讲什么人道？爱祖国即是爱世界，爱我们的同胞就是爱人类，所以我们对于国家安危问题，虽在国外，还是非注意不可。"③回国后，在教学内容的选择上，袁昌英更是注重思想性，使教学内容渗透正气美。

袁昌英对教学内容总是千挑万选，注重联系社会现实和自己内心的情感，推荐给学生的必定是有利于学生思想、精神健康发展的内容。曾有学生讲道，袁昌英教授在选用教材方面"一贯注重健康的思想内容，比如我们学习的 Ibsen、Chekov、Aeschylus、Spohbcles、Euripides 等人的作品一般都是爱憎分明，鞭辟入里，读了这些作品便有一种疾恶如仇，要求改变世道的思

---

① 杨静远编选：《飞回的孔雀——袁昌英》，北京：人民文学出版社，2002年，第14页。
② 李如密：《教学美的价值及其创造》，广州：广东高等教育出版社，2007年，第75页。
③ 袁昌英：《袁昌英散文选集》，天津：百花文艺出版社，1991年，第19—20页。

想共鸣,而丝毫不起消极颓废的作用"①。在戏剧课上,她让学生阅读剧本《玩偶之家》,该剧赞美了女性敢于冲破封建的枷锁,追求自由独立的精神,引起学生对广大不幸女性的思考;选择《野鸭》、《康蒂妲》等剧本,通过对情节结构、主题思想、人物性格、写作特色等的分析,教授学生戏剧知识,引起学生对戏剧的强烈兴趣;教莎士比亚课,她指导学生精读《李尔王》、《暴风雨》、《奥赛罗》、《威尼斯商人》等莎翁名篇,并要求学生完成论文写作,为了增强学生对剧本的感性体验,她还辅导他们用英语演出《皆大欢喜》;教近代欧美戏剧课,她选择的教学内容有莫里哀的《伪君子》,贝克的《群鸦》,豪普特曼的《沉钟》,契诃夫的《樱桃园》、《海鸥》,罗斯丹的《西哈诺·德·贝热拉克》等;至于希腊悲剧课,她选择了埃斯库罗斯的《被缚的普罗米修斯》、欧里庇得斯的《特洛伊妇女》、索福克勒斯的《奥狄浦斯王》等经典剧目。可见,她选择的教学材料"从古典、浪漫、现实、象征、自然主义到现代派,都各有代表作。在她的教导下,学生对西方戏剧的起源和发展,获得一个完整的全貌"②。这些作品或揭示社会现实,或披露人性本质,或幽默讽刺,或深刻沉重,有悲有喜,学生从作品中学习到那些为人处世的道理,在课堂教学中潜移默化地学会是非分明、爱憎分明,进而能够转变错误的思想观念,培养理性头脑。

袁昌英也会批判地介绍一些"唯美主义"和"颓废主义"的作品,教导学生提高识别能力,培养批判精神。学生请她为即将公演的王尔德的《莎乐美》作评价,本以为她会美言几句,却不想袁昌英一针见血、毫不留情地指出:"《莎乐美》的内容是颓废主义的结晶,是病态性欲的描写,全剧的空气是污浊的,不健全的……如果不是形式之美将内容伪装起来,掩饰起来,使这污秽不堪入目的内容,放在远远的梦幻的虚浮的意境内,则《莎乐美》只是无数废纸堆里的几页废文而已。"③义正词严的言语,坚定决断的批判态度,让学生听后产生醍醐灌顶之感,并能引以为戒。袁昌英认为真正的唯美主义应该是字句美、形式美、内容美的统一体,作品内容应该完全符合精神享受,是高尚意识的培植,对于人格的修养、精神的健全、智慧的提高都应有益无损,这样的内容才能体现美的真谛,才是符合美育要求的内容。她不断地告诫学生:"年青人应当特别注意:别为美的艺术所诱而误认为其内容为健全。

---

①　杨静远编选:《飞回的孔雀——袁昌英》,北京:人民文学出版社,2002年,第17页。

②　杨静远编选:《飞回的孔雀——袁昌英》,北京:人民文学出版社,2002年,第98页。

③　袁昌英:《袁昌英散文选集》,天津:百花文艺出版社,1991年,第27页。

这种病态的颓废的作品披上优美动人的形式最是易于引人入歧途。"①她不但让学生的精气神得到正气的滋养,不致走上邪门歪道,而且开阔了他们的视野,训练了批判性思维。

在学生毕业前夕,她曾语重心长地教导学生:"今后走上社会,要清清白白地做人,实实在在地做事,每个人都要牢记武大校训,为国家为民族保存一点气节。"②即使是为毕业生上的最后一堂课,她也不忘传递一种正气,那是受与她教学一脉相连的正义美的引导。

综上所述,袁昌英端庄大方的教学形象之美带给学生视觉上的享受和心灵深处自然的亲近之感;声情并茂的语言之美带给学生情景交融的课堂氛围;严慈相济的教学态度让学生备感温暖;渗透正气的教学内容滋养了学生的思想情操。袁昌英一生从事教学工作,在从教的三十多年里,她将外在美和内在美融为一体,在教学领域展现得淋漓尽致。

三、林巧稚的教学风采——求善

林巧稚是我国妇产科学的开拓者和杰出的妇产科医生,她既是一个专注于妇产科疾病研究的专家,更是一个致力于培养我国妇产科人才的医学教授。1902年她出生在厦门鼓浪屿的一个小家庭。父亲林良英在岛上担任教员,他是一个虔诚的基督徒,少时曾在英国教会学校学习,接受过先进文化与思想熏陶,因而思想开通,十分重视孩子教育。母亲何晋是普通妇女,在林巧稚不到五岁的时候,她就死于妇科疾病子宫颈癌。母亲的死带给林巧稚无法磨灭的伤痛,这也是她日后成为妇产科医生的重要原因之一。

由于父亲对林巧稚教育的重视,从小她的学习成绩就十分优秀,能说一口流利的英语。1911年林巧稚考入鼓浪屿高等女子师范学校,学习了小学到高中的全部课程,1919年毕业后留校任教。1921年考入北京协和医科大学,在这里度过了八年的医科学习生活。对于一个并不富裕的家庭来说,林巧稚漫长的学医之路十分艰难,但父亲和大哥不遗余力地支持她求学,让她在1929年毕业时,以优异的成绩获得了毕业生中的最高荣誉"文海奖学

---

① 袁昌英:《袁昌英散文选集》,天津:百花文艺出版社,1991年,第31页。
② 杨静远编选:《飞回的孔雀——袁昌英》,北京:人民文学出版社,2002年,第18页。

金",同时也拿到了该校的医科学士学位和美国纽约州立大学医学博士学位。

毕业后,林巧稚便开始了行医和教学事业。她先后担任协和医学院妇产科教授、北京大学医学院妇产科教授、中国医学科学院妇产科学系主任等教职,主讲妇产科学相关课程以及对学生进行临床培训。此外,她为杨崇瑞女士创建的助产学校讲授助产科学,培训新式的助产士。林巧稚终身未婚,始终秉持善念教学,以言传身教的方式将善念注入学生心中,引导学生向善、行善。

(一)教导学生以慈善之心对待病人

在林巧稚的心中,为医者必须有一颗善良之心。学好医学知识是让学生在医学界发挥一己之力的基础,但对病人心怀善念是医生的立足之本。良好的医德是行医的基础,她常常告诫学生应当注重自身医德,对病人应怀有善心和仁爱之情,这是学医者要拿到高分的必修课,也是林巧稚教给学生最重要的一课。

林巧稚注重对学生的医德教育,而她本身就是践行医德的完美典范。她一切以病人为重,一心一意为病人服务,发挥了言传身教的作用,成为学生学习医德的榜样。她规定,任何时候都必须及时、迅速向她汇报有关病人的情况,如果需要向她请教有关病人的病情,不分早晚,不分场合,都可以向她请教。她经常对学生说:"你们不要怕影响我休息或出来的困难,病人的病情是最要紧的,耽误不得。"[1]林巧稚始终认为"医护人员必须理解、关心和同情病人"[2],医生的责任不仅在于拯救病人的生命,更在于能够深入了解病人的内心,让病人有生存下去的勇气和信心。如一位多年不孕的董姓妇女还沉浸在将为人母的喜悦中,却又检查出患有子宫癌变,再次坠入深渊,当其他医生都坚持舍小保大,准备实行终止妊娠,切除子宫的治疗方案时,林巧稚了解到病人对孩子的执着以及家庭给病人带来的压力后,坚持推翻原先的治疗方案,她说:"一刀下去,了此妊娠,不是她的意愿,要允许她继续怀

---

① 林巧稚大夫诞辰 100 周年纪念活动领导小组、政协厦门市委员会、北京协和医院编:《林巧稚纪念文集》,北京协和医院内部资料,2001 年,第 64—65 页。

② 林巧稚大夫诞辰 100 周年纪念活动领导小组、政协厦门市委员会、北京协和医院编:《林巧稚纪念文集》,北京协和医院内部资料,2001 年,第 64 页。

孕,一定让她再怀个儿子。"①简短的一句话,不仅展现了她高尚的医德,也展现出她对病人的无限善心。在当时的中国,重男轻女、延续香火的封建思想根深蒂固,这影响了妇女的生育观,甚至决定了她们在家中的地位和未来的家庭生活关系。林巧稚作为妇产科医生,明白孩子对一个家庭的意义,也了解妇女心中对孩子和家庭的看重。因此,她理解病人的心情和意愿,竭尽全力帮助她们实现做母亲的愿望,让她们的生活得到圆满。她说:"我们的治病也关系到病人的命运和将来的生活及幸福。"②她完成了医生治病救人的使命,实现了治病与救命的和谐统一。此外,林巧稚从来不向病人讨要任何财物,反而常常出钱出力帮助穷困的病人:为病人降低门诊挂号费,垫付病人的治疗费用,掏钱为产妇买营养品等事迹都广为流传。林巧稚对病人的善心和善行,成为教育学生形成优良医德的最好事例,让学生深受教育,明白医生不仅是解除苦痛的战士,而且是充满善意和爱的守护者。

林巧稚不仅自己医德高尚,在教学中也要求学生要有一颗对病人的善心。首先,林巧稚告诉学生,医德不允许医生有任何刺激病人的语言和行为。若发现学生在对待病人的思想上存在偏差,那么将受到她严厉的批评。曾有个实习医生对待产妇的呻吟和呼喊声极不耐烦,既没有安慰产妇的情绪,也没有采取措施缓解产妇的不适,甚至大声斥责产妇。林巧稚知道后十分生气,当即责令实习医生向产妇认错道歉。事后,她以此事为例上了一堂令学生印象深刻的一课:"英语中助产士一词是 Obstetric,意为站得很近的妇女。分娩的产妇,把自己和婴儿两条性命都交给了 Obstetric——站得离她最近的人。你是唯一能给她帮助的人,你怎么能够申斥她! 在这个时候,你甚至没有权利说你饿,你累,你困。"③其次,良好的医德还体现于接待病人、与病人沟通的艺术和技巧之中。林巧稚教学生要学会察言观色,在面对一些有特殊隐情而不愿如实交代病情的病人时,要善于从交谈过程中探寻她们寻医问诊的真正目的,再结合自己的初步诊断进行一系列有针对性的检查,做到既可以圆满解决病人的病症,又能保护病人的难言之隐。保护病人、体贴病人正是医德的体现。如在妇产科,面对一群医生的检查,许多女性患者往往会感到紧张,如果有男医生在场则可能表现出抗拒,但妇科检查又是医生确定妇科疾病病因的必经之路。因此,林巧稚就教学生在实施检

---

① 吴崇其:《林巧稚》,福州:福建科学技术出版社,1997 年,第 288 页。

② 吴崇其:《林巧稚》,福州:福建科学技术出版社,1997 年,第 64 页。

③ 张清平:《林巧稚传》,天津:百花文艺出版社,2012 年,第 142 页。

查工作时,注意这些细节,学会体谅病人的心情,安慰病人,耐心地告诉病人这是医生的职责所在。同时在检查过程中,做好必要的遮挡,保护病人的隐私,检查动作要小心,沟通语言要温柔。她曾说:"医生的对象是活生生的人,他们有思想、感情,有社会和自然条件的影响和反应。看病不是修理机器,医生不能做纯技术专家。"①因此要懂得与病人沟通和交流,注意病人的反应。林巧稚教给学生的不仅是检查病患的技巧,也教会他们懂得如何尊重病人,时刻将以人为本的善念铭记于心。再次,林巧稚还经常教育学生用良好医德获得病人的信任和配合。她提醒学生:"医护人员对病人要亲切、耐心、和蔼地解释清楚病情和将进行的治疗,使病人身心都处于接受治疗的最好状况,才能取得良好的治疗效果。"②一些病人由于缺乏对疾病的了解,在就医时会对未知的病痛产生恐惧,会因身体的痛苦而变得软弱、无助,往往会焦虑不安。因此,医生需要用耐心和细心为病人解答疑问,帮助他们理解病情。林巧稚让学生了解到,缺乏医德的医护人员,他们冷漠、麻木和漫不经心的行为和态度将带给病人绝望和愤怒,而具备良好医德的医生能够给病人以心理上的安慰,让病人战胜对病魔的恐惧,解除对治疗的顾虑,从而达到完全信任医生,相信怀有一颗慈善之心的医生能够让自己恢复健康。医生从内心深处产生的善意,是对病人最大的关怀,这是林巧稚教给学生最重要的学问,也是成为一个好医生所必须学会的本领。

怀有一颗善心,病人至上是为医者必须具备的素质。林巧稚不但自身对病人充满善意,而且在教学中注重对学生善念的培养,让学生成为具有高尚医德,为病人无私奉献的医护人才。

(二)秉持亲善之心对待学生

"在林巧稚心中,对学生的关心和对病人、产妇的关心是同等重要的事情,关心的起点和终点都指向一个目标——人。人的健康、平衡,人的和谐、完整。"③因此,林巧稚对各级医护人员十分爱护。在生活中,关心学生的身体健康和生活境况,无微不至,犹如对待自己的孩子;在工作中,重视学生学业的进步和医疗能力的提升,谆谆教导,即使偶尔几句批评也透露着满满的善意。她热爱学生,亲近学生,关心学生,事事考虑周全,倾尽所能为培养学

① 吴崇其:《林巧稚》,福州:福建科学技术出版社,1997年,第22页。
② 吴崇其:《林巧稚》,福州:福建科学技术出版社,1997年,第64页。
③ 张清平:《林巧稚传》,天津:百花文艺出版社,2012年,第145页。

生成为优秀的医护工作者而努力。

林巧稚善待学生,学生也愿意与她亲近。林巧稚是协和第一位中国女医生,因医院聘书上简短而无情的一句话——女子在聘任期间结婚生子的将被解聘,林巧稚在最美的年华放弃了婚姻,放弃了生儿育女的机会,把自己所有的青春奉献给了医疗和教育事业。因此,她把手下的学生和所有的医护人员当做自己的孩子疼爱,时刻关心他们的生活。她的学生中有不少像她一样立誓独身,如林巧稚的得意门生叶惠芳医生,她曾许诺要常伴林巧稚左右,陪她治病救人,陪她休闲娱乐,并明确表示:"我也要像你一样,一辈子不结婚。"①做一个放弃婚姻的职业女性并不是林巧稚的初衷,她明白一辈子独身带来的各种遗憾。林巧稚不想让她的学生为了陪伴自己承受同样的孤独和寂寞,希望学生能选择适合自己的生活,希望他们的人生能够幸福美满。所以,林巧稚知道后劝她:"你尽说傻话,我是历史造成的。你还年轻,不能走我的路。我相信,你是不会永远陪伴我的,也不会永远不结婚的。"②同时,她也十分关心学生的身体状况。每到周末,她常邀请学生到家做客,为他们准备一顿丰盛的饭菜,改善他们的伙食。即使有事耽搁,她也坚决不让学生动手,全由自己来完成,若学生动手帮忙,她会果断地拒绝:"你一边坐着去,少给我添乱。呶,我那里有本新来的杂志,你看看,有点新名堂。"③她像一位大家长,愿意亲近学生,善待学生,主动为学生做一些力所能及的事。因为林老师的关心和疼爱,很多学生也常常盼着周末的到来,希望能和林老师共同度过,感受她如母亲般的温暖。除此之外,林巧稚也常嘱咐学生在饮食上注意合理搭配,生活上注意安排休息时间,更要加强身体锻炼,能够做到学习时专心致志,休息时活泼舒畅。妇产科的工作繁杂且沉重,常接收到一些紧急的病患,医生往往不能按时休息,持续工作十几个小时也成了家常便饭。但林巧稚认为医生的身体健康是为病人服务的基础,尤其是女性医护人员,更应该懂得照料自己的身体,预防妇科疾病的产生。因此,她时刻关注妇产科内学生的身体情况,要是有人生病了,她总是给予特别照顾。她甚至能记住学生们生了几天病,休息了几天,若发现没有痊愈,常义正词严地让他们赶紧回家休养:"你不是感冒了吗?才两天就好了吗?不

---

① 吴崇其:《林巧稚》,福州:福建科学技术出版社,1997年,第326页。
② 吴崇其:《林巧稚》,福州:福建科学技术出版社,1997年,第326页。
③ 吴崇其:《林巧稚》,福州:福建科学技术出版社,1997年,第300页。

行,回去休息!"①心细如发的她总是能发现学生的异样,话语里面渗透着对学生浓浓的善意和爱意,让学生们感受到林老师的温暖和柔情。

在学业上,林巧稚甘为人梯,用自己的善心搭起了学生前进的道路。无论是在校学习的医学生,还是已经参加工作的医生,即使是来院进修的医生,只要是她负责的学生,她都一视同仁,尽心尽责,为他们授课,组织他们进行学习讨论,指导相应的临床工作,帮助学生扎实医学知识基础,积累临床实践经验以及提升科研能力。只要学生有疑问,有不能解决的病例,林巧稚就会第一时间出现。有学生回忆:"不论深夜或白天,她都赶来和我们一起解决和处理。"②同时,林巧稚也不放过任何一个能让学生参与见习的机会,每当病房有难产或者急诊手术,一定通知学生来观摩。若她不在场,便委托值班医师负责学生的临床观摩,以致"当时全科上下,从主任到主治医师,住院医师,实习医师,都把医学生的临床教学视为自己的重任"③。她常说的话便是"找同学们来看了吗?""学生们来了没有?"看到穿白大褂的年轻人,她总是亲切地询问:"你是我们的学生吗?"④心系学生的林巧稚,对待学生不曾有一分一毫的懈怠,时刻关心学生的学习情况,为学生答疑解惑。

对学生科研能力的培养,林巧稚展现了博大的胸怀和淡泊名利的风范。作为一个妇产专家、教授,她留下的研究著作不多,但她将自己丰富的医疗经验运用于辅助学生科研能力的发展。在她看来,科学是众人共同奋斗的事业,妇产科学的进步和发展需要年轻的后继者,而每个学生都有各自的特长,都能在不同的领域里做出成绩。林巧稚的学生曾说:"她对科里的医师们,每个人的医学基础怎样,医疗水平如何,服务态度,甚至有什么特殊性格,她都了如指掌。谁有什么特点,适合搞那一个专业,她心里都有一本账。而对每一个人都有一个培养计划。很早就有了适当安排,并有长远打算。"⑤在此基础上,她为学生制订个性化的培养计划,帮助学生确定研究方向。在

①　吴崇其:《林巧稚》,福州:福建科学技术出版社,1997年,第342页。
②　林巧稚大夫诞辰100周年纪念活动领导小组、政协厦门市委员会、北京协和医院编:《林巧稚纪念文集》,北京协和医院内部资料,2001年,第64页。
③　林巧稚大夫诞辰100周年纪念活动领导小组、政协厦门市委员会、北京协和医院编:《林巧稚纪念文集》,北京协和医院内部资料,2001年,第68页。
④　林巧稚大夫诞辰100周年纪念活动领导小组、政协厦门市委员会、北京协和医院编:《林巧稚纪念文集》,北京协和医院内部资料,2001年,第67页。
⑤　林巧稚大夫诞辰100周年纪念活动领导小组、政协厦门市委员会、北京协和医院编:《林巧稚纪念文集》,北京协和医院内部资料,2001年,第69页。

她所在的妇产科,技术骨干们都有自己的研究领域,如生理产科、病理产科、计划生育、妇科病理、滋养细胞肿瘤、妇科内分泌等。而林巧稚会尽全力帮助学生,为他们的科研提供各种资源,努力培养他们成为医学基础知识扎实,临床能力出色,又能参与妇产科领域研究的专家。为了这个目标,她曾毫不犹豫地将多年来积累的有关癌瘤的所有研究资料奉献出米,她对学生说:"这是我对葡萄胎、绒毛膜上皮癌和子宫颈癌研究多年的心得,现在全交付给你们了。"[①]这项研究耗费了林巧稚巨大的心血,也是她多年来坚持不懈的研究目标。但为了促进学科发展,帮助学生研究,她不计较个人的得失和名利,全力支持学生。林巧稚还多次将新的课题交付给后辈们研究,自己作为指导者给予有力支持。当学生们在论文中添上她的名字时,她会毫不犹豫地删去。她说:"我能为你们当个铺路的石子、向上攀登的梯子,我也就心满意足了。就像哪位大科学家说的,你们就大胆地踩着我的肩头上吧,不要担心踩疼了我!"[②]论文中使用的每个字、每个词她都严格要求,学术问题上不准含糊是她的原则,就像医疗工作中的每一个步骤都不能出现纰漏,否则就是拿病人的生命开玩笑。每次发现问题,她都会严肃指正学生的错处。她的话语往往让那些被她批评过的学生留下深刻印象,却又不会在心中记恨老师,并深刻记住了林教授的教诲,因为在日后的工作中,林巧稚那些善意的批评都成了警醒他们的良言美句。林巧稚为学生取得的研究成果高兴,为学生的进步感到骄傲,她对学生的善意构筑了广大医护学子向上的阶梯。

林巧稚秉持一颗亲善之心,为学生的成长付出却不计回报。她对学生的善待,也得到了学生的回应,他们真心实意地尊敬这位学识渊博、心地善良的教授,乐于听从她的教诲,甘于追随她的脚步为妇产科贡献一分力量。

(三)对待教学精益求精止于至善

林巧稚行医五十多年,在行医的同时也进行着教学工作。她对待教学事业,无论是备课时的用心还是临床教学时的严谨,始终坚持为了我国妇产医学发展的善念。因为心中产生了这样至善至纯的目标,她才几十年如一日地从事医疗工作,孜孜不倦地教导学生,只为能培养出类拔萃的妇产科专

---

① 吴崇其:《林巧稚》,福州:福建科学技术出版社,1997 年,第 346 页。
② 吴崇其:《林巧稚》,福州:福建科学技术出版社,1997 年,第 393 页。

家,为中国女性和儿童的健康带来福音。在这种至善观念的影响下,她用对妇产医学的热诚,追求教学精益求精的善行筑成了妇产科的桃李之林。

早在厦门女子师范学校任教时,林巧稚就显露出了担任教师的天赋。她热爱课堂,从不轻易在教学中采用训导的方式,而是运用讨论、交流和倾听的方式,了解学生对课堂学习内容的掌握情况,以此发现自己教学过程中存在的不足,并不断改进教学方式,保障课堂教学的有趣和高效。林巧稚在课堂上虽然没有滔滔不绝的口才,但总是从容不迫将地教学要点和重点准确无误地表达出来,让人能够较快进入课堂学习状态。学生常说:"听林老师的课,轻松、愉快,总像做了一个不会忘记的梦,入情入景。"①在这高效教学的背后是林巧稚对教学工作高度负责态度推动下一丝不苟的备课。为能更有效地传递知识,她备课时间总是其他教师的好几倍。如半小时的生产示教课,林巧稚事先都要模拟三遍以上才开始进行教学。她在教案上详细地写出上课时间、地点,所需要的医学模型,并一一列出重要的教学内容。到课堂上,她用自制的胎儿和母体模型,边比划边讲解,直观地展示产妇生产时的情况。在细致的解说中,将生产时胎儿可能出现的状况,各种胎位的处理方式,产妇生产发生危险时如何排除等知识点逐步展开,没有多余的话语,也没有可以删去的步骤。课堂教学中的一切都清晰明了,教学内容也极容易被记住。即使已经成为临床经验十分丰富的教授,她也从来不轻视备课环节,她说:"教学要有条理,要有严密的逻辑思维,在有限时间内,抓住带提携性的内容……不做充分准备怎么行呢?还要留下给同学们提出问题的机会。"②大到教学目的的确定,小到教学材料的准备,所有教学步骤和课堂细节在她的教案中都能一一体现,教案就是她课堂教学情况的再现。

与此同时,林巧稚特别重视临床教学,"说到治学经验,我首先强调实践"③。她认为医生职业与病人紧密联系,要想培养合格的医生,只有通过不断的临床实践。即使学生毕业了,她也要求初入妇产科的医生必须亲手接生至少一百个孩子才能算得上入门,可见她对临床教育的重视。她认为,医术需要理论基础,但临床实践是完善自身医术、提升医学能力的关键,离开临床工作的医生无法掌握医学的真谛。因此,在临床教学中,林巧稚特别注

①　吴崇其:《林巧稚》,福州:福建科学技术出版社,1997年,第345页。
②　吴崇其:《林巧稚》,福州:福建科学技术出版社,1997年,第346页。
③　林巧稚大夫诞辰100周年纪念活动领导小组、政协厦门市委员会、北京协和医院编:《林巧稚纪念文集》,北京协和医院内部资料,2001年,第246页。

重三点。第一,林巧稚善于在临床教学中灵活运用启发式的教学方法,她常在与学生的交谈对话中进行医学知识的传授。在带领学生巡诊时,她会让学生传看病人的病例和治疗资料,其中有不同医院的诊断意见,有经过几次甚至十几次化验的单据,还包括反复检查后的病患资料。目的是考验学生对医学知识的掌握能力,观察学生能否从复杂且繁多的数据中分析病情,能否准确判断病因,对症下药。当学生毫无头绪的时候,她不会直接将结果说出,而是先认真翻看同一份夹杂着各种检查、化验结果的病例,从错综复杂的资料中找出病患的症结所在。如果林巧稚对病患的检查结果或化验数据有疑问,她会先到放射科、化验科、病理科去核对相应的病患样本、切片和照片,确保检查结果无误之后再继续教学。然后通过循循善诱的方式,引导学生自己发现答案,"这位患者的病情有何特殊之处呢?……她的这项检查结果可能的原因是什么?"①在问答中,帮助学生整理思路,思考数据背后的本质,排除错误的推断,找出潜在的病因。如果学生答对了,她会进一步提出新的问题,学生若毫无根据地猜测或者未经思考进行回答,则会受到她严厉批评。之后,她会根据所有的资料,对病情进行有理有据的分析,点明被学生忽略的关键之处,让学生由衷信服的同时也获得了最大教益。林巧稚认为这种教学,既可以训练学生思维,又能够考查学生运用医学知识进行诊断的能力,这是贯穿她整个临床教学的有效方式。第二,林巧稚对学生临床作业要求非常严格。通过见习积累实战经验是医学生们必须经历的过程,它能让学生直观、有效地获得临床医疗知识。因此,林巧稚重视学生临床见习的学习效果,十分看重上交的见习作业质量。生产见习是妇产专业学生最重要的观摩课之一。在见习之前,林巧稚会先将学习的重点、目的和要求讲述一遍,告诉学生应该如何记录,重点关注哪些内容。见习期间,她会要求学生每人完成十例初产妇分娩全过程的观察,并要求用英文撰写详细且完整的产程报告。在她看来,要求做十份作业并不是重复性质的临床观摩,而是可以加强学生对生产认识的教学方式。因此,她对学生交上来的产程记录作业有较高的要求。经常是学生仔细观察和记录下的产程作业,无法让她满意,都要求全部退回重做,就算学生更加细致认真地参与观摩,只要没有达到她的标准,还是无法过关。学生一次次地进行修改,她也一遍遍不厌其烦地批改。林巧稚只在一份作业上打了"Good",原来该生上交的作业中

---

① 张清平:《林巧稚传》,天津:百花文艺出版社,2012年,第140页。

多了一句:"产妇的额头上冒出了豆粒大汗珠。"①这正是林巧稚见习作业的要点:在实际的分娩过程中,产妇和胎儿经常在片刻间就出现各种情况,顺产与难产之间突然的转变常让医护人员意想不到,"只有注意到了这些细节,才懂得怎样去观察产妇,才能看到在正常的产程中,常常会发生个体的、种种预料不到的变化"②。不断修改作业的背后是她追求精益求精个性的体现,也是她对高质量教学的坚持和对培养优秀医护人员的执着。第三,林巧稚强调总结教学经验,不断改善教学。"只是闷头干还不行,还要善于思考,多问几个为什么,要能发现问题。"③这既是她对学生的要求,也是她对自己的警醒。林巧稚常定期总结自己的工作和教学情况,致力于将临床经验与教学相融合。她曾说"产科的规律就是无规律"④,在临床上没有模板可以参考,只有在实践中不断积累经验,才能得心应手。即使是经验丰富的教授,对待临床也不能有一点马虎和随性,一切结论必须建立在证据和事实的基础上。为了保障临床教学的质量,实现教学与时俱进,林巧稚会在临床实践中及时记录特殊的疑难病例,并与之前的临床案例进行对比,找出不同之处,分析病因,全面查找资料,寻找解决的办法,即将回顾过去和展望未来相结合。这些将成为她临床教学中的重要材料,她会适时地在教学过程中结合临床经验为学生讲解最新的、热门的妇产科学知识。同时,她还常思考自己在临床教学工作中的问题,从过去的经验中寻找不足,运用更加完善的教学方式,不断提升自己的教学水平。在她看来,对临床医疗和教学工作的分析和总结,不断实现精益求精的教学理念,既是自我提升的途径,也是对学生负责的态度,更是为了国家医学的发展,否则一切只能止步不前。她心怀善念的教学行动以及对医学发展的诚挚情感,奠定了我国妇产医疗事业的基础,也为之提供了源源不断的中坚力量。

所谓上善若水,就是形容像林巧稚这样一位把功名视如无物的专家,一位一心向医的医生,一位以学生为重的教师。她教导学生以慈善之心对待病人,给予病人最大的安慰;对待学生,她言传身教,培养了学生一丝不苟的工作精神和科学理性的行医品质,让学生在未来的医疗工作中遵循善的理

---

① 张清平:《林巧稚传》,天津:百花文艺出版社,2012年,第141页。

② 张清平:《林巧稚传》,天津:百花文艺出版社,2012年,第141页。

③ 林巧稚大夫诞辰100周年纪念活动领导小组、政协厦门市委员会、北京协和医院编:《林巧稚纪念文集》,北京协和医院内部资料,2001年,第247页。

④ 张清平:《林巧稚传》,天津:百花文艺出版社,2012年,第141页。

念;对待教学,她用春蚕到死丝方尽的精神,把发展中国妇产科和培养妇产科人才为己任。她用自己的善心、善意和善行,为医学、为学生付出了全部的心血,成了学生的良师益友,培养了一大批以病人为重、临床医术好、科研能力高的妇产科专家,为中国妇女和孩子的健康筑建了坚强的防护网。

四、近代大学女教师对教学的贡献

近代大学女教师的出现,对中国大学讲台具有开天辟地的影响。从此,大学改变了统一由男性控制的局面,讲台上听到了女性的声音。近代大学女教师在教学课程、教学形式、教学教材、教学风格等方面精彩纷呈,有力地促进了中国大学教学的发展。

(一)开设了一批教学课程

近代大学女教师走上大学讲台,她们打破性别隔阂,以自己独特的气质和特点,在文科和实科领域开设了一批课程。

文科是女教师相对较多的学科。如外国文学专家袁昌英先后任教北平女子高等师范学校、北京政法大学、中国公学、中央大学、武汉大学,主讲莎士比亚、希腊罗马神话、近代戏剧、希腊悲剧、现代欧美戏剧、法国戏剧、中英文翻译、戏剧入门、法语、英文散文等多门课程。据她女儿杨静远回忆,袁昌英"不像有的教授多年只教一两门课,年年重复同样的教材,她不断开新课,不断更新老课的内容,总是忙着备课,阅读大量新资料,编写讲义"①。冯沅君曾任教于南京金陵女子大学、北京中法大学、上海暨南大学、北京大学、天津河北女子师范学院、安徽大学、武汉大学、中山大学等高校,主要教授中国文学史、中国小说戏曲、中国诗词、戏曲研究、陆游研究等。冯沅君备课既有详细的教学提纲,又有大量的资料卡片,上课有板有眼,有根有据。苏雪林曾执教东吴大学、沪江大学、安徽大学、武汉大学等高校,所教课程主要为世界文化史、基础国文、诗词选、中国文学史、新文学研究等课程。著名的戏剧理论家孙家琇,毕业于美国密尔斯大学,又获得蒙特霍留克大学文学硕士学位,曾任教于西南联大、同济大学、武汉大学、金陵女子大学等高校,主要担

---

① 陈小滢讲述:《散落的珍珠:小滢的纪念册》,天津:百花文艺出版社,2008年,第60页。

任英文、英国小说选、英国戏剧等课程的教学任务。英语学科的俞大纲,1936 年获牛津大学文学硕士学位,毕生致力于中国英语教育的发展,曾任北京大学、中山大学、燕京大学、中央大学教授,主要担任英语演讲和辩论、英国文学选读等课程的教学任务。法科的周蜀云,曾就读于大夏大学、北京大学,1933 年获法国南锡大学法学博士,同年任教厦门大学政治系,抗战期间,任绵阳女子中学校长、贵阳大夏大学法学院专任教授①,任教课程主要包括世界政治、行政学、行政法、政治学大纲、宪法、国际公法、外交史等。商科的钱素君和张蕙生两位教授,不仅是终身相伴相知的好友,还是志同道合为发展中国会计事业和培养会计人才而倾情奉献的战友,两人于 1917 年从上海爱国女子中学毕业,三年后两人又一同赴美留学,在加利福尼亚大学商学院度过了七年艰苦的求学生涯。归国后,二人开始从事大学教学活动,钱素君曾任职于暨南大学、上海交通大学、复旦大学,主要讲授审计学、簿记学和销售术等课程,张蕙生曾任职于沪江商学院、东吴大学、复旦大学、暨南大学、上海交通大学,主要讲授银行会计、簿记学和铁道会计等课程。教育学科的陈懿祝,美国哥伦比亚大学心理学和教育学硕士,曾担任厦门大学、福建协和大学教育心理学教授,主讲实验心理学、应用心理学、青年心理学、心理实验、特殊儿童心理学等课程。关瑞梧是我国儿童教育专家和社会活动家,毕业于燕京大学社会学系,后留美获芝加哥大学硕士学位,主要任教于清华大学、北京师范大学、辅仁大学、燕京大学等校教育学系和社会学系,讲授家庭教育、儿童福利等课程。王非曼是开中国家政学系先河者,1923 年赴美留学,先学化学专业,后转而学习家政,先后获得明尼苏达大学家政学学士和哥伦比亚大学家政学硕士学位,曾担任西北联合大学、西安临时大学、西北师范学院、天津河北女子师范学院等校教授,主要负责家政系的教学工作,开设家政服装学、家庭管理等课程。

随着"实业救国"、"科学救国"思想的宣传和重视,实科领域也出现女教师的身影,在理、医、工、农等各科的讲台上听到了她们的声音。如陆慎仪是美国康奈尔大学文学硕士,主修数理专业,她是中国数学学会成员,而且是该学会首届评议员中仅有的两位女教授之一,曾服务于大同大学、湖南大学、金陵女子文理学院、暨南大学,擅长数学分析、微分几何等课程。王明贞是民国时期寥寥几位女物理博士之一,她曾执教金陵女子文理学院数理系、云南大学和清华大学物理系,主讲非均匀气体数学理论、统计物理学、热力

---

① 周川主编:《中国近现代高等教育人物辞典》,福州:福建教育出版社,2012 年,第 422 页。

学等课程。余宝笙不仅在美国获得望城大学化学学士学位和哥伦比亚大学硕士学位，而且是约翰霍普金斯大学的生物化学博士。她一生主要服务于华南女子文理学院，任教课程有无机化学、定量分析、有机化学、理论化学、农业化学等，同时还兼任其他课程："化学系哪门课缺老师，哪门课就由她自己顶上去教，这样她经常兼教好几门课程。"[①]可见她是化学系主要的教学者。陶慰孙于日本京都帝国大学获得理学博士后，就职于上海大同大学，她教授的课程超过了 10 种，如生物化学、特殊分析、有机化学实验、营养化学、机体化学、立体化学等，教学范围非常广泛。林徽因不仅是民国才女也是中国第一位女性建筑师，曾留学美国学习美术，兼修建筑学，获宾夕法尼亚大学美术学士，她是集艺术美感和建筑设计天分于一身的女性。1928 年回国后，与丈夫梁思成一起任教东北大学，创办中国第一个建筑系。林徽因主要讲授雕饰史、美学、建筑设计、专业英语等课程。严惠卿是美国约翰霍普金斯大学医学博士，回国后先到北平协和医学院任讲师兼医生，后任职于福建协和医学院兼福州协和大学教授，讲授生理、公共卫生学等课程。曹诚英于1931 年毕业于中央大学，留校任教，讲授农作物育种，后留美获美国康奈尔大学农学硕士，回国后继续从事高校教学工作。在安徽大学、四川大学、复旦大学等校农学院、农艺系主讲生物遗传学、作物栽培、细胞学等课程。地质学科蔡承云是当时整个中国高校地质系教师中为数不多的女教授，可谓凤毛麟角，她也是我国第一位女地质学家。早年赴美留学，获得地质学学士和矿床学硕士，曾在广西大学、重庆大学、中山大学讲授工程地质、土壤地质、经济地质、矿床学、矿物学等课程。陈美愉在金陵女子大学开设卫生学课程，教授时间长达 6 年，后至中央大学任卫生学教授。张汇兰任教金陵女大体育系，教授运动解剖学、舞蹈类等课程。华南女子大学生物学教授许引明主讲寄生虫学类课程；等等。

近代大学女教师投入了大量的精力备课，开设了多门课程，不仅满足了学生对相关课程学习的需求，也逐步完善了大学教学的课程结构，丰满了各个学科的教学内容。近代大学女教师凭自己的努力在文科和实科领域站稳了大学讲台。

---

① 福建华南女子学院编：《余宝笙院长纪念集》，福建华南女子学院内部资料，1993 年，第 31 页。

（二）呈现了多样化的教学形式

近代大学女教师对教学非常投入，为了调动学生的学习积极性，提高教学质量，她们在教学形式方面下足了功夫，使大学教学呈现出多样性和差异性。

1．偏爱实地教学

近代一些大学女教师偏爱实地教学，不仅受学科自身特点的影响，而且实地教学能够化抽象的理论、概念为形象的感官体验，有助于学生更好地理解知识。

社会学教授雷洁琼就是一个善用实地教学的女教师。在她看来，社会学的特殊性重在对现实的关注，教学不能只对着教材中的各种理论侃侃而谈，更要让学生把握涉及教育、职业、土地、住行、医疗等众多民生领域的重大问题。因此，她将课堂扩大到农村、贫民窟、施粥场、育婴堂甚至妓院等社会场所之中，让学生进行实地参观、访谈、调查，亲眼观察底层人民流离失所、饥寒交迫的生活实景，看到动荡不安、经济凋敝的社会现实。这些鲜活的景象远比在课堂中听从教师讲授更能引起学生内心的震动。在课堂上，雷洁琼"再以这些活生生的社会现象，引导同学们进一步印证社会学理论，启发大家加强社会责任感、更深入地去思考解困济贫、除弊治国的方案"①。实地教学让燕京大学多数出身于中上层家庭的学生深入贴近社会现实，真正理解学习社会学的意义所在。学生们非常认可雷洁琼这样的教学，对社会学的学习兴趣和积极性愈加浓厚，并把雷洁琼当做知心朋友看待，以致多年后提及她，仍不禁感叹："经师易得，人师难求，雷老师当年不仅教我们读书，更重要的是她还教我们懂得了怎样做人。"②林徽因也经常采用实地教学。为了提高学生的鉴赏和鉴别能力，她亲自带领学生前往沈阳清故宫与昭陵等地进行实地课堂讲授。在实地观摩教学中，林徽因将抽象的建筑之美转化成直观的视觉体验，成功打开学生的艺术思维，充分发挥了学生眼、耳、手、脑在课堂中的作用。这样充满历史感、美感和趣味性的课堂教学唤起了学生对学习建筑设计的灵感，易于接受和理解抽象的知识要点，因而深

---

① 苏平：《雷洁琼》，沈阳：辽宁人民出版社，1995年，第28页。
② 苏平：《雷洁琼》，沈阳：辽宁人民出版社，1995年，第28页。

受学生喜爱,林徽因也凭借着幽默犀利的语言和才华卓绝的教学能力获得了学生的推崇。

2.推崇个性化教学

"因材施教"自古以来就是备受推崇的教学理念,其实施的关键在于教师能够发现每个学生各自的特点,针对他们的特色制订不同的成才计划,即个性化教学。这种教学能够让学生发挥各自专长,实现同一学科不同领域人才的多样化。

典型如音乐学科的周崇淑,她是中国著名钢琴教育家,曾主持创办湖南师范学院音乐系、中央大学音乐系,主要从事钢琴教学工作。对于音乐教学,她顺应师范院校艺术教育的特色,实行个性化教学。在基本训练和音乐素养培养的基础上,逐渐发现学生的音乐天赋以及各自的专长,帮助她们选择适合的主科进行研修,根据学生的个性安排主、辅修课程,制定全方位的学习计划,让学生能够在不同专业领域发挥才能。周崇淑曾有几个学生,在主修两年声乐后,她"根据其学习情况及发展特点,让其改为钢琴主科。实践证明,他们毕业后都能发挥所长,胜任本职工作,教学成绩显著,被评为所在省、市院校特级教师"[①]。再如生物学教授吴素萱,对具有不同才华的学生采取不同的培养方式。她根据学生兴趣,帮助他们确定相应的研究计划,通过适当的工作验证学生的能力,"当给一位学生确定研究方向和课题后,她总是让学生独立地去开展工作,以利于发挥学生独立思考的能力和施展自己的才华"[②]。在此基础上,她会定期督促、检查每位学生的学习情况,并将自己看到的相关文献资料提供给学生。倘若学生遇到难题,她会与学生一起讨论、交流、研究,直至找到解决的办法。正是因为吴素萱的坚持和教学有方,她的学生在生物学各个领域大展身手,为中国生物科技的发展提供了极大帮助。

3.擅长启发式教学

对于大学女教师而言,虽然她们所偏爱的教学形式有所不同,但强调启发式教学是她们共同的特点。她们总是在课前熟练掌握教学内容,揣摩其

---

① 中央大学南京校友会、中央大学校友文选编纂委员会编:《南雍骊珠·中央大学名师传略再续》,南京:南京大学出版社,2010年,第161页。

② 钱迎倩:《钱迎倩论文集》,北京:科学出版社,2011年,第594页。

中的重难点，并能够在课堂上找准时机抛出疑问，启发学生思维，培养学生独立思考和分析的能力。

地质学科蔡承云教授特别擅长运用启发式的教学。讲课时为让学生积极主动地参与到课堂之中，"她时而停顿提出问题，让同学们思考，随后又一层一层解析，从现象讲到本质，因此她讲的每一节课的内容既能听懂，又能做好笔记，都令人深记难忘"①。对于知识难点，她层层递进地引导学生分析。由于她条理分明的讲授，让学生能够顺着她给出的线索逐渐深入摸索，更加容易理解和记忆课堂所学内容，因此她的课堂往往妙趣横生，给学生留下了深刻的印象。儿科医学专家陈翠贞教授，终身从事儿科医学的研究和教学工作。为了提升学生整体的医疗素质，无论是课堂教学还是临床教学，陈翠贞都重视对学生的启发引导，她常"一边课堂上课，一边指导学生检查病儿，让学生多动脑筋，思考诊断及作出处理，辅以询问学生和集体讨论，总结"②。她在一旁进行指导时，聆听学生发言，一旦发现错误，便一一纠正。这种教学形式锻炼了学生独立思考和诊断的能力，有助于学生对医学知识的掌握，提升他们的医疗能力，因而"学生一致认为陈老师的教学方式对他们帮助很大"③。法科教授周蜀云在教学时，能够精准找到法律和政治类课程的特点，她说："法律与政治这两门学问，大家都感到有些沉闷枯燥，不若文学艺术来的活泼，能够引人入胜。但是讲解的人，如果能够尽量用深入浅出的方法，再加旁征博引，善于辞令，一样能令学生趣味横生。"④因此，在课堂教学中她不是照本宣科地讲解那些晦涩繁杂的法律条令和政治理论，而是注重启发学生的思维，培养学生对社会时政的分析、理解能力。她会以当时的社会现实、政治局势为例，将每日发生的新奇大事带入课堂，帮助学生对国家大事和世界局势进行分析。她认为这样的教学"能够帮助他们作更多更深的分析，也是关心国事的热情青年所喜听的"⑤。正因如此，学生们学习法律不只是面对枯燥繁杂的法律条文，学习政治不再是纸上谈兵和空谈理论，而是贴近社会现实，同时锻炼了自己的思维能力以及灵活运用知识的

①　中国工业大学《校友通讯》编委会编：《校友通讯1999》，长沙：中南工业大学出版社，1999年，第286页。

②　姚泰主编：《上海医科大学七十年》，上海：上海医科大学出版社，1997年，第309页。

③　姚泰主编：《上海医科大学七十年》，上海：上海医科大学出版社，1997年，第309页。

④　陈明章：《私立大夏大学》，台北：南京出版有限公司，1982年，第56页。

⑤　陈明章：《私立大夏大学》，台北：南京出版有限公司，1982年，第56页。

能力。再如金陵女子大学的余宝笙教授在化学教学中常运用启发式的教学，以锻炼学生的逻辑思维能力。她给学生上有机化学课，当教学到一个阶段后，她会针对近段时间的学习内容，给学生布置一些额外的任务：给学生几种有机化合物，要求学生找出它们之间在何种条件下能够进行相互转化、生成或者形成新的化合物，"而这些条件在当时的化学实验或工业生产中还不具备，书本中更找不到"[①]。在这样的情况下，学生要完成作业，只能接过余老师抛来的额外任务，结合之前课堂中学习到的知识，经过不断地思考和验证，在掌握各种有机化合物的特征及其组成的元素的前提下，推理它们之间可能的种种组合，推敲促使它们转变成其他有机化合物的条件。她的教学方式内在逻辑性强又具有启发性，便于联系和记忆，因而受到学生称赞："在教学过程中，她反复教给我们有机化合物之间的内在有机联系和辩证关系，便于我们理解和记忆。"[②]灵活地思考和创新，有利于学生发挥思维的潜能。学生在她这种教学的锻炼下收益很大，因而都爱听她的课。

4.强调练习教学

针对应用性较强学科的教学，一些大学女教师认为练习在教学中非常重要，强调练习与操作的反复性和熟练性，以加强学生对知识点的巩固，让学生能够在运用知识的过程中巩固学习。

钱素君、张蕙生两位女教师在会计专业人才的培养上毫不懈怠，会计作为操作性很强的学科，强调知识应用和练习。她们为了训练学生的专业知识和业务能力，在理论讲授的基础上，更注重会计实务练习，如"高级商业簿记等，在平时加强练习题的基础上，最后设置综合实习题，让学生对整个簿记过程进行一次模拟实践"。此外，她们还通过提供各种会计实务练习，提高学生的业务能力，她们"经常组织学生到工商企业和政府机关见习和实习，委派成绩优良的学生参加查账，有意识地安排学生到立信会计师事务所附设'会计职业咨询所'工作"[③]。在多方面训练下，学生加深了对课本知识的理解，并在不断练习中巩固强化，增强了职业实践能力。余宝笙不但注意

---

① 福建华南女子学院编：《余宝笙院长纪念集》，福建华南女子学院内部资料，1993年，第28页。

② 福建华南女子学院编：《余宝笙院长纪念集》，福建华南女子学院内部资料，1993年，第24页。

③ 陈元芳：《中国会计名家传略》，上海：立信会计出版社，2013年，第285页。

化学理论教学，同时注重实验技能培养，重视在不断的练习和实验操作中，增进对理论知识的理解。"在余老师亲自指导下，我们组织了全社同学进行课外活动。开展了雪花膏、肥皂、香皂、鞋油、牙膏……化工制作。"她的教学让学生将所学的化学知识与生产、生活实际相联系，在实验过程中，通过亲自设计、调制、加工，强化学生对化学知识的学习和运用。

5.注重对话教学

对话的教学，让课堂教学不再只有教师的独白，而是教师与学生、学生与学生之间交流互动、思想碰撞的过程，避免陷入注入、灌输式的教学陷阱。这样的教学，学生能够阐发观点，还能在倾听他人错漏的过程中得到警示，避免同类错误的发生，而教师能够指正学生的问题并掌握教学中的不足。

俞大纲为了提高学生英语的运用能力，规定了全英文式的课堂，为学生创造使用英语的环境，除了她自己用英语进行讲授外，也要求学生用英语进行提问、对话、交流，让学生在课堂对话训练中逐渐学会使用英语。同时，她还将读写练习与语言表达相结合，要求学生每周至少阅读50页英文原著，用英文写详细的读书报告，做好课堂演讲汇报的准备，并在课堂中注意聆听他人的演讲，随时做好记录，以备点评和讨论。她还借助外语歌曲，增加语言教学的趣味性，她的学生曾回忆："俞先生教他们唱美国民歌，如《苏珊娜》等，要求学生们背熟。后来晓得那很有好处，歌词容易背，记了单词、句型、语法，还有美国人的讲法习惯。"[1]她让学生在日复一日的对话交流中，达成熟练地使用英语的目的。这样的教学，让学生摆脱单一枯燥的语言学习方式，开拓学生英语学习的思维方式，学生的英语听说读写四个方面能力得到综合提升，因而也得到了学生的认可，认为俞大纲讲课"生动逼真，引人入胜，学生们都很喜欢上她的课，也记得比较迅速和牢靠"[2]。

总之，教学的复杂性决定了教学形式的多样性，大学女教师在教学时并不是使用单一的某种教学形式，而是综合使用多种教学形式以实现教学效果的最大化。近代大学女教师灵活采用多种教学形式，使得大学课堂的教学更加活泼、更加精彩、更加丰富。

---

① 徐永初、陈瑾瑜主编：《追寻圣玛利亚校友足迹》，上海：同济大学出版社，2014年，第40页。

② 徐永初、陈瑾瑜主编：《追寻圣玛利亚校友足迹》，上海：同济大学出版社，2014年，第40页。

（三）编撰了多种教学教材

教材是教学内容的主要载体，在狭义的概念中，教材就是课本。近代，大学教学没有固定教材，很多教师除了引进国外相关教材外，还根据自己的学识自由编撰讲义、讲授提纲等。近代大学女教师不仅是传道授业解惑的教书匠，她们也是各学科领域的研究者。在上课过程中，她们不断将新的科研成果或者学科前沿知识融于教学，及时更新、补充、加深教学内容，并在此基础上形成教学教材。可以说，每一本教材既是她们上课所使用的讲义，也是倾注她们心血、耗费众多时日编撰的标志性研究成果。

在医学学科，近代很多大学女教师一边教学一边编撰教材，尤其在妇产科和儿科领域。素有"南王北林"之称的妇科圣手王淑贞、林巧稚，她们在妇产科的学术成就享誉海内外。王淑贞主编的《妇产科学》、《实用妇产科学》、《现代妇产科理论与实践》、《中国医学百科全书》等书不仅多次获奖，而且成为妇产科专业教学的重要教科书。其代表作《妇产科学》，"内容共 9 篇 60章，有插图 400 多幅。该书前半部分叙述怀孕与生产，后半部分主要谈产后问题"[①]。全书内容丰富且深入，"对病理产科、妇科疾病和妇产专科有关的基本理论、基础知识、基本操作知识做了全面介绍"[②]。产科部分着重讲述难产的处理，妇科部分着重讲述常见病的诊断和治疗，具有较强的专业性，成为当时医护人员、医学院学生、助产士等医疗单位人员的必备参考书。林巧稚坚持在忙碌的工作中抽时间审阅教材，亲自进行细致的修改，《妇科肿瘤学》一书积她毕生经验而成，即使她"身患重病，仍领导她的学生，用四年多时间，分析总结了协和医院妇产科自新中国成立以来的三千九百余份病历，参阅近千篇主要文献"，"她抱病一章一节审查，句句推敲再三，不放过一个不确切的诊断，不滑过一个模棱两可的字词"。[③] 此教材是她奉献给医学界、医学生的礼物，为中国乃至世界妇产科学的发展进步提供了强大支持。上海医学院儿科主任医师兼教授陈翠贞，因当时教学条件有限，医学课程没有现成教科书，参考书也是寥寥无几，于是她"每晚在油灯下编写讲稿，凭着落

---

① 王惠姬：《中国现代化的推手——以留美实科女生为主的研究（1881—1927）》，新北：花木兰文化出版社，2011 年，第 318 页。

② 王惠姬：《中国现代化的推手——以留美实科女生为主的研究（1881—1927）》，新北：花木兰文化出版社，2011 年，第 318 页。

③ 吴崇其：《林巧稚》，福州：福建科学技术出版社，1997 年，第 353 页。

日的余辉在茅屋前阅读资料"①。她参与编写的教材有《儿科传染病学》、《儿科学》、《实用儿科学》,其中《儿科传染病学》作为高等医药院校的试用教材,出版二十多年,一直是全国儿科重要的教学医疗参考书。此外,其他医学教材有如王逸慧的《避孕法》、范承洁的《组织胚胎学》和《畸形学》、杨崇瑞的《妇幼卫生学》和《家庭卫生和家政概要》、潘景之的《护理常规》、葛成慧的《家庭医事》,等等。这些医学教材填补了妇产科、儿科、护理学科等领域的教材空白,对培育中国的医护人才,促进中国医护学科的发展作出了重要贡献。

在营养和家政学科,严彩韵与先生吴宪合著的《营养概论》是营养学界一本实用性很高的教材,内含众多图表,对各类食物的营养成分,所含蛋白质、维生素等营养素的含量进行了分析,对营养不良导致的一些常见健康疾病做了阐释,如脚气病、软骨病等,同时还介绍了不同人群不同阶段所需的营养结构。图文并茂、条理分明、逻辑清晰又具有较强专业性的特点,使其成为众多高校教学中必备的教材之一。再如燕京大学家政系教师龚兰珍所撰的《儿童的饮食》、《家庭应有的事务常识》,孙之淑所作《学龄儿童日常应有之营养》等,虽只是学术论文,未有系统的成书,但她们的研究成果作为教学中重要的辅助材料,为学生学习食物的维生素含量,膳食平衡的科学方式以及如何更好地培养儿童良好饮食习惯等提供了理论基础和操作准则。此外,还有王非曼的《线品》、《家庭布置》、《服装学原理》,何静安的《家庭经济学》、《营养学》、《简易师范家政学教科书》等。

英语学科的俞大纲教授不仅是学生基础阶段英语学习的把关人,也是中国最好最流行的英语教材《英语》的作者之一。她凭借多年的英语教学经验和深厚的英国语言文学素养,潜心研究,编写了全国统编《英语》教材的第五、六册:"她主编的专业英语教材《英语》第五、六册最能体现这个过渡阶段英语学习的特征,起到承上启下的作用,一头衔接许国璋先生主编的《英语》第一、二、三、四册,另一头又接徐燕谋先生主编的《英语》七、八册。"②该套教材相互承接,适合学生学习,因而受到重视和好评,为我国高等学校英语专业人才的培养做出了巨大贡献。

商科的钱素君、张蕙生两位先生,作为立信会计专科学校的主要办学

---

① 姚泰主编:《上海医科大学七十年》,上海:上海医科大学出版社,1997年,第305页。

② 中央大学南京校友会、中央大学校友文选编纂委员会编:《南雍骊珠:中央大学名师传略》,南京:南京大学出版社,2004年,第94页。

者，肩负着更多的教学责任。因此，她们从未间断对会计、审计、统计等商业知识的研究，不断丰富、完善各类课程所需的教材。"截至 1936 年年底，我们编译的各类簿记、会计和审计书籍共有 50 余种。"[①]其中，钱、张两位先生独著或与他人合著的会计、审计教材都有近 10 种，不得不说她们是"立信会计丛书"的主要编著者。

地质学科的蔡承云教授"承担着地质、矿物学、岩石学、矿床学、矿物鉴定学、经济地理学等多门课程的教学任务"[②]，教学任务重，课程压力大，但她仍然坚持地质研究，在岩浆热液矿床、稀有元素矿物地球化学等方面造诣很深。这些研究成果最后都转化成了宝贵的教学材料，《稀有元素地球化学》、《岩浆热液矿床的围岩蚀变》、《矿物鉴定学》、《金属矿床学》等著作的问世，既是她不遗余力研究的回报，更填补了地质教学工作中教材缺失的空白。

此外，近代大学女教师编著的其他教材还有：陈衡哲的《西洋史》、《文艺复兴史》；陈懿祝的《青年烦闷的研究》、《教育学心理学词典（英汉对照）》；苏雪林的《中国文学史》；高君珊的《教育测验与统计》；儿童福利专家关瑞梧编著的《婴儿教保实际问题》、《儿童教养机关管理》、《保育法》、《中国儿童福利工作》、《近十年来我国儿童福利工作研究》；高梓、高梈两位教授编著的舞蹈教材，中国的 4 支古舞《宫灯舞》、《拂舞》、《干舞》、《剑舞》；曹诚英所著的致力于农作物改良的《马铃薯遗传工程学》；等等。

与此同时，部分女教师通过翻译国外优秀作品，同样为近代大学的教材建设做出了贡献，如数学教授黄孝贞与陆宗蔚合译《密尔斯统计学》，开国内该科书籍的先河[③]；劳君展等人合译《高等数学大纲》、《积分学纲要》，为高校数学学科的教学工作提供了帮助；等等。

近代大学女教师编撰和翻译教材，为高校教学的顺利进行和专业人才的培育提供了有力保证。正如潘懋元先生所说："大学教师只有进行自己所任教学科和相关学科领域的研究，才能不断丰富、加深和更新自己的知识，活跃学术气氛，提高学术水平，从而深化、丰富教学内容和发展学生的能

---

① 陈元芳：《中国会计名家传略》，上海：立信会计出版社，2013 年，第 285 页。

② 中南工业大学《校友通讯》编委会编：《校友通讯 1999》，长沙：中南工业大学出版社，1999 年，第 288 页。

③ 王惠姬：《中国现代化的推手——以留美实科女生为主的研究（1881—1927）》，新北：花木兰文化出版社，2011 年，第 376 页。

力。"①近代大学女教师编撰和翻译教学教材，不仅展示了女教师的教学态度和教学实力，更为本学科的教学发展奠定了扎实的基础。

（四）形成了丰富的教学风格

在长期的教学实践中，大学女教师根据学科特色和自身的生理和心理特点展开教学，教学特色逐渐凸显，形成了独特而稳定的教学风格。

1.形成了真诚和细致的庄雅谨严型教学风格

近代女教师能走上大学讲台不容易，她们为此特别珍惜自己的机会，对教学事业特别庄严郑重，教学态度一丝不苟，为工作倾注了大量的时间和精力，形成了庄雅谨严的教学风格。

女教师的庄雅表现在对教学事业绝对地真诚，有的甚至将教学作为毕生的奋斗目标。程俊英教授曾发誓要为教育鞠躬尽瘁，将为教育贡献一切作为她终身虔奉的信条。在她的心中，始终坚持把教书育人的事业作为自己人生的大事，不为金钱、权利所吸引，只是单纯地为了完成传道授业解惑的使命，她说："当我在教书和家务操劳中耗去生命和精力的时候，我没有为高官厚禄所引动。国民党的要人来劝我入党，国社党的朋友来邀我做官，汉奸的熟人想拉我下水，统统被我拒之门外。"②任何荣誉，抵不过学生一声"先生"的呼唤；任何利益，抵不过为国家培养人才的大业。冯沅君在病重意识模糊之时，潜意识里还惦记着要为学生上课，在医院的办公室内不管不顾地讲着课；苏雪林近七十岁还远赴南洋访学授课，退休后仍不忘指点学生学业。可见女教师们愿意为教育事业付出一切。正是在这种精神的指引下，她们在教学中的一颦一笑、一举一动都蕴含着对学生、对教学最诚挚的真情，让学生油然而生敬意。

女教师对教学的谨严表现在她们对自己所教科目认真细致，一丝不苟。吴素萱于1930年毕业于中央大学，随即于北京大学、中央大学担任生物系助教，开始生物学的教学与研究工作。1937年留学美国，5年内获得硕士博士学位。面对烽火连天的国内局势和美国安逸的环境，她毅然选择归国服务高校，担任西南联合大学、北京大学的生物系教授，一边教书育人一边进

---

① 姚利民：《大学教师教学论》，长沙：湖南大学出版社，2008年，第95页。
② 朱杰人、戴从喜编：《程俊英教授纪念文集》，上海：华东师范大学出版社，2004年，第285页。

行植物细胞学的研究。她是细胞核穿壁运动的发现者,对植物远缘杂交中的受精过程及其后代细胞学分析方面的研究也卓有成效,发表高质量研究论文近 30 篇。她对待教学就如对待研究一样专注,花多于讲课几倍的时间备课,搜集大量且全面的资料,关注领域内最新的研究成果,向学生展示最新的知识,不断提高自己的教学质量,保证学生课堂学习的高效。她对学生的指导仔细认真,不放过一个细节,如"采用什么试剂,何种配方,实验过程中的表现情况,结果的重复性等"①。她将严谨与细致的态度融入生物教学,成为学生学习的引导者和榜样。王明贞在清华大学任教之初,因校内科研条件不足,她便中断个人研究,全情投入物理教学之中,理清物理教学体系的结构,选择符合教学大纲的教学内容,一丝不苟地对待课堂。她不仅是科学家,更是一位具有科学家精神的教师,在课堂上,"她准确而严格地引入每个概念,严谨地推导所有公式,每个系数都没有丝毫差错"②。她上课谨严的风格受到了学生的爱戴和尊敬。不仅在课堂教学上,在实践教学中也处处可以看到女教师这种谨严的教学风格。地理系刘恩兰教授,总是要求学生走出课堂,走进自然,到大山河川中进行勘测,考察地形、查看河流、鉴定土质、观察生态,探索自然中蕴含着的丰富且神秘的地理知识。在实地考察中,她不仅鼓励学生勇于深入名山大川和乡间小道,又强调注意观察环境状况、记录数据、测绘地形图等一系列行动,保证客观事实的可信性。再如胡秀英教授对待生物类课程的教学也总是要求在实践中见真理。她总是在寒暑假的时候带学生到野外实习,翻山越岭只为采集一些植物标本,"衣服不是为降雨打湿,就是出汗浸湿。几年下来,走遍了川康一带的千山万岭,有的高逾万尺。共采集标本近五千套,每套五份"③。正是这些女教师对真知的尊重和对科学的崇尚,对自己所教科目的认真负责,让学生在学习中不仅获得了最新近的知识,更学会了求真务实的作风。

2. 形成了充满温馨和善意的情感型教学风格

情感型教学风格追求"精神的感染、情感的陶冶"④。女性与生俱来的母性和蕴藏心底的同情心,让女教师们将女性内心最柔软的一面与教学活动

---

① 钱迎倩:《钱迎倩论文集》,北京:科学出版社,2011 年,第 594 页。
② 沈雨梧:《中国古代女科学家》,杭州:浙江大学出版社,2014 年,第 211 页。
③ 岱峻:《风过华西坝:战时教会五大学》,南京:江苏文艺出版社,2013 年,第 362 页。
④ 李如密:《教学风格综合分类的理论探讨》,《教育研究》1995 年第 5 期,第 66—71 页。

相结合,让她们的教学充满了温馨和善意,形成了情感型教学风格。

　　情感型教学风格体现在课堂上,大学女教师讲课更具感染性,她们言语清晰,情感丰富,在讲课过程中经常融入自己的心境,从而使学生产生强烈的情感共鸣。如冯沅君的教学,她总将自己带入古典诗词的意境之中,感受这些文学作品带给人的心灵触动,并将这种魅力传达给学生:"冯先生讲李清照的词《声声慢》中寻寻觅觅,冷冷清清……时,又完全是另一种气氛。又是一次一字不落的朗诵,声音低回,如泣如诉。充满如水柔情,字字送进听者的耳膜,令人肃然动容。无意间,发现她的眼角闪烁着晶莹的泪光。"①她在教学时一颦一笑、一言一语都将作品情感完整地呈现在学生眼前,让她的教学具有鲜明的艺术特征,对学生来说,听课简直就是一种享受;再如复旦大学中文系教授方令孺,她不仅是与林徽因、凌淑华齐名的新月派女诗人,而且也是一个极富情感表达性的好教师。她的教学总的来说就是"多感悟、多激情,时而娓娓而谈,偏重感性"②。每当评点学生的作文,她总是能感同身受地讲出他们写作时的内心情愫。一篇有趣的习作,她便用愉快的语调,和蔼的笑容分享喜悦;一个悲泣的故事,她眼里闪烁的泪花,颤抖的嗓音和难过的神情,都传递着内心的悲凉以及对他人命运的同情。她的论说和分析将文章的感情和韵味表达得充分而透彻,她用自己的真情感染了学生的情绪,震荡了学生的心灵。她还会在"采摘松树蘑菇或赏月时教他们作诗"③,教导学生懂得融境冶情的写诗技巧,注重自然随性的心理状态,如此才能将心中的真情实感表达出来,呈现出来的诗文也更加富有感染力。她的学生对她这样的教学印象深刻,如她的学生吴中杰先生所说:"方先生在给我们讲现代文学作品选时,也是抒情多于分析,而且讲得非常激动。"④新闻系一位同学也曾说:"方老师讲课很有感情,像曹禺上课一样。"⑤如此充满情感的课堂,吸引了众多学生:一门中文系的专业小课,本不过十几人,但总

---

　　①　严蓉仙:《冯沅君传》,北京:人民文学出版社,2008年,第265页。

　　②　陈思和、周斌主编:《名师名流:复旦大学中文学科发展八十五周年纪念文集》(下),上海:复旦大学出版社,2010年,第556页。

　　③　傅道慧:《"创造一个新的世界、新的人生"——忆女作家、教授方令孺》,《史林》2007年增刊,第52—63页。

　　④　陈思和、周斌主编:《名师名流:复旦大学中文学科发展八十五周年纪念文集》(下),上海:复旦大学出版社,2010年,第557页。

　　⑤　傅道慧:《"创造一个新的世界、新的人生"——忆女作家、教授方令孺》,《史林》2007年增刊,第52—63页。

有其他科系的学生来选她的课,若选不上课,也乐得在一边旁听,因而有时教室里挤满了数十人,可见其感染力十足的教学所带来的效果。

情感型教学风格也体现在大学女教师对学生的母爱情怀上。大学女教师不仅在教育上给予学子鼓励和帮助,而且时刻关心学生的生活和情感。如蔡承云常利用课间听取学生对课堂教学的意见,还和他们"聊家常,介绍风土人情,了解同学们的家庭困难情况,也常资助读书困难的学生。节假日她有暇时还邀部分同学去她家改善生活"①。借此贴近学生生活,了解学生需求,给学生帮助,这些都是她爱护学生的表现。再如周蜀云教授,面对那些备受战争纷扰而饱受苦难的学子,她都尽自己所能给他们一些帮助:"我也济助了三四名学生,在我个人,不影响生活,而对学生,裨益就大了。"②在女教师的眼中,看着这些在外求学而衣食短缺的学生,就如自己的子女正遭受困苦一般,同情和怜悯之心油然而生,对学生的关心就多了几分,师生之间便多了一份温情。更有甚者,自己节衣缩食地生活,对教育事业却格外大方,张蕙生教授和丈夫潘序伦先生,为了立信会计专科学校的开办和发展,毫不犹豫地捐献了几乎所有的钱财——"积蓄6万法币和版税17.5万法币,之后每年向学校捐赠收入版税2万元"③。而他们自己居住在陋室却始终怡然自得,可见对学生之关爱。

3.形成了充满着美感和诗意的秀婉型教学风格

秀婉型教学风格"外秀而清丽,给人以阴柔悦舒之美感"④。女性对美的追求和热爱是一种天性,这种天性也在大学课堂得到了充分的展现。

秀婉型教学风格体现在女教师的外秀内美的教学品质。著名的文献专家、书画家兼女诗人冼玉清教授不但容颜秀丽,在当时曾是众多男子思慕的对象,而且才华卓绝,既能写出"明月浸阶凉,薰帘茉莉香"⑤之类优美文雅的

---

① 中南工业大学《校友通讯》编委会编:《校友通讯1999》,长沙:中南工业大学出版社,1999年,第287—288页。

② 陈明章:《私立大夏大学》,台北:南京出版有限公司,1982年,第57页。

③ 陈元芳:《中国会计名家传略》,上海:立信会计出版社,2013年,第554页。

④ 李如密:《教学风格综合分类的理论探讨》,《教育研究》1995年第5期,第66—71页。

⑤ 李遇春编选:《现代中国诗词经典·词卷》,武汉:华中师范大学出版社,2014年,第124页。

诗句，也能写出"青山忍道非吾土，也凄然、一片啼红"①之类忧国忧民的豪气之词。此外，她在文史方面的造诣也颇深，是研究广东历史文化的专家，被誉为"岭南才女"。她自1924年从岭南大学国文系毕业后便留校任教，主讲骈文、诗词、文学概论等课程，她还能用英文讲授二十四史。冼玉清自小在儒士陈子褒门下接受特殊的训诂训练，深受中国古典文化的熏陶，她曾说："我向往'贤人君子'的人格，我讲旧道德、旧礼教、旧文学，讲话常引经据典，强调每国都有其民族特点、文化背景与历史遗传，如毁弃自己的文化，其祸害不啻于亡国。"②不难看出，儒家大师教导下的冼玉清，身上沿袭了旧时文人墨客的风范，而身为女子的她又将这种风范与闺秀们朴实、文静、端庄、秀婉的气质相结合，这一特点也深刻影响了她的教学风格。她的教学往往饱含古韵之风，常在课堂中引入众多历史典籍和中华文化，让学生能够不断汲取经典文化的涵养。黄晦闻先生曾问过她在教学时的讲诗之法，她答曰："远溯风骚，以明诗人风世励俗，温柔敦厚之教，与骚人忠厚缠绵，言情叙景之法。近探汉魏诗之造意，与六朝之造诣；而十九首之婉转附物，惆怅切情，与陈思王之隽练喷薄，阮步兵之腴厚遥深，陶渊明之冲淡精拔，大谢之奇丽蕴凿，小谢之清发风华，皆为诗学不祧之祖。下及有唐一代诸家之变化，和李太白之气韵超迈，纵横飘逸，与杜工部思力之遒厚，沉郁雄奇，皆诗学当循之门径。"③此言获得了极高的评价。无论何时、何家的诗词，她都能融会贯通地根据其特点进行动人的讲解，可见其知识功底之深厚和对中国古典文学之热爱。同时，她又将女性的细腻、婉约、缠绵的特点融入教学之中，让学生获得与众不同的诗词学习体验，不得不说她是秀婉型教学风格的典型代表。

秀婉型教学风格也体现在教学内容追求美感与诗意的结合上。典型如林徽因，她经常穿着自己设计的具有中国风格的服装，为房间设计一些精巧特色的装饰，她的文学作品充满了诗意，她设计的建筑富有美感，而她教的又是需要艺术审美能力的建筑学，可以说她的人生与美紧密联系。因此，她的教学充满了美的足迹：单一的线条，她看到的却是它千变万化的模样，学

---

① 李遇春编选：《现代中国诗词经典·词卷》，武汉：华中师范大学出版社，2014年，第124页。

② 转引自王美怡：《冼玉清与广东文献整理研究》，《开放时代》2011年第12期，第61—77页。

③ 黄任潮：《冼玉清的生平及其著作》，《岭南文史》1983年第1期，第73—81页。

生听到的便是精彩纷呈的分析过程;简单的图形,在她的改动下,却能展现出力量和生气,"越是圆润柔和的图案,越不要忘了给它加一点力量"[①]。每每带领学生实地鉴赏建筑,她都忍不住强调美的艺术,她曾说:"古代建筑还告诉我们,美,就是各部分的和谐。不仅表现为建筑形式中各相关要素的和谐,而且还表现为建筑形式和其内容的和谐。最伟大的艺术,是把最简单和最复杂的多样,变成高度的统一。"[②]她的教学不仅让学生了解到建筑学不单纯是建造房屋的学科,更是一门融合美学、音乐、技术、图像、教义等多种智慧的艺术。可以说,她把灵感和诗意融入了教学,使得学生听她的课如一种美的享受。

女教师的女性身份,让她们能够尽情地发挥美的艺术,将晦涩的概念分解成简单有趣的文字组合,化枯燥的数字为灵动跳跃的音符,让严谨的科学实验成为一次次美妙的体验,让课堂充满诗情画意,让学习成为享受知识的过程。

应该说,相较于男性的权威、理智、谐趣、潇洒、雄健的教学风格,大学女教师更多地体现出民主、情感、庄雅、谨严和秀婉等教学风格,女教师队伍的形成使得大学教学风格更加多样,更加精彩,更加丰富。

总而言之,"凡是美的都是和谐的和比例合度的,凡是和谐的和比例合度的就是真的,凡是既美而又真也就是在结果上愉快和善的"[③]。近代大学女教师蕴含着真、善、美的教学活动,充分展现了女性的教学魅力,证明了女性进入高校教学的实力。近代大学女教师的教学,不仅促进了女子高等教育的发展和繁荣,也在中国大学教学的近代化进程中也写下了灿烂的一笔。

---

① 杨永生:《记忆中的林徽因》,西安:陕西师范大学出版社,2004 年,第 178 页。
② 林杉:《一代才女林徽因》,北京:作家出版社,2005 年,第 116 页。
③ 李如密:《教学美的价值及其创造》,广州:广东高等教育出版社,2007 年,第 95 页。

第三章　别样的风采:近代大学女教师
学科学术研究[*]

——以冯沅君、林徽因、俞庆棠为个案

近代,很多人认为女人从事教学还可以,但研究学术不行,主要理由是:"女子和男子关于智力之最大差异,莫如关于分析与抽象之精神作用。凡学术之研究,分析与抽象为必不可缺之两要素。然女子大抵不好分析与抽象,故研究学术甚为困难。"[①]然而,女教师们凭着女性特有的气质,在学科学术研究领域走出了独特的风格。本章选取冯沅君与文学科的学术发展、林徽因与建筑学科的学术发展、俞庆棠与教育学科的学术发展三个典型个案,在分析三位女教师学科学术研究风采的基础上,进而总结女教师对中国大学学科学术的贡献。

一、冯沅君与文学科的学术发展

冯沅君原名冯淑兰,1900 年出生在河南省唐河县祁仪镇的一个士绅家族。祖父冯玉文读过书,但未能获取功名,于是对下一代的读书应考特别上心。在祖父的教育下,他们一家成为当地的书香之家,进入"耕读传家"的行列。父亲冯台异 1898 年考中进士,伯父和叔父都是秀才。冯沅君的姑姑冯士均也是一位才女,自幼跟兄弟们一起读书,对读书和诗文特别感兴趣,但天不假年,十八岁她就去世了。冯家的男性成员对女子教育以及女性潜质和才华都比较认可,并且极力推助。父亲冯台异虽身在官场,但极其重视对

---

　　[*] 本章由项建英、黄湾湾撰写。
　　① [日]速水猛撰,君实译:《自医学观之良妻贤母主义》,《妇女杂志》1919 年第 5 卷第 8 期,第 1—10 页。

子女的教育,希望他们能代代维持书香门第的家风。父亲认为中文、算术是一切学问的根本,必须从小把基础打好,所以聘请了教书先生给三个孩子上中文、算术课。冯沅君大哥冯友兰先生在其晚年时这样回忆道:"在父亲亡故后,母亲常对孩子们说,你们父亲听某一个名人说过,不希望子孙代代当翰林,只希望子孙代代有个秀才。因为子孙代代有翰林是不可能的事,至于在子孙代代有个秀才,这是可能的,而且是必要的。这表示你这一家的'书香门第'延续下去了,可以称为'耕读人家'了。"①因父亲官职调动,冯沅君一家辗转迁移几个地方,即便如此,父亲也不放松对孩子的教育。每到一个新地方,父亲首先要做的就是给三个孩子找家教,找学校。冯沅君也跟着哥哥们一同学习,读一些诗文、"四书",对姑姑冯士均遗留下来的诗文也是爱不释手。除了在家读书外,父亲也强调子女接触外界的新式教育,力求他们能够突破旧式传统教育,接受新鲜事物。冯沅君八岁时父亲病逝,母亲吴清芝承担了子女的教育任务。吴清芝性情温和,虽然家庭生活艰辛,但仍给儿子们请了先生教授四书五经。不久,两位兄长先后离家赴京、沪进大中学堂,假期回唐河探亲,常常给她谈学习的新鲜事,使得冯沅君非常向往外面的读书生活。

1917 年,冯沅君终于如愿以偿,考上了北京女子高等师范学校,她如饥似渴地汲取新鲜知识和思想。名师的指点加上自己的努力,冯沅君的文学功底不断提高,在文学创作和学术研究上开始崭露头角。北京女子高等师范学校的刊物《文艺会刊》、《文艺观摩录》上经常发表冯沅君的文章。其中诗词创作如《中秋对月》、《吊新战场文》、《杨柳枝》等;也有学术论文如《历代骈文散文的变迁》、《读〈汉书·艺文志〉随笔》、《释贝》等;《晨报附刊》还曾连续发表她的《明陵八达岭游记》。冯沅君求知欲强,兴趣极广,对政治哲学也感兴趣,发表了《今后吾国女子之道德问题》,也曾把胡适的讲演《哲学方法论(节选)》记录下来,刊载在《文艺会刊》;等等。这些文章虽不是太成熟,但却能看出此时的冯沅君刻苦求新的精神,日积月累,厚积薄发,为以后文学史学科的学术研究奠定了扎实的知识基础。1922 年,从北京女子高等师范学校毕业后,冯沅君旋即考入北京大学国学门,成为国学门第一位女研究生。冯沅君在大师汇集的研究所学习,耳濡目染,阅读了大量文史典籍,开始展现一个女性学者的学术魅力,研究能力渐入佳境。她在北京大学《国学门周刊》上发表了《祝英台之歌》、《〈老子〉韵例初探》等学术论文,还和大哥

---

① 冯友兰:《三松堂自序》,北京:人民教育出版社,1998 年,第 27 页。

冯友兰共同校勘标点了《歧路灯》前二十六回。

从国学门毕业后,冯沅君相继在南京金陵女大、北京中法大学、上海暨南大学等高校任教,后又回到北京大学教学,成为北大为数不多的女教师,这一时期也完成了许多优秀的创作和学术成果,成为近代新文学领域一颗璀璨的新星。1929 年冯沅君与陆侃如结婚,两人于 1932 年秋赴法留学,在巴黎大学读文学院博士班。1935 年回国后,冯沅君开始了长达四十年的教学和学术工作,先后曾在河北女子师范学院、安徽大学、武汉大学、中山大学等高校任教,其间虽经历了很多曲折、磨难,因战事不断更换执教学校,学术工作也几经耽搁,但她仍在艰苦的环境下坚持学术研究,完成了多部文学研究著作,如《中国诗史》、《中国文学史简编》、《南戏拾遗》、《古剧说汇》等。冯沅君凭着自己扎实的学术根基,加上女性特有的柔情和细心,在古典文学的学术研究中很快崭露头角,并形成了自己独特的学术理念。

(一)融入情感,使文学科学术研究更加丰富

女性学者较之男性,其心理活动更加丰富一些。冯沅君在学术研究过程中将女性特有的情感融入学术研究中,使文学学术研究更加丰富、更加动人、更加温暖。

冯沅君师承陈中凡、胡小石、王国维、胡适等著名学者,在古典文学研究中积累了深厚的文学学术功底。但冯沅君受他们影响的同时,善于从女性的视角出发关注人物的心理变化,在学术研究中处处呈现女性婉转柔和的一面。在《中国诗史》中,冯沅君曾对许多词人的生平事迹做考证,如苏轼、周邦彦、辛弃疾、晏几道、姜夔等,她都分别为他们做了年表,对词人生平事迹进行简明扼要的归纳,这种研究范例近似王国维的词史观,但这并不代表冯沅君对词史认识和对词人作品的解读效仿王国维。冯沅君借鉴王国维、胡适的某些观点,又并不拘泥于他们的观点。她综合考量文史资料,结合自己的词学基础,通过自己细腻的情感表达使词学研究更加婉转、柔和。比如王国维论及南宋词人,他曾评价:"于南宋除稼轩、白石外,所嗜盖鲜矣。尤痛诋梦窗、玉田。谓梦窗砌字,玉田垒句。一雕琢,一敷衍。其病不同,而同归于浅薄。六百年来词之不振,实自此始。"①可见王国维对张炎(即玉田)的评价非常严厉,甚至有些极端。但冯沅君用母性的宽容评价张炎,用词就温

---

① 况周颐、王国维:《蕙风词话 人间词话》,北京:人民文学出版社,1960 年,第 255 页。

和许多。她总结张炎的词有两个特点:清疏、凄咽。"为了清疏,故它能有圆转浏亮之美;为了凄咽,故它的意境较深。"①很明显,冯沅君对词人的评价带有女性特有的柔情,体悟到一般男性词人触摸不到的心境,表达更加恳切、到位。再如冯沅君对李煜的描写,她感慨:"李煜的一生可以说是场豪华凄凉的梦,同时也可以说是首哀感顽艳的诗。"②冯沅君用"豪华凄凉的梦"和"哀感顽艳的诗"来形容李煜"如梦如诗"的一生,用词凄美,表达了对词人已逝的惋惜,同时流露出对同时拥有南唐后主和词人这两重身份的李煜表示深深的同情和感慨之情。在其著作《中国诗史》中,冯沅君从李煜的不同生活时期来描述他的心理变化过程及其对李煜词作的影响。从李煜的生活变化来感受他的词作,又从词中感受李煜的心理特征和生活状态,可见诗词研究的过程也是冯沅君情感表露的过程。在后来的散曲研究中,也处处可见她的这种情感。她曾将元朝的张可久与明朝的王磐相比较,对他们的曲作进行评价。冯沅君认为,张可久与王磐存在着相同特点:"一,骚雅;二,清俊;三,华美。"③三个唯美的词语概括了二人的曲作特点,也表露了冯沅君对他们作品的欣赏。同时,冯沅君也用了三对词语指出了他们的不同点:"一,张尚蕴藉,王尚放逸;二,张多凄惋;王多潇洒;三,王以俳谐名,张则否。"④"蕴藉"与"放逸","凄惋"与"潇洒","俳谐",一连串华丽辞藻的背后,冯沅君对他们曲作的解读已完全进入曲人的内心,体悟到了曲人丰富多彩的情感内心世界,这是一般人触摸不到的境界。

当然,冯沅君并不是对所有的作品表现出温柔,对不同的作品还是有她自己的情感和原则。比如冯沅君在研究黄庭坚的词作时就没这么温柔了。时人将黄庭坚与秦观并称,但是冯沅君认为黄庭坚并不如秦观。"他的词实无什么显著的作风,他是位依违在苏轼、柳永、秦观三人间的作者。大约黄词的豪放处近苏,艳冶俚俗处近柳,婉媚处近秦。"⑤在冯沅君的言语中,黄庭坚更像是一个模仿者,没有什么特色可言。最后冯沅君又犀利地总结了黄庭坚的作品特点:"大约黄庭坚少年时喜为艳语,所以词多近柳、秦;晚年备历忧患,多颓放之作,故又类苏。但他学苏而未得其清旷,学柳而未得其详

① 陆侃如、冯沅君:《中国诗史》,天津:百花文艺出版社,2008年,第410页。
② 陆侃如、冯沅君:《中国诗史》,天津:百花文艺出版社,2008年,第344页。
③ 陆侃如、冯沅君:《中国诗史》,天津:百花文艺出版社,2008年,第430页。
④ 陆侃如、冯沅君:《中国诗史》,天津:百花文艺出版社,2008年,第430页。
⑤ 陆侃如、冯沅君:《中国诗史》,天津:百花文艺出版社,2008年,第364页。

赡,学秦而未得其深切。"①言辞之间态度强硬,不像是对张炎词作那般温柔,直击黄词要害。虽然黄庭坚与张炎不同,但从这些学术研究成果中,我们可以体会到冯沅君在学术研究中的情感变化。

冯沅君在学术研究中投入了自己的细腻情感,她随着古人的情感而变化,随着文学作品所表达的情感而跌宕起伏。冯沅君将女性特有的细腻情感融入文学研究中,使得文学学术研究更富生命力。

(二)关注细节,使文学科学术研究更加准确

一般而言,"女性在嗅觉、触觉、色觉等方面分辨能力较强,因此,女性的观察能力比男性就强一些。又由于女性做事比较认真、仔细,所以总能发现一些男性所顾及不到的细微末节"。再者,女性对事物的知觉速度也比男性稍快,"女性较容易转移注意力,并能准确地把握细节,如在誊写动作中,这种优势更突出"。② 冯沅君就凭着女性这种特有的优势,在文学学术研究中,于细节处下足了工夫,有力地促进了文学科学术的发展。

1926年起,冯沅君发表了关于南宋词人张炎(号玉田)和周密(号草窗)的系列考证文章,有《玉田先生年谱拟稿》、《玉田家事及其词学》、《草窗年谱拟稿》、《草窗朋辈考》、《草窗词学渊源》等。从文章题目就可见得,冯沅君在研究两位词人时,从不同角度剖析了他们的个人经历及对词学的贡献。在考证周密及其词学时,除对周密生平做了翔实的考证外,更是考证了其朋辈,从他们之间的交往来看周密与词学的渊源。冯沅君对词人张炎的考证也同样如此。"她根据文学是现实反映的唯物论原理,总是先述历史背景,后评作家作品,评作家的艺术风格和作品技巧,既注意纵的发展,又重视横的联系,有分析,有比较,自成一家之言。"③她克服了烦琐的史料查阅工作,从细微处找到古人学者的真实经历和思想,力求对学术研究做到精致,这不仅彰显了冯沅君深厚的国学功底,更突出了她在学术研究工作中严谨的学术态度。

在编写《中国文学史》时,冯沅君和陆侃如夫妻俩考虑到涉及的内容繁杂,一蹴而就是不可能的,于是他们就量力而行,先整理、编写一部《中国诗史》。他们认为,一方面,中国诗歌体系混杂,没有一个清晰的眉目;另一方

---

① 陆侃如、冯沅君:《中国诗史》,天津:百花文艺出版社,2008年,第364页。
② 张李玺、宋辉:《女性心理》,北京:中国妇女出版社,1992年,第63—64页。
③ 山东大学校史编写组:《山东大学校史资料》1982年第3期,第74页。

面,一些人对中国文学研究存在极不严谨的态度,许多诗歌记载都存在偏颇,"他们不仅误信苏、李诗,而且变本加厉,认枚乘为五言诗的倡始者,全不管他是否可靠。他们不但以《九歌》解作忠君之思,并且拿六经来比附《离骚》。至于认为诗歌起于唐虞,认《国风》无情诗,更是极普遍的观念了"①。因此,冯沅君与陆侃如不仅将胡适先生的历史研究的考据方法应用到《中国诗史》研究当中,用十足的耐心和细心整理寻找线索,从而保证了《中国诗史》的科学性和准确性。这也是继王国维《宋元戏曲考》、鲁迅《中国小说史略》之后又一部具有开创性的文学史专著,极具创新性和学术性。在具体研究过程中,如在考证杨广(隋炀帝)的《望江南》八首时,冯沅君搜集了很多资料,认为这并不是杨广所作(这八首词见于韩偓的《海山记》。《海山记》说,杨广起西苑,凿五湖,作《湖上》八曲,令美人歌之),并列举了几项考证史料:

> 这八首词的伪证有三:
>
> 1.《海山记》是伪书,非韩偓作。关于这一点,鲁迅曾指出下列二证:一,《海山记》在《古今逸史》与《古今说海》中皆不著撰人,惟《唐人说荟》题为韩偓作。二,韩偓所作惟《金銮密记》一卷,诗二卷,《香奁集》一卷,"虽赋艳诗,未有秽史"(《唐宋传奇集》附《稗边小缀》)。
>
> 2.段安节《乐府杂录》说,《望江南》系李德裕镇浙日,为亡姬谢秋娘作。李德裕为中唐人,是《望江南》成于唐中叶,何得谓杨广作《望江南》?
>
> 3.万树《词律》说,唐人所作《望江南》皆系单调,至宋方加后叠,杨广词乃伪作。②

以往关于文学史的记载,大都存在类似的伪作,或是一些不负责任的学者妄加推断,使得史料难辨真假。冯沅君在研究过程中,仔细考量这些史料,翻阅大量的相关资料,一字一句都不疏忽、略过,她细细品味着这些文学史料,最终得出了可靠的结论,研究成果让人信服。冯沅君将女性研究者特有的细心倾注在文学史研究上,并形成了一贯的学术风格。

在后来的古剧研究上,冯沅君细致入微的学术品质亦随处可见。1935年,冯沅君、陆侃如夫妇留法归来,开始了新的教学和科研生涯。一次在北

---

① 赵海菱等:《冯沅君传》,北京:学苑出版社,2012年,第159页。
② 陆侃如、冯沅君:《中国诗史》,天津:百花文艺出版社,2008年,第307页。

京逛书店,两人偶然获得了明人纽少雅编写的《九宫正始》,王国维等许多著名学者都曾在著作中谈及此书,这对于研究南戏具有重要的意义,对中国古代文学的研究更是意义深重。以此为发端,冯沅君夫妇根据此书,开始研究元传奇,胡适先生也极为支持,并建议论文题目为《南戏拾遗》。自此,冯沅君的研究志向就由词和散曲转移到古剧研究上,并且收获颇丰。《南戏拾遗》虽然是辑录工作,但是对冯沅君来说至关重要,此后的数十年,她把全部精力倾注在古剧研究上,甚至在阅读古代小说时,她都仔细寻找蕴藏在小说中的古剧史料,如她撰写的《金瓶梅词话中的文学史料》中,就有"曲的盛行"、"笑乐院本的一个实例"、"演剧描写的启示"三节内容,足以见得她对古剧的痴迷和对细节之处的关注。冯沅君在古剧研究上投入的精力不亚于文学史研究,在撰写《孤本元明杂剧题记》一文时,她将元剧表演时的角色服装、念唱的功用和联套的程式进行一一考定,如发现其中细节有不妥之处,她就认真阅读全部剧本,并做笔记,每个关卡都非常精细。另外,冯沅君在研究元杂剧时曾校勘了钟嗣成的《录鬼簿》,又收集了许多元曲家的资料和其他相关的著述,不过她只是发表了《记侯正卿》和《元曲家杂考三则》,新中国成立后才又写了《王实甫生平探讨》,并没有急于一时,凭几项不充足的资料就大做文章,而是注重细节,慢工出细活,不轻易下结论。

在学术研究中,在每个细节上我们都能看到冯沅君所花的心思。"大胆假设,小心求证",正说明了一个学林仰重的文学史家的细心、严谨的学术品质。也正是她的细心、严谨、科学的态度,使得她的学术成果更具说服力,更具准确性和科学性。

(三)中西比较,使文学科学术研究视野更加开阔

冯沅君与陆侃如既是生活中的亲密伴侣,也是学术上的合作者。在留学盛行的时期,两人也计划用五年的时间积淀学术素养,一同赴法留学,到巴黎大学文学院攻读博士学位。冯沅君和陆侃如在国内都是知名大学的研究生,已有专著、论文发表,并在各大高校也担任过教职。他们选择留学国外,希冀通过学习别国的文学经典,进一步充实知识,扩大视野,以便采石他山,使学术研究更上一个新台阶。

留学期间,冯沅君对欧洲的戏剧、诗歌都很感兴趣,因此选修了这方面的课程,也利用自由的课余时间阅读了大量欧洲戏剧方面的著作,其中对欧

洲中世纪的 Fou① 特别感兴趣。她参照了中国古代倡优的文化背景,开始深入探讨中西文化的意义。《古优解》这部著作可以说是冯沅君留学经历的一个重要结晶。"学者们一致认为贯通中西,考辨翔实,标志着继王国维之后古代戏剧史研究的历史性进展,为澄清许多学术难题廓清了道路。"②在《古优解》中,冯沅君自觉地将西方与中国的文学观念相汇通,显示出其深厚的文学知识储备和广阔的学术视野。

"古优"是中国古代社会中的一类特殊人物,他们社会地位低下,但在古代文献和文学作品中却广泛存在。研究古优,对戏曲起源的深入了解具有重要意义,所以冯沅君很重视古优的研究。她说:"倡优是向来为人所轻视的行业,但它实是个值得学人们费番心思来研究的论题。因为在过去的三千年中,它给予政治、文学,以及民俗等等的影响是很深巨的。"③其实,最早将"古优"写入中国戏曲史,并作为学术研究对象的是王国维,他编写了《优语录》,将"古优"作为中国戏曲产生过程中一个不容忽视的重要因素来考察。冯沅君受其影响,在《优语录》的基础上,结合自己以往的文学研究经验,以及西方学术思想,撰写了《古优解》,对"古优"进行更深层次的研究。

《古优解》总共五个部分,分别对中国"古优"的起源、技艺、特征、影响等问题进行了全面深入的探讨。冯沅君以丰富的文献资料为基础,对"古优"问题提出许多独到的见解,她认为"古优"起源很早,"天子或诸侯在前八世纪早年已用优了",不过"用优的风气决不始于此时,或者竟始于西周初年"④。对于"古优"的演变,她认为其间经历了一个从巫到师、瞽、医、史,再到优的过程。人们之所以需要倡优,主要是"基于寻求笑乐的本能。这种本能虽不似饮食男女那些本能的重要、强烈,但也不容忽视"⑤;她将"古优"的技艺分为四种,即滑稽娱人、歌舞娱人、竞技娱人和音乐娱人;"古优"的特征,主要从形体、智力、服装、社会地位和生活五个方面进行了探讨;"古优"的影响是全书核心部分,特别是对戏曲产生发展的影响。她将其分成狭义和广义两个层面。狭义层面为"优人本身对于后代的影响",具体体现为对

---

① 法文,相当于英文的 fool,指中世纪宫廷中或贵族之家的弄臣、小丑。

② 刘博仓:《"新世纪中国古典文学研究暨纪念冯陆高萧国际研讨会"召开》,《文学遗产》2002 年第 1 期,第 134—136 页。

③ 冯沅君:《古优解》,重庆:商务印书馆,1944 年,第 1 页。

④ 冯沅君:《古优解》,重庆:商务印书馆,1944 年,第 7—9 页。

⑤ 冯沅君:《古优解》,重庆:商务印书馆,1944 年,第 15 页。

后世各个时期戏曲内容、风格、角色及演技的深远影响。广义层面则为"一切与滑稽有关的言行文字"①,具体体现为各类具有诙谐风格的文学作品。后来,基于史料的搜集、整理,冯沅君又撰写了《古优解补正》、《汉赋与古优》二文,对《古优解》中的观点进一步补充和说明。冯沅君所撰写的《古优解》最鲜明的特点,就是她将西方的学术研究方法和思想应用到自己的学术研究中。她将中国"古优"置于世界文化艺术的大背景下进行观照,视野开阔,表现出良好的学术素养。在探讨"古优"问题时,冯沅君充分借鉴西方对中世纪 Fou 的研究成果,并将其作为重要参照和补充,时刻将两者进行比较,从而得出更具科学性的研究结论。这种比较并不牵强,因为两者之间存在着诸多相似性,"都是以诙谐娱人,能歌舞,其诙谐的言动往往足以排难解纷"②,而且"西方学者对于古 Fou 的认识,实比中国治戏剧史者对于'古优'的认识精深得多,从他们的作品中我们可得到不少启发"③。通过与西方中世纪 Fou 的横向比较,中国"古优"的特点体现得更为鲜明。

在丰富的史料资源基础上,冯沅君融合西方的研究成果和方法,论证有据,以更加广阔的文学视野审视中国文学的学术研究。再者,戏曲的起源问题是戏曲研究中的一个至关重要的问题,也是一个较为疑难的问题,从王国维开始,不断有研究者对此问题进行探讨。冯沅君以古优为切入点,通过搜集中西文献,对古优各个方面进行精细考察,理清戏曲产生过程中的一个关键环节,将这一问题的研究向前推动了一步,这也是冯沅君在戏曲研究中取得的一个重要的学术成就。

总之,冯沅君是中国近现代文学史上著名的作家、文学家、戏剧家,也是我国最早的大学女教授之一。在长达四十余年的时间里,冯沅君一面在大学教书,一面潜心研究中国古典文学和戏剧,造诣颇深,成绩斐然,在学术界为人推崇。冯沅君以执着而独特的学术魅力,不仅在文学科研究领域占有一定的学术地位,而且对近代中国文学科学术发展具有很大的推动作用。

---

① 冯沅君:《古优解》,重庆:商务印书馆,1944 年,第 65 页。
② 冯沅君:《古优解》,重庆:商务印书馆,1944 年,第 1—2 页。
③ 冯沅君:《古剧说汇》,上海:上海书店,1989 年,第 341 页。

二、林徽因与建筑学科的学术发展

林徽因是我国近代著名的诗人，更是中国近代史上第一位女建筑专家。林徽因学贯中西，生长于传统的中国文化氛围中，也成长在近代较为开明的社会转型期，早期的留学经历，以及对文学的热爱和天赋，使她成为"人间最美四月天"。她对建筑的热爱贯穿一生，并且取得了丰硕成果，在建筑学学科学术研究中留下了浓墨重彩的一页。

1904 年，林徽因出生在浙江杭州陆官巷的一个官宦人家，祖籍福建闽县。祖父林孝询，字伯颖，进士出身，授翰林院编修，后外放任浙江海宁、孝丰、仁和、石门等州县地方官，晚年投股上海商务印书馆。他思想开明，注重教育，不分男女，送子侄多人赴日留学。祖母游氏，好读书，工书法，擅女红。父亲林长民，字宗孟，幼年从林纾习国学，中秀才后放弃举业学英、日文。两度赴日本早稻田大学学习政法。回国后积极倡导宪政，曾先后任民国参议院、众议院秘书长和段祺瑞政府司法总长。1919 年巴黎和会上山东问题失败，林长民积极参与政治活动，高呼"山东亡矣"，警醒国民。祖父和父亲虽身为官宦，但都兼具出色的文学修养，对子女的教育也十分重视。林徽因的母亲何雪媛是父亲的继室，生于小作坊，生活殷实，在家排行最小，娇生惯养，有小姐脾气，却没有什么文化，是传统的旧式女性，林徽因在后来与母亲的相处中，也多次抱怨母亲在自己学术和生活中的牵绊。

在文明开化、重视教育的官宦家庭中长大，林徽因从小就受到良好的教育。1920 年，林徽因随父亲赴欧考察，在伦敦的一年半时间，对林徽因的人生历程具有转折意义，不仅扩大了眼界，而且从此立志献身于建筑科学。1921 年，林徽因随父亲回国后继续在上海培华女子中学读书。1924 年 6 月，林徽因和梁思成一起赴美就读费城滨州大学，但是由于建筑系不招收女生，林徽因并没有如愿，只得选择美术系，好在美术系与建筑系同属美术学院，加之梁思成在建筑系，林徽因自然不必为学不到建筑课程而烦恼。林徽因的聪明使她如期获得了美术学士学位，作为建筑系的旁听生，竟然也被聘为建筑设计教师助理，不久便成为这门课的辅导教师。

学成归国后，林徽因和梁思成在东北大学创办建筑系，开始了艰苦而又富有成就的建筑学研究事业。她一边教学一边搞建筑学学术研究工作，并到各地进行古建筑考察。"作为一个古建筑学家,母亲有她独特的作风。她把科学家的缜密、史学家的哲思、文艺家的激情融于一身。从她关于古建筑的研究文章,特别是为父亲所编《清式营造则例》撰写的'绪论'中,可以看到她在这门科学上造诣之深。她并不是那种仅会发思古之幽情,感叹于'多少楼台烟雨中'的古董爱好者;但又不是一个仅仅埋头于记录尺寸和方位的建筑技师。在她眼里,古建筑不仅是技术与美的结合,而且是历史和人情的凝聚。"①林徽因在建筑学术研究中,不仅取得了优秀的建筑学成果,而且形成了独特的学术研究特征,将古建筑研究搞得绘声绘色,她将女性特有的灵气和诗意融入建筑学科的学术研究,使得原本枯燥的建筑学科变得生机盎然,充满活力,对建筑学学科的学术有了新的理解和诠释。

(一)用科学的方法研究古建筑学术

科学的研究方法在学术研究工作中是极其重要的,关乎学术成果的真实性、客观性和科学性。林徽因在研究古建筑学学科学术时,结合文献查阅、实地调查、测绘等多种科学研究方法,大大提高了古建筑学术研究的科学性和准确性。她考察研究了许多县、村的几百处古建筑,成果显著,对建筑学科学术发展产生了重要影响。

文献法是研究古建筑最为普遍应用的科学方法,林徽因在考证古建筑的年代、作者、结构等特征时先翻阅大量的文献资料,综合考量史料,对照实物,最后得出具有说服力的考证结果。一次,林徽因在《大公报》上看到一篇文章《天宁寺写生记》,其标题"隋朝古塔至今巍然矗立,浮雕精妙纯为唐人作风",令林徽因产生怀疑,认为这种鉴定太过武断,没有事实依据。因此,林徽因决定写一篇关于如何鉴定天宁寺塔的文章,科学考据天宁寺,也是作为鉴别建筑年代方法程序的意见,确保建筑考证工作的科学性。在文章《由天宁寺谈到建筑年代之鉴别问题》中,林徽因查阅了《日下旧闻考》中几乎所有有关天宁寺的资料,包括《神州塔传》、《续高僧传》、《广宏明集》、《帝京景物略》、《长安客话》、《析津日记》、《隩志》、《艮斋笔记》、《明典汇》、《冷然志》等。在翻阅这些文献资料的基础上,又结合乾隆重修天宁寺的碑文和许多题诗,了解了天宁寺的发展历程以及众多建造说法。文献法在林徽因考察古建筑的工作中应用很普遍,这是考察工作的基础。在考察北宋、辽、金建

---

① 梁从诫编:《林徽因文集》(文学卷),天津:百花文艺出版社,1999年,第423页。

筑的时候,林徽因也查阅了大量的文献资料,对三朝建筑特征做了详细梳理和说明。比如《宋史·地理志》《玉海》《汴京遗迹志》《辽史·营卫志》、《辽史·地理志》《日下旧闻考》《大金国志》《金史·太祖本纪》《金史·世宗本纪》《金史·地理志》等,这些文史资料记载了许多三朝旧事。林徽因考察三朝建筑,通过查阅文献资料,整理了古建筑的发展历程和形成特点。

实物考证也是林徽因在古建筑研究过程中普遍应用的科学方法。如考察天宁寺建造年代时,虽然查阅了大量的文献资料,但历代资料对天宁寺的年代却没有一个准确的记载,存在诸多重复抄袭、迷信传说之类,模糊不清。因此林徽因认为,文献资料记载已然不能确定天宁寺的年代,只能从建筑的形式上来鉴别其年代。林徽因从两个方面来观察考证天宁寺:一是整个建筑物的形式,也就是天宁寺的图案概念。从这一方面来说,林徽因观察天宁寺的结果认为,其平面和轮廓特点都不是唐以前的建筑师所为,因此天宁寺也绝不是隋朝的建筑;二是根据建筑各个结构的手法或作风,可以辅助建筑图案概念考察不足的证据,利于鉴别,考证结果也更加可靠。天宁寺的斗拱、雕刻风格和特征显然不是隋唐的建筑作风。因此,综合两个方面的观察结论,林徽因认为,天宁寺塔与辽代房山云居寺南塔的样式、手法相似,年代应略同,是辽末的建筑。根据记载模糊的文献资料,加之应用实物考证的科学方法,林徽因鉴别了天宁寺的建筑年代,同时给出了一套科学考证建筑年代的基本程序,供后世参考。

建筑实物测绘也是实地调查方法中的一种,在林徽因的考察工作中应用广泛,以便了解建筑的整体建构。实物测绘是"应用测量学、图学的原理和方法,对建筑遗产的空间几何信息进行采集和表达的活动"[①]。实物测绘可以客观、忠实地反映建筑本身,对研究古建筑具有重要作用,也是建筑学术研究中必不可少的研究方法。1931年至1937年间,林徽因在中国营造学社参与了多次野外实地测绘研究。"西北距甘肃不远的耀县,东南到了福建的宣平。北京八大处,山西大同的华严寺、善化寺及云冈石窟;太原、文水、汾阳、孝义、介休、灵石、霍县、赵县的四十多座寺庙殿阁,河北的正定隆兴寺,苏州的三清殿、云岩寺塔,杭州的六和塔、金华的天宁寺、宣平的延福寺;开封的繁塔、铁塔、龙亭;山东有十一个县,包括历城神通寺和泰安岱庙,以

---

① 李婧:《中国建筑遗产测绘史研究》,天津大学博士论文,2015年,第1页。

及西安的旧布政司署,陕西的药王庙,处处留下了林徽因的身影。"①对每一处的古建筑,林徽因都严谨、科学地做了测绘工作,哪怕蛛丝马迹,她也不辞辛苦地把它们一一记录下来。在五台山考察唐代建筑佛光寺东大殿时,林徽因同中国营造学社的同仁们一起开展测绘工作,将佛光寺的每个结构都拍照存档,以便后期研究。工作了几天,林徽因突然观察到殿内的梁底有墨迹,但因梁有两丈高,上有尘土掩盖,光线也不足,很难辨认上面的字迹。因林徽因素来有些远视,一眼就辨认出"女弟子宁公遇"的字迹。为了获得完整的题字,学社同仁支起高架,准备一探究竟。第一个迫不及待爬上高梁的就是林徽因,仔细观测后,她最终辨清梁上题字。对每一个小小细节都进行仔细测绘,这是林徽因在古建筑考察工作中一直坚持的学术原则。

林徽因在建筑学术研究中,坚持应用科学的研究方法探寻古建筑学术。在文献查阅的基础上,结合实物考证、测绘等科学的研究方法,在古建筑学术研究中收获了丰硕的研究成果,推动了建筑学科的学术发展,在建筑史上堪称典范。

(二)探索民族特色的建筑创作

中国文化历经千年,博大精深,建筑文化也是绚丽多彩,很有民族特色。林徽因对建筑学术研究具有很高的热情,特别是对中国古建筑的学术研究。近代以来,侵略势力侵蚀着中国各地的名胜古迹,具有民族特色的古建筑也如国家命运飘摇不定,不得安宁。"如果我们到了连祖宗传留下的家产都没有能力清理,或保护;乃至于让家里的至宝毁坏散失,或竟拿到旧货摊上变卖;这现象却又恰恰证明我们这做子孙的没出息,智力德行都到了不能再堕落的田地。睁着眼睛向旧有的文艺喝一声'去你的,咱们维新了,革命了,用不着再留丝毫旧有的任何知识或技艺了'。这话不但不通,简直是近乎无赖!"②林徽因投入到中国古建筑的考察工作中,除了受建筑之美的吸引,还怀揣着研究、保护中国特色古建筑的学术使命,积极探索中国古建筑所蕴含的民族特色。

中国建筑作为东方建筑,自成独立系统,所蕴含的特色非常显著。在技术上,支撑整个建筑的木造结构是中国建筑最显著的特色。这种木造结构

---

① 陈学勇:《莲灯微光里的梦——林徽因的一生》,北京:人民文学出版社,2008年,第75—76页。

② 梁从诚编:《林徽因文集》(建筑卷),天津:百花文艺出版社,1999年,第29页。

主要表现在斗拱、屋顶、色彩和均衡对称的平面布置。

林徽因在考察工作中,对木造结构的各个部分做了详细调查,其中,兼具科学与美术风格的就是建筑"斗拱"。"斗拱"是衔接屋顶与立柱之间的部分,它是"多数曲木与斗形木块结合在一起,用以支撑伸出的檐者"①。林徽因考察了众多木造结构的古建筑,都有"斗拱"这个极具智慧的重要部分。比如山西汾阳县峪道河的龙天庙,其正殿前檐的斗拱,约有柱高的四分之一,布置疏朗,林徽因形容为"当心间用补间铺作一朵,次间不用。当心间左右两柱头并补间铺作均用四十五度斜拱","细查各拱头的雕饰,则光怪陆离,绝无古代沉静的气味;两平柱上的丁头拱(清称雀替),且刻成龙头象头等形状"②;崇胜寺正殿的斗拱结构,"每间只用补间铺作一朵。前后各出两跳,单抄单下昂,重拱造,昂尾斜上,以承上一缝转。当心间补间铺作用四十五度斜拱"③;国宁寺"下檐前面的斗拱,不安在柱头上,致使柱上空虚,做法错谬,大大违反结构原则,在老建筑上是甚少有的"④。林徽因考察了大量中国木造建筑中的斗拱,并进行了详细的描述和记载。屋顶本是遮风蔽雨的实用部分,林徽因在考察古建筑时,对这一部分的构造和艺术美感也做了深刻探究。她发现古人为合理处理雨水和光照问题,设计了极具聪明的飞檐。屋顶瓦片层层迭进,脊瓦的雕饰美轮美奂。林徽因考察山西霍县的东福昌寺时,看到正殿的屋顶非常奇特,"殿本身屋顶与其下围廊顶是不连续成一整片的,殿上盖悬山顶,而在周围廊上盖一面坡顶(围廊虽有转角绕殿左右,但止及殿左右朵殿前面为止)。上面悬山顶有它自己的勾滴,降一级将水泄到下面一面坡顶上"⑤。这样的屋瓦结构让林徽因非常兴奋,惊叹除了日本奈良法隆寺外,中国本土也有这样瑰丽的屋顶建构。屋檐流转的曲线之美,加之屋瓦的层层延伸,中国古建筑显露出了磅礴气势,巍然仁立,独具智慧。林徽因还对古建筑中的色彩、花纹深为惊叹。她在考察云冈石窟时,对云冈石刻中的色彩和花纹做了详细记录。飞仙、莲瓣、璎珞及一些兽形雕饰在林徽因的眼中似乎都活了起来。她刚进到石窟中,就被这巧夺天工的艺术氤氲惊呆了。她仔细描绘石窟中的雕刻、花纹及色彩,后来撰写了文章《云冈

---

① 陈学勇编:《林徽因文存》(建筑),成都:四川文艺出版社,2005 年,第 39 页。
② 陈学勇编:《林徽因文存》(建筑),成都:四川文艺出版社,2005 年,第 58—59 页。
③ 陈学勇编:《林徽因文存》(建筑),成都:四川文艺出版社,2005 年,第 60 页。
④ 陈学勇编:《林徽因文存》(建筑),成都:四川文艺出版社,2005 年,第 61 页。
⑤ 陈学勇编:《林徽因文存》(建筑),成都:四川文艺出版社,2005 年,第 67 页。

石窟中所表现的北魏建筑》,对云冈石窟之美做了系统阐述,以记录中国古建筑中独特的艺术成就。此外,林徽因还发现中国古建筑均衡对称,左右均分的平面布置。她在考察北平郊区卧佛寺时,发现卧佛寺从前面的牌楼到后殿,都是建在一条中线上,两侧建筑均衡对称。她还对北京的其他几个文物建筑进行考察,其平面布置也大多如此,特别是故宫,三宫六院都是分布在中轴线的两侧,东西两侧明显对称,左右均分。虽然这种均衡对称的平面布置是中国古建筑的显著特征,但林徽因也看到中国古建筑中的另一种美。它的美在于"整体建筑的和谐、层次的变化、主次的分明。中国宫廷建筑的对称,是统治政体的反映,是权力的象征。这些亭子单独看起来,与整个建筑毫不协调,可是你们从总体看,这飞檐斗拱的抱厦,与大殿则形成了大与小、简与繁的有机整体,如果设计了四面对称的建筑,这独具的匠心也就没有了"①。总之,林徽因抱着弱病之躯,长途跋涉,翻山越岭,用一双慧眼把斗拱、屋顶、色彩和均称等古建筑中富有民族特色的构造一一挖掘、分析,为中国建筑史学术研究翻开了新的一页。

　　民居也是中国民族建筑的重要内容之一。林徽因也是探索和保护具有民族特色的民居建筑的先行者。她的学生回忆道:"林先生很早便对民居等民间建筑很重视了。听说有这样件往事,梁、林两先生只有一台照相机。梁先生要照斗拱,林先生要照民居,时常为此争执不下,后来还是林先生做了让步。"②可见,林徽因对民居的关注很早就开始,并且非常重视。早期参与中国营造学社去山西考察古建筑时,林徽因特别关注山西民居,在文章《晋汾古建筑预查纪略》中详细描述了山西民居的特点。据同行的美国好友费慰梅回忆说,他们特别喜欢山西当地的主要民居——窑洞,住的地方也是当地一座古老的磨坊。③ 山西特色的民居建筑吸引着林徽因这位建筑学家、艺术家的眼球。除了窑洞、磨坊,林徽因还迫不及待地探寻了其他山西民居类型,比如门楼、砖窑、农庄内民居、城市中民房以及山庄财主的住房。由于山西民居建筑复杂,不同类型的民居有不同的建筑特点,林徽因在考察过程中只能略举一二,分别描绘这些民居类型的不同特点。这次山西民居的考察经历为林徽因在住宅建筑方面的研究积累了经验。1945 年,林徽因在《中国

---

　　① 　林杉:《林徽因传——一代才女的心路历程》,北京:九州图书出版社,1998 年,第129—130 页。

　　② 刘小沁编选:《窗子内外忆徽因》,北京:人民文学出版社,2001 年,第 184—185 页。

　　③ [美]费慰梅著,成寒译:《林徽因与梁思成》,北京:法律出版社,2010 年,第 94—95 页。

营造学社汇刊》第 7 卷第 2 期上发表了《现代住宅设计的参考》一文,针对中国住宅建筑现实做了专门研究。1949 年,林徽因在清华大学建筑系又开设了"住宅概念"的专题课,将其对中国住宅的探索研究系统传授给学生。林徽因对中国民居、住宅的关注,也为中国建筑学理论和实践留下了宝贵的财富。

林徽因在富有民族特色的事物上是毫无免疫力的,无论是遇到乱石杂草中的一处古建筑,还是其他具有民族艺术气息的东西,都能在她那里找到自己的价值,就像她对待濒临灭绝的民族艺术景泰蓝那样,"景泰蓝是国宝,不能在新中国失传"①。她是优秀的建筑学家,也是民族传统文化的传承者和捍卫者。林徽因在研究中国古建筑工作中,着眼于中国建筑的民族特色,唤醒全民族保护中国古建筑的意识,也有助于继承和发扬中华民族特色的建筑文化。

(三)在建筑学术领域注入诗意

林徽因享有一代才女的美誉,她有六十多首诗歌、十多篇散文、六篇小说和一部未完的四幕剧,几乎篇篇都是精品。她是一个富有灵性的诗人,她的《你是人间的四月天》、《莲灯》等诗作,充分展示了她敏于感受的气质、长于思考的睿智;她的散文《窗子以外》、《彼此》等,意蕴深远,文中带豪,不同于以往闺秀的学者风范;她的小说《九十九度中》、《窘》等,以自然纯真的语言和独特审美情趣,给人以轻灵飘逸的美感;她还未完成的剧本就如"闷热天气中一剂清凉散"②。林徽因把这些才情都融于她所钟爱的建筑学术研究中,使得本来枯燥乏味的建筑学术变得有情有致,富有诗意和灵气。

首先,林徽因的诗歌中常常会以建筑为抒发情感的载体。她将对中国古建筑的了解和热爱应用于诗歌作品中,在文学上对建筑形象加以描绘,表达富有美感的心灵。如林徽因的诗歌《深笑》中有这样的句子:

> 是谁笑成这百层塔高耸,
> 让不知名鸟雀来盘旋?
> 是谁笑成这万千个风铃的转动,

---

① 林杉:《林徽因传——一代才女的心路历程》,北京:九州图书出版社,1998 年,第 437 页。

② 朱光潜:《朱光潜全集》(第八卷),合肥:安徽教育出版社,1993 年,第 531 页。

从每一层琉璃的檐边摇上云天?①

　　读到这样的诗句,脑海中不禁浮现出鸟雀盘旋于高耸的百层塔、琉璃檐边的风铃欢快地与那白云嬉戏的画面。中国的宝塔是自下而上层层递减,而非上下垂直一致的。正是这种简单明了的层次美,使得中国宝塔有了"高耸"的巍然效果。在这首诗中,我们可以理解为百层塔檐边的风铃转动就是那笑声,加上不知名鸟雀的合鸣,视觉转化为听觉,笑声悠扬,直插云天。读诗的人听到这笑声,好似这塔就在眼前,仿佛能看见到这塔的美。而站在塔的跟前,又好像听到了那清脆的笑声。还有琉璃的飞檐,如前所述,这是中国建筑独具特色的部分,加上风铃的转动,诗中的描绘使得冰冷、僵硬的建筑物有了一股飘逸的动感,整个建筑就有了活泼生气,充分流露出诗句的艺术感染力,读来仿佛让人经历了一场审美之旅。这种建筑和诗歌艺术的交织融会,耐人寻味,给人以美的享受。

　　其次,在建筑学科学术研究中,也不乏诗歌和散文一样的研究报告。林徽因在山西考察时,在应县木塔的研究报告中写道:"这塔的现状尚不坏,虽略有朽裂处。八百七十余年的风雨它不动声色地承受了,并且它还领教过现代文明:民十六七年间冯玉祥攻山西时,这塔曾吃了不少的炮弹,痕迹依然存在,这实在叫我脸红……"②林徽因视木塔为一个活着的人,在枪林弹雨中默默"承受","领教"敌不过的攻击。这是一个建筑家对古建筑的疼惜,也是对时局动荡的厌倦。这种拟人的手法在林徽因的建筑著作中比比皆是。在文章《我们的首都》中,她对中山堂的描写:"它是这个古老的城中最老的一座木构大殿,它的年龄已有五百三十岁了。它是十五世纪二十年代的建筑,是明朝永乐由南京重回北京建都时所造的许多建筑物之一……"③这样俏皮可爱的语言乍一看仿佛是在描写一个相识很久的老朋友,使得中山堂有了生命,更加吸引人去目睹它的美。

　　再次,林徽因也把诗意融入了建筑考察工作中。在龙门石窟考察时,一进龙门,林徽因就被石窟强大雄浑的气势震撼了,不停感慨:"太美了,真是奇迹。"此时,同行的刘敦桢说:"徽因,又写诗了?"④从这样的对话中,我们能

①　林徽因:《林徽因作品精选》,武汉:崇文书局,2011年,第15页。
②　梁从诫编:《林徽因文集》(建筑卷),天津:百花文艺出版社,1999年,第33页。
③　梁从诫编:《林徽因文集》(建筑卷),天津:百花文艺出版社,1999年,第364页。
④　林格:《林徽因传——一代才女的心路历程》,北京:九州图书出版社,1998年,第305页。

感受到林徽因是带着诗意在考察,再艰苦的考察环境都没有影响她的诗意。她在给费慰梅的信中,也提及了见到龙门石窟时的感受:"我径坐在龙门最大的露天石窟下面,九座最大的雕像以各种安详而动感的姿态或坐或立地盯着我看(我也盯着他们!)……我完全被只有在这种巨大的体验中才会出现的威慑力给镇住了。"①在一个建筑家的眼中,在一个诗人的心中,没有哪一块石头是冥顽不化,死气沉沉的。在林徽因的诗和建筑学术研究中,一砖一瓦都有了它的意义,有了生机。她对"建筑意"、"建筑美"的感情,就像她的诗《激昂》中所说的:"献出我最热的一滴眼泪,我的信仰,至诚,和爱的力量,永远膜拜,膜拜在你美的面前!"②林徽因在考察工作中曾说:"中国建筑的演变史在今日还是个灯谜,将来如果有一天,我们有相当的把握写部建筑史时,那部建筑史也就可以像一部最有趣味的侦探小说,其中主要人物给侦探以相当方便和线索的,左不是那几座现存的最古遗物。"③正如此,她的考察工作就像在做侦探,不断摸索着线索,勘测不同的古建筑。这部小说在她诗情画意的雕饰下显得更加动人有趣,她用建筑家的眼睛来审视古建筑的美,又用诗人的心灵感应杂草中的每一处楼台。

林徽因有着"建筑家的眼睛,诗人的心灵","她在中国建筑史,尤其是雕饰史方面有很深的研究。她所写的古建筑调查报告,充满了诗意。她所写的诗歌,又洋溢着建筑意。她那超群的才气,使她事事独具慧眼"。④ 这种诗中有建筑,建筑中又蕴含诗意的艺术风格,使得林徽因在古建筑研究中能够摆脱枯燥乏味的框架,将建筑学研究成果表达得生动、形象,从而建构一个独特细腻的建筑学研究体系。"严肃而又十分专门的科学研究工作并没有限制林徽因文学家的气质。相反,这两方面在她身上总是自然结合、相得益彰的。"⑤

综上所述,作为中国第一位女建筑学家,林徽因用科学的方法和态度来研究古建筑,注重古建筑民族特色的挖掘和保护,并把诗意带入建筑学研究之中。她的学术成就卓著,先后发表《论中国建筑之几个特征》、《平郊建筑杂录》、《闲谈关于古建筑的一点消息》、《晋汾古建筑预查纪略》等论文,并参

① [美]费慰梅著,成寒译:《林徽因与梁思成》,北京:法律出版社,2010年,第119页。
② 林徽因:《你是那人间四月天》,南京:译林出版社,2015年,第9页。
③ 梁从诫编:《林徽因文集》(建筑卷),天津:百花文艺出版社,1999年,第30页。
④ 刘小沁编选:《窗子内外忆徽因》,北京:人民文学出版社,2001年,第342页。
⑤ 梁从诫:《不重合的圈:梁从诫文化随笔》,天津:百花文艺出版社,2003年,第30页。

与撰写《中国建筑史》、《全国文物古建筑目录》等书籍。林徽因凭着对建筑的挚爱、女性的敏感,为近代中国建筑学学科学术的发展增添了新的色彩。

三、俞庆棠与民众教育学科的学术发展

俞庆棠作为我国民众教育的拓荒者,一生致力于民众教育研究,探索民众教育理论,成为"民众教育的保姆"。她带着母爱研究民众教育,扎根实践进行学术研究,并善于借鉴国外的教育思想,最终形成了自己独特的学术研究风格,有力地促进了中国民众教育学术的发展。

俞庆棠,字凤岐,祖籍江苏太仓,1897 年生于上海。她生长在一个进步的知识分子家庭。父亲俞棣云精通电学,在上海电报学院任职二十多年,为中国电讯事业的发展培养了大批优秀人才。父亲廉洁、进取的个性品质影响着俞庆棠,使她在为民众教育事业奋斗的过程中,时刻保持着廉洁奉公、拼搏进取的精神品质。母亲顾瑞芝贤良淑德,知书达理,她对俞庆棠的管教严慈相济。俞庆棠还有两个非常优秀的哥哥,在她投身社会运动、探索民众教育的艰苦过程中,两位哥哥都给予了很大的帮助。长兄俞庆思在美国获得医学博士,回国后在上海从事医生职业。他不但医术精湛,思想上也很进步,在辛亥革命中积极参与救援活动。二哥俞庆尧自幼爱好新闻,"五四"时期担任《时事新报》副刊《学灯》编辑,宣传和介绍各种新思想,积极参加反帝反封建斗争。父母、兄长们的进步思想和高尚情操对俞庆棠影响很大。在俞庆棠学术探索的历程中,随处可见她坚韧、独立的人格特征以及忧国爱民的思想情感。

1911 年,十四岁的俞庆棠进入上海务本女塾读书,初步接触了中西方科学知识。她好学上进,成绩优秀,为以后的学术深造打下了深厚基础。1914 年,俞庆棠从上海务本女塾毕业后做了一年小学教师。1916 年,进入中西女塾继续读书,但因不满学校管理和课程安排,便转入上海圣玛利亚书院,这是一所由美国基督教圣公会创办的教会学校,相当于高中程度。这一时期,俞庆棠积极融入"五四"浪潮中,饱受新文化、新思想的滋润,开始尝试写文章,以此表达她对时局的看法。1919 年圣玛利亚书院的院刊《凤藻》上就刊登了俞庆棠《大战后我国妇女应有之觉悟》的文章。此外,俞庆棠作为学生会主席,积极投入到"五四"运动的浪潮中,她带领同学们游行,宣传新思潮,还出演戏剧以募捐筹办贫民夜校。无论条件多么恶劣,她都不辞辛苦地坚持到夜校教学,与人民群众频繁接触,被人民群众淳朴、善良的品质所感动,对人民群众的情感也进一步增进,这为她后来从事民众教育事业积累了丰富经验。

1919 年俞庆棠赴美留学,进修教育。她先进入美国特拉华女子大学,后转入哥伦比亚大学。哥伦比亚大学名师云集,有教育家杜威、克伯屈、孟禄等人,他们的思想理念在当时受到很多国家推崇,影响深远。俞庆棠在他们的引导和影响下,发愤刻苦,增长了知识,拓展了教育视野。同时,俞庆棠在国外的生活更使她清楚地看到发达国家的蓬勃发展,激起她立志救国的教育宏愿。1922 年,俞庆棠仅用两年的时间就修完了大学课程,从哥伦比亚大学师范学院获得学士学位。怀着为国为民服务的教育热情,她返回了国内,开始了民众教育的学术研究。

1927 年蔡元培效仿法国,在全国实行大学区制,俞庆棠被任命为第四中山大学教授兼任扩充教育处处长。随后,她便开展了一系列民众教育探索,如开办民众教育学校,推进民众教育实验,建立民众教育实验区,另外还领导创设了中国社会教育社,作为研究社会教育、交流研究成果的学术团体。

虽身为女性,但俞庆棠并没有委身于平淡无奇的传统女性生活。她将一生献给了人民群众,为民众教育事业奋斗终生,成了"吃野草下去,流鲜血出来"[①]的民众教育保姆。她的民众教育学术研究的特征亦十分明显。

(一)带着关爱研究民众教育

俞庆棠同情劳苦民众,他们生活悲惨,缺乏教育。同时她对国家深陷危难也感到十分痛心。因此,她全身心投入到民众教育研究中,带着关爱探索解救国家和民众的道路。

关爱劳苦大众的教育和生活是俞庆棠进行学术研究的出发点。俞庆棠在教育实践过程中深刻感受到"中国的教育,只顾到一部分学龄儿童,踏进学校大门的,在城市大都是中产以上的子弟,在乡村大都是地主的子弟,至于劳苦大众和他们的子女,绝大多数被拒于学校大门之外"[②]。而在生活上,下层人民尤其是乡村民众还承受着沉重的苛捐杂税、生产低下等压力,生活

---

① 1949 年中央教育部举行俞庆棠追悼大会,政务院文化教育委员会送的挽联。

② 中国现代教育家传编委会编:《中国现代教育家传》(第四卷),长沙:湖南教育出版社,1987 年,第 160 页。

难以为继。俞庆棠怜悯和同情劳苦大众,立志要为民众办教育,改善民众生活。1928 年,俞庆棠在江苏苏州开办了一所民众教育学校——江苏大学区民众教育学校,后改为江苏省立教育学院。在办学过程中,依据劳苦大众实际情况,俞庆棠亲自编写教材及学校各类章程,如《中央大学区民众教育学校简章》《中央大学区民众教育实施纲要》等。俞庆棠深入民众生活,体恤民众实际,从学术视角对民众教育的对象、内容、范围等进行界定,期望劳苦民众能够得到更多的教育。如 1927 年俞庆棠在《教育行政周刊》上发表了《扩充教育的意义和范围》一文,她结合民众实际生活确定了民众教育的范围。扩充教育包含了两个方面:一方面包括狭义的社会教育、劳动教育、平民教育、职业教育、各种补习教育、特殊教育、公民教育、艺术教育等。另一方面是指广义的社会教育,以全社会为对象,适应社会需要,“不择人,不择地,随处可以有教育的设施”①。俞庆棠为民众提供的教育满足了民众精神、物质等多方面需要,教育对象也很广泛,一般劳苦大众都可以享受到教育机会。1931 年她在《民众教育月刊》上发表《民众社会教育谈》一文,更加具体、系统地阐述了民众教育的概念和目标,民众教育研究更加深入。她认为,发展早期的民众教育是属于狭义社会教育的范畴,同样是对失学青年的补习教育。但民众教育的概念和范围远不止于此。她强调“民众教育的事业,有学校式的,就称为民众学校教育,社会式的,就称为民众社会教育”②,这就将民众教育与社会教育加以区分,民众教育更加具有针对性和系统性,贴合民众实际。与此同时,俞庆棠在考察农村生活的基础上,发表大量文章,深入分析农村落后的原因,并提出了相应的救济方法。如《中国农村衰落的原因和救济方法》《对讨论乡村建设具体方案的意见》《民众教育理论的探讨》等,文章分析了民众的悲苦生活和惨淡的经济生产,强调实施民众教育、确定社会教育的目标,强调民众教育要从民众的实际生活出发,注重民众的生计问题。并在此基础上,总结民众教育经验和理论。俞庆棠抱着对民众深深的同情和关爱展开民众教育研究,深入贫苦民众的实际生活,这种同情和关爱正是俞庆棠进行学术研究的出发点。

关爱妇女教育是俞庆棠民众教育学术研究的重点。俞庆棠在中学期间就已经对女子教育有所关注,她认为我国妇女应该要有“识公理守正义之觉悟”、“修养道德之觉悟”,更应该认识到自身与欧美妇女的差距和原因,及时

---

① 茅仲英、唐孝纯编:《俞庆棠教育论著选》,北京:人民教育出版社,1992 年,第 6 页。
② 茅仲英、唐孝纯编:《俞庆棠教育论著选》,北京:人民教育出版社,1992 年,第 28 页。

补救不足。而针对补救的办法,俞庆棠提出普及教育的主张,认为"苟教育普及,则我妇女常识自然充足,天职自然力尽,而社会之文明程度,自然提高"[1]。提高妇女的思想觉悟就要通过教育使之解放。在民众教育工作中,俞庆棠倡导设立民众学校,主张男女同学,另外还根据具体情形特设了若干女校,在工人的工作处和住处都设立民众学校,招收工人妻子入学,教给她们生产、生活的知识,这不仅增长了妇女的知识,也开化了她们的思想。抗日战争全面爆发后,俞庆棠积极开展后方工作,关爱抗战军人家属及乡村妇女,每日奔波不停。很多妇女到她开办的妇女培训学校,半天学文化,半天做工。其中也有当了"老二(土匪)"的人请求俞庆棠同意其妻子来校做工学习,俞庆棠毫不介意,她说:"不管'老二'、'老三',我们对穷苦的妇女来读书、做工,一概欢迎。"[2]言语中表达了俞庆棠对广大妇女教育的关心和重视。经过多年的实践积累,俞庆棠对女子教育的认识愈发丰富,发表了很多文章来阐述其观点。如1933年发表的《我之女子教育观》,文章系统分析了我国女子教育的中心问题、目标及背景,并提出了改进女子教育的意见。俞庆棠认为,为发展社会、建设乡村,就必须注重女子教育,在学校课程设置上要有所改进,使其适应女子发展的需要。1934年,俞庆棠发表了《三年来之中国女子教育》一文,采用历史、统计、比较等方法总结和分析了1931年至1933年这三年的女子教育发展情况。学校大多集中在城市,只有有钱人才能够享受教育,而一般劳苦民众距离教育仍然很遥远,何况女性?因此,这三年的女子教育发展相当缓慢。鉴于此,俞庆棠认为现在所从事的民众妇女教育就是要把教育大众化,延伸到贫苦的农村,使教育惠及更多数的乡村女性。同年,俞庆棠又发表《略谈女子教育》,文中倡导要改进学制系统,推动教育的普及,促进女子教育的发展。俞庆棠站在女性的角度,在学术研究中充分凸显对女性教育的热情和关切,为女性呼吁呐喊。

关心民族兴衰也是俞庆棠民众教育研究的重要内容。俞庆棠早年留学美国时,就深刻感受到发达国家的迅速发展。回到国内后,她看到的是一个深陷内忧外患的中国:经济萧条,城市灰暗,乡村凋敝。满目疮痍的情景使俞庆棠内心产生了强烈的责任感,更加坚定了研究民众教育、强国富民的决心。1929年,俞庆棠在文章《〈中央大学区扩充教育概况〉序》中特别强调了民众教育对国家发展的重要性。1931年她又发表了《民众社会教育谈》一

---

[1] 茅仲英、唐孝纯编:《俞庆棠教育论著选》,北京:人民教育出版社,1992年,第1—2页。

[2] 唐孝纯:《人民教育家俞庆棠》,《江苏文史资料》编辑部出版,1998年,第130页。

文,从两个方面阐述了民众教育对国运的重要性。一方面,她深感中国教育发展非常落后,而人多地广、教育资源匮乏等现状拉开了与他国教育发展的差距;另一方面,她也认识到,民众教育作为中国新创的事业,符合社会实际需求,具有光明的前途。上海《妇女生活》杂志曾刊登对俞庆棠的采访,她感慨道:"民众教育工作者一点一滴的努力,成效是有的,可是抵挡不住帝国主义的侵略,封建势力的压迫;一点一滴的成效,帝国主义的势力一冲进来就完了。我这么多年来工作,感到这是社会制度问题啊!"①国家临危对俞庆棠民众教育研究提出了新的要求,她也将民众教育研究植根于民族运动中,为民族发展进行教育研究。1936年俞庆棠发表了《民众教育者对于发展社会生产应有的新认识》,指出:"现值国际问题国内情况严重到生死关头,从事民教者不能单是埋头的苦干,却需要抬起头来看一看四周恶劣的环境和不利于发展生产的实际情形,再侧了头,想一想出路在哪里。"②同年,她又发表了文章《现阶段中国所需的教育》,认为:"中国目前最严重的问题,自然是民族的独立问题,我们在这民族的生死攸关,只有努力民族解放运动,才是唯一的生路。教育不能离开民族而存在,教育是要以民族的生命为生命的。"③俞庆棠准确把握时局动态,将民众教育研究与民族复兴运动联系起来,在战时研究民众教育,赋予民众教育更深的内涵。1938年,俞庆棠对湖北省民教工作者做了《努力推进民众教育,加强抗战力量》的讲演,强调战时民众教育工作要以妇女、儿童为对象,要充分调动妇女、儿童参与抗战的积极性,培养妇女、儿童参与抗战的能力。她还指出战时的民众教育方法要灵活,不拘于形式,在实际环境中寻找教材教法,同时注重教育的科学性。俞庆棠更怀着这种感时忧世的爱国之心,将民族复兴作为民众教育研究的重要任务,在研究中为国家发展寻觅道路,带着对国家命运的关怀研究民众教育。

对劳苦大众、女性的同情关爱和对国家命运的关心,积极探索民众教育经验,进行民众教育学术研究,这是俞庆棠从事民众教育的最终动力。

(二)在民众教育实验中进行学术研究

民众教育实验是俞庆棠民众教育研究的重要组成部分。"任何学术,都

---

①　子冈:《俞庆棠先生访问记》,《妇女生活》1936年第2卷第6期,第55—64页。
②　茅仲英、唐孝纯编:《俞庆棠教育论著选》,北京:人民教育出版社,1992年,第332页。
③　茅仲英、唐孝纯编:《俞庆棠教育论著选》,北京:人民教育出版社,1992年,第338页。

根于实践。"①俞庆棠开创了民众教育的实验研究工作,在实验过程中进行学术研究,探究民众教育原理。

民众教育实验区的开办为民众教育学术研究提供了依据。民众教育是近代中国新创的教育,没有先例提供经验,只能立足现实,逐一摸索。1931年俞庆棠组织了江苏省立教育学院研究实验部,积极推动民众教育实验的开展,探索民众教育经验。俞庆棠领导研究实验部先后建立了多个实验民众学校、实验区及其他教育事业,如黄巷实验区、丽新路工人教育实验区、无锡北郊和东郊的惠北和北夏实验区,城区也有工人教育实验区、蓬户实验区和江阴巷民众图书馆、教育馆等民众教育设施。民众教育实验内容涉及经济组织、健康教育、自治自卫、语言文字教育等方面。黄巷民众教育实验区是江苏省立教育学院创办最早的实验区,俞庆棠经常到实验区参加各类教育活动,报告时事,主持并指导教育实验。黄巷民众教育试验区以全社会为教育对象,实施"健康、家事、生计、政治、语文、社交、休闲等七项教育"②。实验区从人民群众的生活实际出发,改造农村,并且她经常前往南京、上海等地考察,吸收他人的教育经验到实验区的实践中。通过俞庆棠和实验区工作人员的共同努力,黄巷实验区取得了很好的成绩,备受各方瞩目,成为其他实验区的模范。从俞庆棠开展的黄巷实验区工作来看,她针对地方实际情况组织教育工作,使之能够最大限度地满足当地发展的需要,从而取得了很好的实验成果。在民众教育实验的推动下,俞庆棠根据教育工作中的体会和经验,撰写了很多学术论文。1933年俞庆棠发表了《中国的成人教育》一文,介绍了实验区成人教育开展的情况,总结了实验中成人教育的经验。她认为:"我们把整个村子当作我们的学校,把村民当作学生……我们农村成人教育的课程设置是以整体社会生活为基础的……教学内容由讨论、建议,解决问题的真实方法和程序组成。解决农村问题的经验和成就,用以解决更进一层的和更大的问题的基础和参考。农村生活和成人教育就这样地被丰富了。"③俞庆棠从农村成人的生活实际出发,将教育与生活相结合,在民众生活中开展实验,在实验中不断积累教育经验。1934年俞庆棠发表了《民众教育的研究》一文,进一步讨论了教育与社会的关系,明确了民众教育的意义和范围。劳苦民众数量极多,民众教育的范围也随之不断扩大,教育

---

① 茅仲英、唐孝纯编:《俞庆棠教育论著选》,北京:人民教育出版社,1992年,第127页。

② 唐孝纯:《人民教育家俞庆棠》,《江苏文史资料》编辑部,1998年,第48页。

③ 茅仲英、唐孝纯编:《俞庆棠教育论著选》,北京:人民教育出版社,1992年,第63页。

与社会、与生活紧密联系,才能发挥作用,这是俞庆棠在实验中获取的教育经验,也是其民众教育研究的成果。1935 年她又发表了《民众教育的实验事业》,集中探讨民众教育的实验经验,指出:"中国民众教育,实是在不断的实验中演进的。"[①]她列举了几个典型实验事例,说明了民众教育实验的发展,阐述了其不断丰富的民众教育理念。同年,俞庆棠关于民众教育的专著《民众教育》在正中书局出版。这本著作是俞庆棠民众教育实践和理论研究的结晶,也是其在民众教育实验中获取的成果。

除了开办实验区,俞庆棠还领导建立了民众教育馆、民众教育图书馆等,作为民众教育研究的实验基地。高长岸实验民众教育馆成立于 1930 年,它是为实验以村为单位的民众教育实施办法而创立的。高长岸村以种植茭白为生,但因村民都缺乏相应知识,文化程度很低,资本也匮乏,所以收入极微;再加上奸商剥削、压榨,村民生活极为惨淡。俞庆棠为使民众教育实验能够符合民众的需要,建立了高长岸实验农民教育馆,指导成立合作社,为村民提供了生产知识和资本,改善村民生活的同时,也在教育馆实验的过程中,总结民众教育的实施办法和经验,为民众教育研究提供了大量的理论依据。1935 年,俞庆棠发表了文章《论民众教育馆》。她认为民众教育馆事业的开展,应该遵循几个原则。首先,民众教育的开展不是要让民众到教育馆来受教育,而是教育工作者应该到民众生活中,到农村去教育民众;其次,教育应该与民众的生活、劳动相融合,公民教育、生计教育等都要围绕民众生活展开。"在实施中间去求实验"[②],也在实验中进行民众教育研究。

理论需要在实践中不断锻炼,实践是理论发展的动力和来源。在民众教育实验工作及民族运动中,俞庆棠摸索民众教育经验,使其民众教育研究扎根于实践,民众教育理论更加贴近民众实际生活,更加贴近中国社会实际需要,俞庆棠的民众教育研究也因此取得了令人瞩目的学术成果。

(三)借鉴国外教育经验进行学术研究

俞庆棠在开创民众教育事业、进行民众教育研究过程中,还积极借鉴他国教育理论和经验。

留学美国扩大了俞庆棠学术研究的视野。俞庆棠早期留美学习期间,

---

① 茅仲英、唐孝纯编:《俞庆棠教育论著选》,北京:人民教育出版社,1992 年,第 223 页。
② 茅仲英、唐孝纯编:《俞庆棠教育论著选》,北京:人民教育出版社,1992 年,第 211 页。

就深受杜威、克伯屈、孟禄等名家思想的影响，尤其是杜威实用主义教育理论更是俞庆棠开拓民众教育事业和理论的重要基石，为其学术研究提供了视角。杜威在其著作《民主主义与教育》中系统阐述了教育思想，提出了"教育即生长"、"教育即生活"、"教育即经验的继续不断的改造"三个重要论点，进而又提出了"学校即社会"、"从做中学"的理论思想。俞庆棠受其影响颇深，在其发表的学术研究论文中有所体现。如文章《民众社会教育谈》、《民众教育理论的探讨》中，关于教育的目的，俞庆棠就借鉴了杜威关于学校的功用和教育目的的观点。她认为："教育的实现，须有适当的环境；教育的真价值在个人参加集体生活时与人有相互关系的活动，此其一。教育的目的，不仅求社会之继续存在，且使将来之社会改进，此其二。"①在民众教育实践中，俞庆棠也将这种教育目的观与具体实际相结合，主张民众教育是"全民众在整个社会生活中，知能道德的前进和向上。它的方式不限于'教育机关'或'学校'，凡改变群众行为，授与知识技能理想而改进其个人团体生活的工作，都是它有效的方式"②。她在《民众教育理论的探讨》中也明确表示："民众教育希望完成'教育即生活'，教育是'经验继续不断的改造'、'教育是终身的经程'诸理论。"③文章《儿童年的儿童问题》中，俞庆棠直接将杜威"凡是最贤能的父母所施于他自己的儿童的，社会要来施于它的一切的儿童"④的观点作为儿童教育的金科玉律。此外，《如何使学校社会化》一文更是从杜威的儿童观、学校观出发。可见杜威教育思想对俞庆棠民众教育研究的影响至深。虽然俞庆棠是杜威教育思想的忠实追随者，但她面对中国教育实际时，并没有机械地照搬照套杜威的教育思想，而是根据中国实际进行合理的调整。比如针对杜威"教育即生活"、"学校即社会"的观点，她认为学校生活只是全部生活的一部分，学校教育不能代表终身教育的过程，应该根据中国实际，扩大教育范围，教育应该对整个生活予以指导。除杜威外，俞庆棠的民众教育研究还深受美国心理学家桑代克心理学理论的影响。她在《〈中央大学区扩充教育概况〉序》、《民众教育与成人学习》、《民众教育理论的探讨》等文章中都应用了桑代克的理论思想。比如《〈中央大学区扩充教育概况〉序》中，俞庆棠运用桑代克的心理学说阐明女子及成人受教育的可

---

① 茅仲英、唐孝纯编：《俞庆棠教育论著选》，北京：人民教育出版社，1992年，第285页。
② 俞庆棠：《民众教育》，南京：正中书局，1935年，第3页。
③ 茅仲英、唐孝纯编：《俞庆棠教育论著选》，北京：人民教育出版社，1992年，第287页。
④ 茅仲英、唐孝纯编：《俞庆棠教育论著选》，北京：人民教育出版社，1992年，第308页。

能性。根据桑代克的心理测验结果,男女两性个性差异大于智力差异,俞庆棠认为"男子中有上智下愚,女子中亦然"①,智力上的差异不能按照男女性别加以区分。因此她主张女子应该同男子一样享有教育机会。俞庆棠在该文中还应用桑代克关于成人记忆力和学习能力的观点研究成人教育。她认为成人依靠已有的经验和知识,学习效率会增高;加上成人对教育的迫切需要,学习效果也会很好。此外,俞庆棠在《民众教育与成人学习》一文中也运用桑代克心理学理论论证成人教育的重要性和可能性,为其民众教育研究提供了理论依据。

欧洲成人教育、社会教育的理论观点也为俞庆棠民众教育理论的探讨提供了参考。1933 年俞庆棠赴欧考察他国教育,借鉴欧洲教育经验,推动本国民众教育研究的发展。俞庆棠发表了诸多学术论文,大多受到欧洲成人教育、社会教育理论和经验的影响。在文章《我之女子教育观》中,俞庆棠列举了欧洲工业革命后教育的发展状况,探究了欧洲国家女子教育发展的动力。感叹欧洲各国女子教育发展的同时,反观中国女子教育落后惨状,她指出:"教育之力量,足以影响新经济组织,而国家经济之发展,足以造成新教育;整个教育问题有办法时,女子教育问题亦自解决。"②因此,她提出了改进国内女子教育的若干意见,形成女子民众教育的理论观点。在《三年来之中国女子教育》、《略谈女子教育》等文章中,她又对比英、苏等国女子教育的发展,总结了我国女子教育发展取得的成绩,并对女子教育前途发表看法。而在《民众教育的研究》、《民众教育与社会经济》、《外国成人教育概要》等文章中,俞庆棠同样参考了欧洲各国成人教育、社会教育理论,在实验中不断摸索中国民众教育发展的经验。例如,1935 年俞庆棠在《外国成人教育概要》一文中,系统介绍了欧洲国家的成人教育和社会教育情况,并将其应用到民众教育研究中。她介绍说,成人教育在欧美多数国家只相当于高等、至少是中等阶段的教育活动,其教育对象主要是十八岁以上没有机会接受教育的人们,主要包括两个部分③,一是一般的文化事业,二是为成人设置的学校教育事业,各国具体实施形式也不尽相同。在成人教育事业方面,欧美国家创办了短期讲习所、演讲会、工人教育大学、民众高级学校等事业。基于此,俞

---

① 茅仲英、唐孝纯编:《俞庆棠教育论著选》,北京:人民教育出版社,1992 年,第 16 页。

② 茅仲英、唐孝纯编:《俞庆棠教育论著选》,北京:人民教育出版社,1992 年,第 70—71 页。

③ 茅仲英、唐孝纯编:《俞庆棠教育论著选》,北京:人民教育出版社,1992 年,第 171—172 页。

庆棠在国内开创民众教育事业,创办实验区和民众学校,以图书馆、教育馆等多种形式开展民众教育工作。但另一方面她也认为国外成人教育对国内情况也有不适之处,它并不包含一些失学的青年和儿童及其他没有接受教育的民众。因此,她在国内开展民众教育事业时,以全体民众作为教育的对象,推动教育的普及。欧美人多数国家由于强迫教育的实行,其中小学教育已经普及,成人教育便可以专注于高等教育。但俞庆棠清楚地认识到中国的具体实情,正如她所说:"我们尽愿以成人为施教的对象,可是我们的期愿,即在于解除这全民众失学的痛苦,今日的儿童和青年,来日又是成人了。搁开他们的需要,徒然不断的在补充那失学的大群,这民众基础教育的问题,岂非终于无从解决? 所以,中国民众教育之不能限于成人的范围,是事理之最显然的了。"①显然,俞庆棠创办民众教育事业是在积极借鉴国外教育成果,吸收他国成功经验的基础上,结合具体实际开创的独特教育理论。

他山之石,可以攻玉。俞庆棠看到了我国基础教育和成人教育的薄弱,于是她积极参考他国创办教育的理论和经验,结合具体实际进行民众教育研究。

综上分析,我们看到,作为民众教育的拓荒者,俞庆棠穷尽毕生的精力,探索了一条解决中国教育贫瘠状况的民众教育道路,形成了独特的民众教育研究特征。她将女性的母爱情感倾注于为人民服务的民众教育事业上,开创了民众教育实验工作,在实验中探索民众教育理论,同时借鉴国外教育理论和经验,在民众教育研究中获得了独树一帜的学术成果。

四、近代大学女教师对学科学术的贡献

长期形成的封建制度把女性排斥在学术研究之外,人们普遍认为"女性不适合搞学术"、"女性更适合教学而非学术"。然而,近代大学女教师突破了学科学术研究的性别樊篱,她们穿越了层层"迷宫",找到了通向学术殿堂之路,在学科学术研究中呈现出独特的研究风格,并拓宽了大学学科学术的研究领域,有力地促进了近代学科学术的发展。

---

① 俞庆棠:《民众教育》,南京:正中书局,1935 年,第 8 页。

（一）打破了学科学术研究的性别隔阂

男女两性之间的差异并不是基于生理的，而是由社会文化建构而成，当然也必定会随着社会文化的变化而有所改变。[①] 到近代，随着社会文化的进步，大学女教师通过自身的努力，冲破了男女性别隔阂，走进了男性的学术职业领域，不仅在文科取得了丰硕的学术成果，即使在理工科领域也是巾帼不让须眉。

文科领域女教师取得的成果十分丰硕，如陈衡哲作为中国近代以来第一个女教授，她在史学方面取得了出色的学术成果，发表的主要学术论文有：《中欧交通史目录》（《史地学报》1922 年第 1 卷第 3 期）、《近作西洋史序言》（《努力周报》1922 年第 73 期）、《基督教在欧洲历史上的地位》（《努力周报》1922 年第 1 期）、《基督教在欧洲历史上的地位（续）》（《努力周报》1922 年第 2 期）、《历史教学与人类前途》（《晨报周年纪念增刊》1925 年第 7 期）；著述有《西洋史》（上海：商务印书馆，1926 年）、《文艺复兴小史》（上海：商务印书馆，1926 年）、《欧洲文艺复兴史》（上海：商务印书馆，1930 年）等。钱素君教授在商科中的学术成就也非常显著，一生著述很多，发表论文近 20 篇，著作和译作共约有 10 部。主要论文有：《对于合伙责任问题之商榷》（《银行周报》1933 年第 17 卷第 39 期）、《现金之审查》（《立信会计季刊》1934 年第 2 卷第 3 期）、《查账员责任问题举例》（《会计杂志》1936 年第 7 卷第 6 期）、《会计学术进展之鸟瞰》（《会计杂志》1936 年第 8 卷第 2 期）、《最近 40 年来会计学术之进展》（《暨南学报》1936 年第 1 卷第 2 期）、《会计与企业管理》（《管理〔二月刊〕》1936 年 9 月第 1 卷第 2 期）、《经营比率》（《管理〔二月刊〕》1937 年 4 月第 2 卷第 1 期）、《所得税之会计方法》（《商学季刊》1937 年第 1 卷第 3 期）、《查账员对于被查机关之服务》（《商学季刊》1937 年第 1 卷第 2 期）、《设计会计之意义及其内容述要》（《立信月报》1939 年第 9、10 期）、《企业之会计年度应以自然年度为之决定论》（《计学杂志》1941 年第 1 卷第 1 期）、《论修正所得税法中之资产涨价补偿准备》（《立信月报》1948 年第 7 卷第 5 期）等；专著有《查账法》、《会计学》等。雷洁琼是社会学研究领域的佼佼者，1931 年获得美国南加州大学社会学系硕士学位，同时以最优成绩获得银瓶奖。回

---

① 俞湛明、罗萍主编：《社会性别与女性发展》，武汉：武汉大学出版社，2010 年，第 105—106 页。

国后雷洁琼先后在燕京大学、上海东吴大学等高校任教,通过实地考察进行社会学研究,在旧中国的许多社会问题上都有开创性的见解。1933 年,雷洁琼在《晨报》的《人口》副刊上发表文章《社会服务与节制生育》,为引起社会对节制生育的重视作出了巨大努力。1933 年她连续发表《儿童福利问题》、《女大学生的地位》、《婚姻和家庭》等一系列文章,1934 年在《文化月刊》第 1卷第 15 期发表了《平绥沿线天主教会概况》,揭示了以天主教为载体的西方文化对中国社会的侵蚀,意义深远。抗战期间,雷洁琼结合当时突出的社会问题也陆续发表了许多文章,涉及妇女、儿童、家庭、社会发展等多个方面,为中国社会学学科发展和中国社会进步作出了巨大贡献,享誉国内外,被后人赞誉是"与费孝通齐名的中国社会学界的前辈"、"中国社会工作的不老松"[①]。法科的周蜀云在公法研究方面贡献突出,发表了很多相关学术文章,是法学领域的杰出学者。她对妇女、家庭相关法律有很多研究,相关论文大多在《妇女新运》期刊上发表,如《妇女参政与妇女职业之不可分性》(《妇女新运》1943 年第 5 卷第 3 期)、《法律上婚姻之成立及其效力》(《妇女新运》1944 年第 6 卷第 1 期)、《子嗣问题》(《妇女新运》1944 年第 6 卷第 8 期)等,可见其利用所学为妇女及其家庭生活保驾护航的用心。同时周蜀云对政党相关法律也有研究,有《政党与政争》(《中国评论》1947 年第 2 期)、《政党提名与签署提名当选争论之检讨》(《中国评论》1947 年第 9 期)等文章发表,对政党工作相关法律、法规做了详细论述,成为当时法学研究的参考。从事教育研究的高君珊在初等教育研究和教育心理方面都有很深造诣,20 世纪 30 年代发表了《普遍的义务教育未能实现以前暂时补救的办法案》(《河南教育》1930 年第 2 卷第 19—20 期)、《新运与儿童教育》(《新运导报》1939 年第 22期)、《关于儿童教育上一个"老生常谈"的问题》(《教育通讯周刊》1939 年第 2卷第 15 期)等文章,特别是针对天才教育的研究,形成了系统的教育理念,有《天才教育的理论和实施——天才教育的重要》(《国立中央大学教育丛刊》1934 年第 2 卷第 2 期)、《天才儿童的一种特征》(《教育杂志》1935 年第 25 卷第12 期)、《天才教育之理论与实施》(《教育丛刊》1935 年第 2 卷第 2 期)等一系列相关文章发表。除了初等教育研究外,高君珊对教育心理也有研究,出版有《教育测验与统计》(南京:正中书局,1936 年)一书,一直为后世教育心理研究的参考论著。

---

① 王思斌、解战原主编:《雷洁琼的学术思想及教育活动》,北京:中国政法大学出版社,2005 年,第 114—125 页。

随着"科学救国"、"实业救国"思潮的兴起,实科研究领域也涌现了大批女性学者。物理学家顾静徽、建筑学家林徽因、地学女杰刘恩兰、妇产科学的开拓者林巧稚与王淑贞、营养学专家严彩韵、农学界第一位女教授曹诚英、农业品种改良专家沈骊英、石油炼制专家刘馥英、金属物理研究专家周如松、天文学家邹仪新等,她们也同样张扬着女性的学术个性,在生物、化学、医学、农学等实科类学科中作出了卓越的贡献。例如,刘恩兰是我国著名的地理学家、海洋学家,也是中国第一位获得牛津大学地理学博士学位的女性。刘恩兰献身海洋、地理研究事业,撰写了大量的文章和报告,如《春日天气谈》(《科学》1934 年第 18 卷第 1 期)、《我国之雨量变率》(《地理学报》1936 年第 3 卷第 3 期)、《二九○五号小麦与气候》(与伍子才合写,《地理学报》1936 年第 3 卷第 4 期)、《远东风云之资源因素》(《文史教学》1941 年第 3 期)、《黑水之行》(《妇女新运》1942 年第 4 卷第 1 期)、《小气候与几种作物之关系》(《地理》1942 年第 2 卷第 1—2 期)、《温度与植物之关系》(《科学世界〔1932 年〕》1942 年第 11 卷第 6 期)、《理番之开发问题》(《边政公论》1943 年第 2 卷第 1—2 期)、《松理茂汶的介绍》(《边疆服务》1943 年第 2 期)、《川省西北土地利用之地理条件》(《文化先锋》1943 年第 2 卷第 15 期)、《四川盆地之形成及其历史》(《大学月刊〔1942 年〕》1943 年第 2 卷第 5 期)、《四川之天气》(《大学月刊〔1942 年〕》1943 年第 2 卷第 5 期)、《四川省人地关系之检讨》(《学思》1943 年第 3 卷第 6 期)、《地理与文化》(《华文月刊》1943 年第 2 卷第 2—3 期)、《雪龙包探水晶记》(《西南边疆》1943 年第 17 期)、《中国有效雨量之初步研究》(《科学与技术》1944 年第 1 卷第 3 期)、《理番土壤概述》(《边政公论》1945 年第 4 卷第 9—12 期)、《游记罗族杂居之理番县》(《文化先锋》1946 年第 6 卷第 9—10 期)、《神秘的雪龙包》(《妇女文化》1946 年创刊号)、《羌民戎官的九子屯——川西游记之六》(《文化先锋》1946 年第 6 卷第 14 期)、《访草坡官寨——川西游记之三》(《文化先锋》1946 年第 6 卷第 7 期)、《登涂禹山访瓦寺土司官寨》(《文化先锋》1946 年第 6 卷第 6 期)、《川西游记》(《文化先锋》1946 年第 6 卷第 5 期)、《在理番县城——川西游记之五》(《文化先锋》1946 年第 6 卷第 11 期)、《朝气蓬勃游西川》(《文化先锋》1947 年第 6 卷第 16 期)、《我国疆土拓殖的地理背景》(《地理之友》1948 年第 1 卷第 2 期)等,著作主要有《气象学》、《农业地质》讲义等,还有一些地理调查报告,如《哈尔滨洪峰研究》、《中国海的特征及其作用》、《港湾回淤问题》、《从鱼群活动看海水结构的变化》等,可见刘恩兰在地理学科发展取得的成就相当丰硕,因此也有"大地骄女"的美誉。沈骊英也是近代实类学科中学术成就突出的一位女教师,是我国农业品种改良的杰出专家,经她研究改良的小麦品种多产,为农民的丰收带去了福音,她在农业学术研究上更是有出色的成就。首先,沈骊英成功完成了小麦的杂交育种。自 1934 年起,她将早熟小麦与中农 28、金大 2905 等小麦品种进行杂交,于 1937 年发表了《小麦杂交育种法》(《农报〔1934〕》1937 年第 4 卷第 15 期)一文,详细介绍了小麦杂交的原理和方法,并在试验中不断探索、改进,造福了广大农民。其次,沈骊英将世界小麦 1700 多品种在中国环境中进行试验,最终选出适应本土环境的中农 28 小麦,在当时世界范围内影响巨大。再次,沈骊英在全国多个城市进行试验,证明了促短生长在中国冬小麦区域没有任何效果。再次,她在生物统计学与田间试验方法方面也有贡献。1931 年,她研究水稻田间试验方法,加以统计分析,后来发表了《水稻试验的统计分析》(《中国实业杂志》1935 年第 1 卷第 1—6 期)一文。在小麦杂粮的推广上沈骊英也做出了重要贡献,发表了文章《南方宜否食麦》(《新经济》1941 年第 5 卷第 10 期)。除以上贡献外,沈骊英的学术成就还包括发表的诸多论文,如《木槿之受精作用及色素遗传》(《科学》1931 年第 15 卷第 4 期)、《中国水稻改良法》(《新农村》1933 年第 1 卷第 1 期)、《实业部中央农业试验所促短小麦生长试验第一年结果报告》(《农情报告汇编》1933 年第 4 期)、《农业推广之重要及中国推广设计》(《农业推广》1933 年第 4 期)、《美国农事试验之价值及贡献》(《农报〔1934〕》1934 年第 1 卷第 8 期)、《作物问题》(《农报〔1934〕》1935 年第 2 卷第 18 期)、《小麦促短生长预措法》(《农报〔1934〕》1937 年第 4 卷第 17 期)、《"中农廿八小麦"之改良经过》(《农报〔1934〕》1940 年第 5 卷第 7—9 期)、《十年改良小麦之一得》(《妇女新运》1941 年第 3 卷第 1 期)等,由此可见沈骊英对农业科学发展的贡献之大,无怪乎邓颖超赞其为"巾帼妇女最光辉的旗帜"[1],人民教育家陶行知先生也称其为"与居里夫人并肩"的"麦之女神"[2]。医科的杨崇瑞曾获北京协和女子医学院博士学位,后又到美国约翰霍普金斯大学医学院进修,在妇幼卫生方面积累了丰厚的科学知识。她在医学研究上也有相当成绩,发表论文十多篇,如《产褥期白血球的加增》(英文,1924)、《助产士的训练及助产教育》(英文,1928)、《产科教育计划》(《中华医学杂志〔上海〕》1928 年第 14 卷第 5—6 期)、《助产教育的实施及管理》(英文,1930)、《中国儿童卫生概论》(英文,1931)、《死产及新生儿之死亡调查》

---

① 邓颖超:《纪念与回忆》,北京:人民日报出版社,1987 年,第 121 页。
② 陶行知:《行知诗歌集》,北京:生活·读书·新知三联书店,1981 年,第 271—274 页。

(英文,1931)、《婴儿死亡及其死亡原因》(英文,1931)、《论助产职业之重要》(《医药学》1932 年第 9 卷第 10 期)、《国立第一助产学校工作概况》(《公共卫生月刊》1935 年第 1 卷第 4 期)、《新运与家庭卫生》(《新运导报》1939 年第 22 期)、《中国女婴卫生工作之过去与现在》(《中华医学杂志〔上海〕》1941 年第 27 卷第 5 期)、《妇婴卫生讲座》系列(《妇女新运》1944 年第 6 卷 1—10 期)、《妇婴卫生和我国儿童的健康》(《女青年》1945 年第 2 卷第 5 期)、《妇婴卫生之过去与现在》(1946)、《婴儿惊风漾奶吐奶腹泻与肠炎的预防护理》(1946)、《近 20 年来中国妇婴卫生工作》(《中华医学杂志〔上海〕》1946 年第 32 卷第 1 期),等等,主要著作有《妇婴卫生学》(中央卫生实验院妇婴卫生组,1944 年)、《妇婴卫生讲座》(新运妇女指导委员会,1945 年)等。邹仪新是中国第一代女天文学科学家,毕业于中山大学天文系,曾先后在日本东京帝国大学天文台、英国格林尼治天文台等地实习,积累了丰富的经验。1936 年,她领导一支中国日食观测队,在日本北海道成功地观测并拍摄了一次日全食过程,轰动国内外,被誉为"唯一成功的女性观测者"。在著述方面,邹仪新译有俄文版《普通实用天文学》、《天文量时法》两书,发表的文章有:《第二次日食观测报告》、《国立中山大学天文台第二次日食观测报告》、《怎样研究天文学》等。刘馥英是我国石油炼制专家、著名教授,1936 年获得浙江大学学士学位,1939 年获德国敏斯脱大学油脂研究所博士学位,回国后曾在浙江大学、交通大学等高校任教。她在油脂研究方面成果颇丰,相关研究论文主要有《芳香油之成分及人造香料》(《国立浙江大学工程季刊》1935 年第 1 卷第 1 期)、《介绍由油脂之化学常数推算其成分的方法》(《化工通讯〔贵州〕》1940 年第 4—5 期)、《石油工业之趋势》(《国立浙江大学工程季刊》1943 年第 3 卷第 1—2 期),等等。她在新中国成立后仍然潜心研究,取得了更为令人惊叹的成就,《水蒸汽脱附的分子筛脱蜡》研究成功,曾获国家科委创造发明三等奖。

近代大学女教师在推动高等教育学术发展中发挥着巨大作用。作为近代第一批从事学术研究的女性,她们克服各种困难,以实际成果证明了女性的学科学术研究能力,进而改变了传统学术领域"男强女弱"的性别观念,壮大了大学学科学术研究的队伍,加速了学术领域性别隔阂的消失。

(二)增添了学科学术研究的风采

近代大学女教师冲破层层阻隔,闯入了男性学术职业领域,而且以其特有的气质和特点渗入学术研究,使得近代大学各学科学术研究呈现出别样的风采。

1. 学术研究注重细节

女性相比于男性观察更细心,做事更细致,这种工于细节的特点,往往会产生意想不到的效果,很多学术成果来源于细节的观察和发现。

近代大学女教师充分发挥女性细心的特点,在学术研究中开辟了自己的一番天地。冼玉清教授不仅教学清婉秀丽,学术研究亦呈现细致、严谨的特点。她经常埋首纷繁杂乱的古籍,耐心收集、仔细分析,没有确凿的论据绝不妄下结论,对研究内容始终抱谨慎态度。她曾在《岭南学报》上发表《粤东印谱考》一文,其中说道:"讲授之暇,刻意求书,成《粤东印谱考》,得篆刻字书类凡九种,集印谱一十八种,自镌印谱一十四种,共四十一种。其书以眼见者为准,其未见者则以经方志著录为据。至未论定成集者,尚逾十种,概不收入,以示郑重。"[①]从中也可以看出冼玉清教授的细致和谨慎。1947年她在研究招子庸时,发现以往对招子庸研究"大都片鳞只爪,语焉不详,未有为周密深入之研究者"[②]。为此,冼教授从只言片语的史料中认真筛选,并小心勘查史迹,大范围查阅文献资料,她从招子庸的亲朋、人生经历、诗作等方面一一翔实考证,从而描绘出招子庸的整体形象,在此基础上,发表学术论文《招子庸研究》。冼玉清秉持着女性学者细致、慎微的学术特点,发表了很多具有价值的专著和论文。再如从事文学研究的苏雪林之所以被称为"学术界的福尔摩斯",最主要的原因就是她善于发现细节。如对《圣女祠(杳蔼逢仙迹)》的考察,很多学者都认为它是李商隐为悼念友人所作,苏雪林则认为此说法牵强不实,并对全诗的情感有独到的体会,认为"全诗艳丽芬芳,似写儿女情怀"[③],实则表达李商隐归来不见所爱女道士的惆怅之情。苏雪林利用女性敏感的情感来进行研究,在细微处仔细揣摩,萌发出新颖的学术观点,从而收获有理有据、更加科学的考证成果。中国古典文学研究专家冯沅君也是充分发挥女性细心这一优势,取得了丰硕的学术成果。

结合女性天生关注细节的特点,大学女教师们在学科学术研究中找到了自己的定位,她们充分发挥这一特点在学术研究中的作用,让学术研究更

---

① 冼玉清:《粤东印谱考》,《岭南学报》1936年第5卷第1期,第99—142页。

② 冼玉清:《招子庸研究》,《岭南学报》1947年第7卷第3期,第69—73页。

③ 苏雪林:《李义山恋爱事迹考》,上海:北新书局,1928年,第27页。

深入,学术表达更显女性细软的本色。

2.学术研究融入母性关怀

母爱是伟大的,母爱是温暖的。而女性天生具有母爱之禀赋,这一禀赋融于学术之中,使得学术研究散发出母性之光芒。

近代很多大学女教师带着母爱研究学术,使得枯燥、抽象的学术研究散发出满满的母性之爱、人性之暖。酆云鹤从事麻纤维制丝的研究,兢兢业业,专心致志,一心为祖国发展鞠躬尽瘁。20世纪30年代,她只身带着装有稻草、高粱秆、苎麻等植物的包袱赴德,进行人造丝与印染的研究。两年的时间里,酆云鹤苦心钻研,用稻草、高粱秆等一一试验,最终从高粱秆纤维中抽出质地优良的人造丝,她也成了世界上第一个用草植物纤维制造人造丝的人。这一壮举轰动各国,德国、日本等国家都欲以优厚报酬购买此项专利,然而,酆云鹤时刻惦记着自己尚待发展、还不富裕的祖国,声明要将成就贡献给祖国。回国后,酆云鹤也开始从事麻混纺品改良的研究,她与丈夫以简陋的实验室为家,希望能够找出去除苎麻纤维杂质的方法。抗战期间厂房被炸,成果被毁,实验研究也不便,但酆云鹤锲而不舍,不屈不挠,经过反复试验,终于发明出"先酸后碱、二煮一漂或二漂"的苎麻脱胶新工艺,用这种工艺方法制作出的纤维洁白美丽,因此酆云鹤取名为"云丝",她也被后人称为"云丝之母"。她深情地捋着洁白的云丝,如同抚摸女儿的秀发,温柔且亲昵。酆云鹤专注于麻纺织研究,为祖国事业无私奉献,甚至放弃家庭、婚姻,丈夫曾多次恳求说"什么时候你把麻丢开,什么时候我们就有了家"①,然而酆云鹤毅然坚持麻纤维研究,致使后来丈夫离她而去。酆云鹤热爱工作,即便疾病缠身,也要不辞辛苦地多做研究,为祖国的麻纺织工业科学多做贡献。酆云鹤孑然一身,但她把麻当做自己的子孙,说"我有1个儿子,4个孙子"②,她的"儿子"就是苎麻,"孙子"是黄麻、白麻、大麻和胡麻。为了这些"子孙",酆云鹤倾注了自己一生的母爱。再如林巧稚教授放弃了婚姻、家庭,将自己的一生都献给了妇产科学。从女性的视角出发,她感同身受,针对妇女肿瘤、癌症等病症,林巧稚做了大量的研究,发表了许多具有影响力的论文,如《用造袋术治疗后腹壁囊肿一例》、《新生儿自发性肺气肿》、《妊娠及非妊娠妇女的阴道酵母样霉菌》、《在协和医院生产的畸形头胎儿》、《对妊

① 罗先哲:《赤心报国的化学专家酆云鹤》,《文史精华》2001年第6期,第53—59页。
② 罗先哲:《赤心报国的化学专家酆云鹤》,《文史精华》2001年第6期,第53—59页。

娠母亲试用破伤风类毒素免疫小生儿》，等等。林巧稚选择独身，但她的研究为广大妇女和婴幼儿带来了福音，她说："病人就是我的姊妹，妇产科就是我的家！"①她将自己的一生都献给了妇产科学。

在学术研究的道路上，一大批大学女教师怀揣着无私奉献的母爱之心投入严谨的学术研究中，收获了大量学术成果，形成了别具一格、温暖人心的学术研究风格。

3. 学术研究注入了诗意和灵气

诗意和灵气是蕴藏女人内心的灵魂。有了诗意和灵气，任何事情都会变得更加可爱而美好，学术研究也不例外。

近代从事学术研究的大学女教师，很多女性不仅在诗歌和文学方面有着出色的才华，而且更善于将这种诗意和灵气渗透在学术研究工作中，使得学术研究挥洒出别样的美感。陈衡哲是一个历史学家，但她对史实的描述却是形象而富有表现力，她曾写道："我们读了他们，可以悬想那位君主的繁忙：一会儿河堤决了，他要命长官去修理；一会儿历法失序了，他要下令去改正；不公平的判断，他要干涉；牛羊的蓄殖，他要庆祝；贪官污吏，他也不让他们逃出法网。总而言之，他的耳朵是四方听着，眼睛是四方看着，口里不住地发命令，心里不住地计划那治国富民的事业，真可以算得上古时的一个贤君了。"②陈衡哲用文学的笔调书写历史，把自己的个性融入历史研究之中，使得原本枯燥、理性的历史变得温暖而亲近，可读性更强。再如林徽因，她有着"建筑家的眼睛，诗人的心灵"。她发现了冰冷建筑物中所蕴含的"诗意"和"画意"，提出了"建筑意"的概念，这给枯燥的建筑学术增添了一丝人文色彩。她曾说："无论哪一个巍峨的古城楼，或一角倾颓的殿基的灵魂里，无形中都在诉说，乃至于歌唱，时间上漫不可信的变迁；由温雅的儿女佳话，到流血成河的杀戮。"③建筑在林徽因的理解下被赋予了诗的灵性和生命，建筑学术研究也变得富有活力，建筑学研究成果表达更为生动、形象，从而建构了一个独特而富有灵气的建筑学研究体系。

总之，近代大学女教师凭着女性的细心、母爱、诗意和灵气形成了独特

① 吴崇其、邓加荣：《林巧稚》，北京：中国青年出版社，1985年，第123页。
② 陈衡哲：《西洋史》，长沙：岳麓书社，2010年，第32页。
③ 梁思成、林徽因：《平郊建筑杂录》，《中国营造学社汇刊》1932年第3卷第4期，第98—110页。

的学术风采,为大学学术研究带来了一缕清风。女教师的学术风采,为近代
大学学科学术研究开辟了新的篇章。

(三)拓宽了学科学术研究的领域

近代大学女教师在学术研究中,凭着女性的先天优势大显身手,拓宽并
丰富了近代大学学科学术研究的发展。

女教师最先从事的职业是医护卫生等学科领域。近代大学女教师利用
自身生理和心理的特点,深入探索了妇产科、儿科、妇幼卫生保健等学科,大
大延伸了有关女性和儿童的医护学科研究内容。如王淑贞在妇科内分泌、
妇科肿瘤、计划生育、产道异常研究等方面有深入研究,尤其对子宫颈癌、子
宫内膜癌、输卵管癌等疾病方面造诣精深;儿科的陈翠贞开创了儿童保健事
业,对伤寒、细菌性痢疾、先天性疟疾、夏季脑炎、婴儿黄疸等多种儿童常见
病做了大量研究;公共卫生事业创始人杨崇瑞教授,指明了近代中国妇幼卫
生发展的方向和基本架构,为现代妇幼保健工作奠定了理论和临床基础;陶
善敏在细菌学、寄生虫学等方面有自己的专著和论文;等等。总之,近代大
学女教师从女性视角出发研究女性和儿童,给广大妇女儿童带来福音的同
时,也使妇科、儿科、妇幼保健卫生等学科取得了突破性进展。

人文社会学科也是女性长袖善舞之地。近代大学女教师在家政学、文
学、教育学等学科的成就也是显著的。家政学是女性聚集的学科之一,她们
开国内家政研究先河,拓宽了我国家政学科研究领域。如家政学教授王非
曼,她于1928年获得美国明尼苏达大学家政系理学士学位后又入哥伦比亚
大学攻读家政学硕士学位,回国后在河北省立女子师范学院家政系任教,从
事家政学研究。她详细介绍了家政学及其重要性,强调应把家政"当作一种
科学去研究,是和研究其他的科学一样,可以增长生活的价值的"①。同时,
王非曼系统阐述了家政学研究的方法,形成了家政学科初步的研究范式。
近代大学女教师对家政学的研究,为家政学学科发展奠定了坚实的基础。
在文学科中,中国古典文学专家冯沅君在王国维《优语录》的基础上,结合自
己的文学研究经验和西方学术思想,撰写了《古优解》。之后,冯沅君又撰写
了《古优解补正》、《汉赋与古优》二文,对《古优解》中的观点作了进一步补充
和说明。冯沅君以"古优"作为研究切入点,通过搜集中西文献,对"古优"各

---

① 　王非曼:《家政在社会中的位置》,《大公报·妇女与家庭》1933年10月1日。

个方面进行精细考察，理清了戏曲产生过程中的一个关键环节，并将这一问题的研究向前推动了一步。苏雪林在武汉大学开设"新文学研究"课程，她的讲稿《新文学研究》采用总论和分论两大部分，分论由"新诗"、"小品文"、"小说"和"戏剧"四部分组成。这一结构主要参照了朱自清《中国新文学研究纲要》的框架，但却比朱自清叙述翔实，评价更加深刻到位。苏雪林对新文学的研究，在中国新文学"学科化"体系中留下了应有的地位和作用。在史学领域，陈衡哲开创性地留下了许多史学足迹，完成了史学著作《西洋史》，于1926年由商务印书馆出版。"为自己的思想感情寻找有创意的表达方式并非可望而不可即。"[①]陈衡哲用近代女性的笔锋勾勒出如散文一般的史学著作，使其作为中学教材不同于以往旧教材的生硬、拘谨，作为史学典籍也有着优美清新的文风，对史学知识娓娓道来，意味无穷，在世界史研究方面独具特色。胡适曾对《西洋史》有着很高的评价："陈衡哲女士的《西洋史》是一部带有创作的野心的著作。在史料的方面，她不能不倚赖西洋史家的供给；但在叙述与解释的方面，她确然做了一番精心结构的工夫。这部书可以说是中国治西史的学者给中国读者精心著述的第一部西洋史。在这一方面说，此书也是一部开山的作品。"[②]近代大学女教师在人文社会学科的学术成就，弥补了男性学者的不足，丰富了人文社会学科的学术发展。

　　大学女教师在理工科领域也取得了骄人的成绩。近代大学女教师在营养学、物理、化学、农业、天文学科等领域巾帼不让须眉。在营养学研究领域，严彩韵回国后在北京协和医学院生物化学系担任生化助教，她是中国最早从事生物化学暨营养研究的女性之一。她把营养研究作为新的研究领域，并得到当时负责生物化学系教学和科研工作的吴宪教授的认可和支持，并最终把吴宪的研究兴趣也转到了营养学。俩人合作完成了许多研究，其中蛋白质变性学说就是一项成绩卓著的成果。他们也因志同道合，最终结为伉俪。结婚后，严彩韵并没有停止营养学研究，她与丈夫共同搭建了近代营养学研究的框架体系。严彩韵是营养学研究领域的开拓者和奠基者，她的作用不可低估。物理学科周如松是国内金属晶体研究领域的开拓者。在英国伦敦大学攻读博士期间，周如松在导师安德雷德的指导下，完成了许多开创性研究。学成回国后，周如松在武汉大学物理系研究"位错基本理论"，筹建"内耗实验室"，编写《金属物理》等大学教材，翻译国外物理著作，为国

---

① 陈衡哲：《陈衡哲早年自传》，合肥：安徽教育出版社，2006年，第52页。

② 欧阳哲生编：《胡适文集》(10)，北京：北京大学出版社，2013年，第701页。

内物理学科发展培养了大批金属物理学人才，引领金属物理学科的学术发展。化学科博士鄭云鹤用高粱秆、稻草、苎麻等作为原材料，经过两年苦心研究，成为世界上第一位用草类纤维制造人造丝的发明者。之后，她又潜心钻研苎麻纤维化学脱胶实验，成为苎麻纤维化学专家，其成就震惊世界。天文学科的邹仪新，毕业于中山大学天文系，曾先后在日本东京帝国大学天文台、英国格林尼治天文台等地实习，积累了丰富的经验。她在日本北海道成功拍摄了一次日全食过程，轰动国内外，被誉为"唯一成功的女性观测者"；等等。在理工科领域，近代大学女教师用自己的学术成就打破了女性不适合从事理工科研究的魔咒，证明了女性不仅在医科和人文社会学科能取得不俗成绩，在理工科领域也同样可以享有一片属于自己的蓝天。

（四）培养了一批学科学术人才

近代大学女教师不仅自己在学科学术研究中取得了不菲的成绩，而且在她们的精心培育下，也涌现了一批学科学术人才。

顾静徽是吴健雄的老师。吴健雄曾在中央研究院物理研究所担任顾静徽的研究助理。在担任研究助理期间，顾静徽看到吴健雄在物理学领域的天赋，因而对她特别看重，她就如同博士生导师一般指导吴健雄。为不埋没吴健雄的才气，顾静徽鼓励她出国深造，她曾对吴健雄说："你是我千方百计请来的，我舍不得你走，但我不能影响你的前程，我觉得我不能违心地永远把你留在这地下室，更不能为眼前的利益而误了你的大事。"[①]尽管她十分欣赏吴健雄，不舍得她离开研究所，但为了吴健雄的发展，顾静徽主动推荐吴健雄去自己的母校——美国密歇根大学留学，为她联系熟人，为她写推荐信，还帮助她提高英语水平。虽担任研究助理仅一年，却成为吴健雄日后在物理学科学术研究大放异彩的起点。因而吴健雄对顾静徽老师充满了感激之情，她说："顾老师，我一生都不会忘记你的恩情，你的为人永远是我学习的榜样，我将永远铭刻在心。"[②]袁昌英是外国文学专家，尤其擅长戏剧研究，她不仅上课生动，知识面广，而且也撰写了许多学术专著和论文。在她的教育和熏陶下，很多学生对戏剧发生了浓厚兴趣，著名翻译家孙法理就是其中一个。他翻译了很多作品，如《两个高贵的亲戚》、《约翰王》、《亨利四世》、

---

① 张怀亮：《吴健雄传》，南京：南京大学出版社，2002年，第47页。
② 张怀亮：《吴健雄传》，南京：南京大学出版社，2002年，第47页。

《爱德华三世》,等等。他曾说:"如果没有袁先生对我的那一番调教,我是读不懂莎士比亚的","深深地感谢我的老师袁昌英先生,何况她在其他方面还给了我那么多教诲"①。文学史研究专家冯沅君,著作等身,在培育学生方面,也是十分的用心。她不仅为学生精心制订培育计划,而且还在生活上无微不至地关心学生。据她的学生回忆,冯先生考虑到他刚毕业工作,没钱买煤,就专门托人买了 10 块钱的煤,供他冬天在教研室里学习时取暖。在冯先生的提携帮助下,她的学生袁世硕等人快速成为文学史学科专家。在金陵女子大学上课的基本都是女教师,在她们的精心培育下,出现了一批学科学术人才。据调查,到 1947 年,金陵女子大学共有 32 届学生,毕业学生总数达 732 人,其中去世 29 人,现存 703 人。毕业后再深造者 191 人,占27.2%;获博士学位者 38 人,获硕士学位者 73 人,在国内继续研究者 2人。② 这些学生日后都成为各个领域的专家、学者。如在诊断病毒学方面作出重要贡献的熊菊贞博士;清华大学第一个女教授,有"中国居里夫人"之称的王明贞博士;因攻克痛风病而在美国声名卓著的郁采繁教授;中国感光化学界先驱陶其微;中国放射学界的先驱,最早引进 CT 和 MR 技术的第一人李果珍;等等。在近代大学女教师的悉心培育下,一批年轻学生迅速成长,成为各学科领域的学术骨干。

西蒙娜·德·波伏娃(Simone de Beauvoir)在《第二性》中曾指出,女性"要取得最大的胜利,男人和女人首先就必须依据并通过他们的自然差异,去毫不含糊地肯定他们的手足关系"③。近代大学女教师充分认识到女性的自然本性和优势,她们设法与男教师相互依存,相互弥补,成为学科学术发展中不可或缺的重要组成部分,共同为近代中国大学学科学术的发展作出了贡献。

---

① 杨静远编选:《飞回的孔雀——袁昌英》,北京:人民文学出版社,2002 年,第 40—41 页。

② 程斯辉、孙海英:《厚生务实 巾帼楷模——金陵女子大学校长吴贻芳》,济南:山东教育出版社,2004 年,第 267 页。

③ [法]西蒙娜·德·波伏娃著,陶铁柱译:《第二性》,北京:中国书籍出版社,1998 年,第 827 页。

第四章　别样的风采：近代大学女教师管理研究[*]

——以王世静、杨崇瑞、陆礼华为个案

在近代高等教育领域中,女性成为大学教师已非易事,而成为大学女校长则更是难上加难。这一群体虽然人数不多,但她们在中国高等教育管理界的地位和作用至今仍璀璨夺目。下面分别选取王世静在华南女子大学的治校之道、杨崇瑞在北京国立第一助产学校的治校之道以及陆礼华在上海两江女子体育专科学校的治校之道为个案,研究女校长在国立大学、教会大学、私立大学三种不同类型大学中的管理思想和管理实践,展现不同大学女校长的治校风采,并总结她们对中国高等教育管理作出的贡献。

一、精细化管理——王世静在华南女大

华南女子大学是近代中国女子教会大学,也是中国近代女子高等教育的典范。华南女子大学采用精细化的管理方式,不断加强科学知识的传授,以培养在教育、医学、科学等领域的专业人才为目标,引领中国近代女子高等教育的发展,在欧美及东南亚都享有很高的声誉。王世静是华南女子大学第一任中国籍校长,也是任期最长的一位校长。王世静以女性特有的管理方式,在华南女子大学的历史上留下了浓墨重彩的一笔。

王世静(1897—1983),出生在福建福州一个"累世通显,益崇礼法"的官宦世家,祖父王仁堪于光绪丁丑科殿试中一甲第一名,后曾任广东提学使司,苏州府台等地方官吏。其父王孝绳曾在武汉、北京等地担任京汉铁路提

---

* 本章由项建英、郑淑敏撰写。

调、学部咨议、邮传部丞参等职。① 王世静在家排第三,从小跟随父母在武汉、北京等地生活。王世静父亲重男轻女思想严重,曾在给她哥哥王世达的一封信中写道:"汝姊知书解弄琴,慰情聊自夸茅臼;惜阴努力乃汝悦……"②认为女儿的"知书弄琴"只不过是女性聊以"慰情"罢了,父亲对女子教育的歧视态度让年幼的王世静更加坚定女子也可以做男子能做的事。1911 年,王世静十四岁时,父亲在任职期间病故,母亲带着她们兄妹四人回到福州王氏家族。在这个封建式的大家族中,王世静不是男孩,时常受家族冷落。回忆这段往事,王世静说:"出生在一个'女子无才便是德'和凡是男性优先的时代,'女生能做什么','女孩子算什么'等等这类问题一直困扰着我。小时候,我经常痛恨自己为什么不是个男孩。年纪稍长,我就想尽力去做一些那时人们认为女孩子不可以做的事。"③可见家庭重男轻女的思想对王世静影响非常大,以至于在往后的学习生涯和职业发展上,王世静事事都严格要求自己,争取做到最优秀,她想要证明自己也可以和男子一样能干。

1913 年,十六岁的王世静进入福建华英女学堂(华南女子大学预科)就读。王世静非常珍惜这次受教机会,积极参与学校各种基督教青年会的活动,甚至将学校视为自己的家,即使遭到家人的强烈反对,王世静还是毅然加入基督教成为一名虔诚的基督徒。1916 年,福建华英女学堂改名为华南女子大学,正式招收本科生五名,王世静就是其中之一。1917 年,王世静在华南女子大学本科学习两年后,转入美国晨边学院继续学习。在国外,王世静丝毫没有降低对自己的要求,学习刻苦上进,该校校长莫斯曼(Mossman)肯定王世静优异的成绩。1920 年毕业后,王世静以优异的成绩获得巴勃(Barbour)奖学金进入密歇根大学攻读硕士学位,她是获得该项奖学金的第一位中国女性。国内外求学经历不仅提高了王世静的个人学识和能力,而且增加了王世静对于奉献、服务基督精神的认同以及强化,这对于今后王世静在担任华南女子大学校长时形成的管理风格具有不可分割的联系。

1923 年,王世静获得密歇根大学硕士学位回国。为了筹集妹妹王世婉在日本东京女子医学科学校读书的学费,她受聘厦门大学,担任化学系副教授,每月工资 100 元。后来受母校华南女子大学邀请担任化学系教授,每月

---

① 参见王孝绮等编:《西清王氏族谱》(卷二),福州王氏铅印本,1934 年,第 9—10 页。

② 王孝绮等编:《西清王氏族谱》(卷一),福州王氏铅印本,1934 年,第 4 页。

③ Lucy C. Wang:*My Call*,*China Christian Advocate*(October),Shanghai:Methodist Episcopal Church,1936,p. 5.

工资仅有 30 元。但是王世静并没有因为工资低而拒绝母校对自己的召唤,而是第一时间答应任教。可见王世静对于华南女大的感情非常深厚,用她自己的话说:"过去、将来,我都属于华南。"①王世静对于精神层面的追求远远多于物质层面,这与她早年接受教会学校的教育是离不开的,对基督教义的精神认同和归属也为她往后管理华南女大提供了强大的精神支撑。

1927 年,在收回教育权运动不断高涨的情况下,华南女子大学第二任外籍校长卢爱德辞职,决定由中国人担任下一任校长。1928 年,王世静被华南女子大学董事会任命为首任华人校长。1934 年,王世静带领华南女大立案成功,校名改为"私立华南女子文理学院"。一直到 1951 年,华南女大与福建协和大学正式合并成立福州大学。从 1928 年被任命为华南女大校长到1951 年合并,王世静是华南女大第一任华人校长也是最后一位校长。王世静担任华南女子大学校长二十三年,在管理学校注重细节,于细微处体现真情,在办学目标、课程设置、学生管理、教师管理、行政组织结构等各个方面,形成了其特有的风采——精细化管理风格。

(一)办学目标明确化

从 20 世纪 20 年代开始,非基督教运动在中国愈演愈烈,中国的教会大学受到了猛烈的冲击,收回教育权、禁止宗教教育、取缔教会大学的呼声波叠浪涌。迫于外界的压力,北洋政府于 1925 年正式颁布《外人捐资设立学校请求认可办法》,严格规定外国人在中国办学必须经过中国教育行政官厅认可,学校行政领导与董事会必须以中国为主,并且不得以传播宗教为宗旨。因此,在政府明确规定学校办学不得具有明显宗教色彩的情况下,华南女子大学必须要调整办学目标,否则将面临办学不被政府认可的困境。王世静结合实际情况调整办学目标,明确提出"本中华民国教育宗旨以栽培中国女青年得受文学上、科学上、职业上之高等教育并养成服务之高尚人格"②,最终成为"女界领袖"的办学目标,并且学校所有工作都围绕这一办学目标紧紧展开。

第一,坚持独立办学,发展女子高等教育。1928 年中国基督教大学联董决定要求华南女子大学与福建协和大学尽快实现合校。华南女子大学明确

---

① 朱峰:《基督教与近代中国女子高等教育:金陵女大与华南女大比较研究》,福州:福建教育出版社,2002 年,第 94 页。

② 《私立华南女子学院组织大纲》(第三条),1932 年,福建省档案馆,馆藏号 39-1-6.

办学目标是发展女子教育,栽培女青年。如果同意与福建协和大学合校,"中国社会难以接受男性服从妇女的领导,日后各系的系主任必然由男性出任"①。在男性占绝对优势的氛围中,女学生必定会受制于男学生,女子教育的发展就会被边缘化。因此,王世静带领华南女大始终坚持办学的独立性,反对与福建协和大学合并,因为她们"不愿意在联合办学中失去女子教育的主导权"②。王世静曾写信给葛思德(B. A. Garside):"至于今年秋季华南迁出现校址的事项,我再次重申:这是不可能的。一所大学怎么可以在别人的校园内保持自己的独立呢?"③另外,为了学生在"文学上、科学上、职业上之高等教育"方面能够进一步发展,王世静从女性身心特点和女性发展特长出发,合理设置学校科系,引入师范、护士、营养学等西方现代科学教育,为学生提供成为职业女性必备的技能训练和实践操作,大力发展女子高等教育。

第二,引领学生成为"女界领袖"。王世静在讲述学校办学目标时曾说道:"作为中国唯一两所经政府注册的女子文理学院之一,我们的目标当然不是要成为拥有精细课程的学府,而是一间在满足中国妇女需要方面不亚于任何机构的小型女子学院。"④王世静认为中国女性和男性一样有能力胜任所有领域的职务,并且作为长江以南唯一的女子高等教育机构,华南女大在提高妇女地位、改善海外华侨妇女生活质量方面有不可推卸的责任。为培养学生女界领袖应有的社会责任感,王世静本人率先示范。在她刚担任华南女大校长一职时,她本人也曾深有忧虑:"让我担任华南女子大学校长的呼召降临到我的身上。它一方面似乎为我打开了一条为中国妇女运动服务的道路,这是我从接受基督教教育起就梦寐以求的。另一方面,我又为承受这么巨大的责任而惶恐不安。"⑤但她并没有临阵退缩做逃兵,而是柔肩挑重担,"愿竭心尽力,实现耶稣的教导,基于对华南女大的忠诚,为中华女性

---

① 朱峰:《基督教与近代中国女子高等教育:金陵女大与华南女大比较研究》,福州:福建教育出版社,2002年,第362页。

② 朱峰:《基督教与近代中国女子高等教育:金陵女大与华南女大比较研究》,福州:福建教育出版社,2002年,第364页。

③ 朱峰:《基督教与近代中国女子高等教育:金陵女大与华南女大比较研究》,福州:福建教育出版社,2002年,第334页。

④ 朱峰:《基督教与近代中国女子高等教育:金陵女大与华南女大比较研究》,福州:福建教育出版社,2002年,第186页。

⑤ Lucy C. Wang:*My Call*,*China Christian Advocate*(*October*),Shanghai:Methodist Episcopal Church,1936,p. 5.

实现大学教育的理想。为了中华妇女界,我不能逃避责任"。[1] 她把基督教教义和服务社会实践更好地结合在一起,把对校训"受当施"的践行注入在实现"为中华女性实现大学教育"的理想中。王世静带领华南女大走进一条更具有中国化的治校之道,也因为其出色的管理能力得到了外界的认可。抗战时期,她积极参与社会公益活动,身体力行。宋庆龄召集全国各党派妇女团体代表在庐山举行会议,共商成立战时儿童保育会事宜。国难当头,作为福建区的代表,王世静与姐姐王世秀积极应邀赴庐山参加会议,为学生成为未来"女界领袖"树立榜样。

(二)课程设置精品化

课程是教学的重要渠道,也是培养合格人才的基本途径。华南女大在课程设置上,立足社会需求和学生的发展,开拓职业技能等领域,并在实践中不断调整,追求更加完善,精益求精,强调精品意识。

华南女子大学在学系设置方面注重课程的精致化、专业化,尤其体现在家政专业课程的设置上。家政专业是华南女子大学较早创办的专业,也是办得十分成功的专业。抗战前,基督教大学中只有燕京大学、岭南大学、金陵女大和华南女大设立有家政系。其中燕京大学早在 1922 年就已成立,"可惜燕京大学学家事寥寥无多,而岭南的家事也无多大的成就,结果不甚圆满"[2]。而华南女大的家政专业是"基督教大学中比较成功的例子"[3]。具体我们来看看华南女大家政专业课程表,如表 4-1 所示。

表 4-1　1931 年华南女子大学家政专科课程

课程名目	学习目的	学分	备注
家政学大纲	研究家政学之目的价值与范围	二学分	必修。
衣服纺织学	以经济学及卫生学为主,研究各种纤维织物之质料及其应用	二学分	化学系学生亦须修读。每周授课一小时,实验二小时。

---

① L. Ethel Wallace: *Hwa Nan College*, *The Woman's College of South China*, New York: United Board for Christian Higher Education in Asia, 1956, p. 55.

② 素珍:《家事学在中国及美国发达之经过》,《华南学院校刊》1943 年第 22 期,第 6 页。

③ 朱峰:《基督教与近代中国女子高等教育:金陵女大与华南女大比较研究》,福州:福建教育出版社,2002 年,第 301 页。

续表

课程名目	学习目的	学分	备注
衣服学	选择衣服之原理,及制造之方法	二学分	每周授课一小时,实验二小时。
家庭布置学	研究美术原理,以应用于选择及于家庭经济与卫生	二学分	三四年级选修。
烹饪学	研究个人与家庭之食品选择,烹煮及其供献之方法,并及于家庭经济与卫生	二学分	主修;每周授课一小时,实验四小时。
营养学	研究营养学与健康之关系,各种食品之营养价值并研究食物与年龄之关系而尤注意于中国食品之研究	六学分	三四年级已习体育学一、二,化学十二者选修,并为主修科目。
儿童养育学	研究儿童之养育,自先天以至后天,自家庭以至学校凡关于儿童养育之方法,及营养不良之影响	三学分	三四年级已修家政六与九者选修。
家庭看护学	研究家庭卫生之要点及看护家中病人之方法	二学分	预习生物学四者选修。
儿童抚育学	研究儿童健康与环境之关系,并及于长大与发育之各问题	六学分	三四年级已习教育学三者选修,并为主修科目。
家庭管理法	研究家庭管理学之原理及其实用	三学分	三四年级选修,并为主修科目。
家事实习	学生寄寓于家政实习室,以便实习一切治家之法	四学分	三四年级主修家政学者必修。
家政学教授法	研究家政学科之设备及其组织,编制家政科学程,并实地参观	三学分	四年级预习教育学一与八者选修,并为主修科目。

资料来源:《教育部立案私立华南女子文理学院一览》,福建省档案馆,馆藏号 39-1-2。

从表 4-1 可以看出,华南女子大学家政专业一共设置了十二门具体的课程,每门课程都有明确规定的学分、学习目标和学习时间。华南女大家政专业其实早在程吕底亚校长治校期间就计划设置,但由于师资不足而搁置。王世静对于家政专业非常重视,特意邀请陈佩兰教授作为家政专业的负责人。陈佩兰是华南女大的毕业生,拥有美国俄勒冈大学家政学院硕士学位,是一名家政专业的专家。在陈佩兰教授的指导下,华南女子大学的家政专业在设定专业课程方面更加专业化、精品化、精益化。为了打造精品课程,1934 年王世静向教育部申请成立家事专修科,并且特意附带建立一所家事实习室。实习室里面细分为书房、起居室、婴儿房、餐厅、厨房和客厅等部分,完全模仿真实的家事情境,利于学生家事培训。"主修家事教育系之四年级八人,分为两组实习,每组实习时间为五星期,在该期间内,室内工作分为主人、主妇、厨司、助手,由四人轮流各分担一星期,至第五星期则专为交际之实习,或宴请宾客,或举行茶会。"①华南女大家政专业精细化课程设置不仅有利于学生实践操作能力的培养和提高,而且使得该校家政专业逐渐成为本领域的佼佼者。

(三)学生管理细致化

华南女大非常重视学生的全面发展。因此,王世静在学生管理方面,特别注重细节,考虑问题周密,观察细致入微。

(1)招生方面。华南女大在招生程序上非常明确和细化,环环相扣。第一,明确规定必须是公立或者已经向政府立案的私立高级中学或者同等学校的毕业生才可以报名;第二,报名的学生必须要填写报名表并附设毕业生学校校长的推荐书和体格检查表,只有经过学校审核通过才发放准考证;第三,考生必须到学校指定考点参加国文(论文一篇)、英文(论文一篇)、科学(在物理、化学、生物中任选一科)和数学考试,最终考生成绩符合学校规定才给予录取通知书。

(2)考试方面。华南女子大学对于考试类型、考试时间、考试成绩的规定也非常精细。学校考试分为平时测验、月考、期考三种形式。平时的测验主要以笔答或口答的方式,任课老师根据学生的实际情况自行决定是否进行;月考每学期举行三次或四次,由任课老师根据具体情况确定考试日期;期考在期终结束时进行。学生最后成绩,通过平日成绩、月考成绩和学期考试成绩加以平均计算,如果学生最后平均得分低于60分,就会被学校要求留级。

(3)考勤方面。为维护学校正常教学秩序,华南女大对学生考勤请假方面的管理非常细致、严密。学校规定学生不允许私自外出,如果有事外出,必须向学校申请请假。如"学生遇有紧要事故,须请假者,应预先到教务处陈明理由,以待核准登记。假满回校时须即到教务处领取准假证,呈交各教员签字,签毕仍交教务处备查"②;"学生于授课时间,不能上课者,须到教务处,请领准

---

① 《家事实习室消息》,《华南学院校刊》1942年第11期,第4页。
② 福建省地方志编纂委员会编:《福建省志·教育志》,北京:方志出版社,1998年,第783—784页。

假单,作为缺课。学生于一学期之中,缺课次数,只准一学分一次"①;等等。

(4)留学深造方面。由于王世静在密歇根大学攻读博士学位时以优秀的学习成绩、突出的工作能力及高尚的品格博得学校很高的评价,因此自1928年起华南女大享有可以推荐一名教师赴美国密歇根大学攻读博士学位的待遇。同时,如果学生成绩优异,被学校认为是高才生,则毕业以后便由教会资助保送赴美留学。"毕业生赴美深造,美国学校均得认可。基督教会选送留学生的条件:一是信徒,二是学业成绩优秀。凡牧师子女、教徒及在教会工作十年以上者,得优先选送。凡教会资助的留学生回国后,必须为教会服务。"②王世静非常重视学校与国外学校的交流,在参加国外会议时,她会大力宣传华南女子大学,并与国外一些大学或学院展开合作,为学生争取出国留学深造的机会。

(5)生活方面。王世静关心学生生活,非常细心。为了能够深入、全面了解到学生各方面的发展状况,王世静推行"姐妹班制"。新生一入校,就会有老生与之结为"姐妹",在日常的学习生活中帮助新生。华南女大师生比例非常高(1∶5.2),为此,学校设置了"级顾问"制度,由学校教师担任每个年级的顾问。"级顾问"制的设置可以使师生之间形成十分亲密的感情,有助于教师对学生的观察、沟通和帮助。许多毕业生在她们年老时,依旧对王世静校长怀有感激之情。如马秀发老人在回忆中感激当年王世静校长在她最困难的时候帮助她③;另一位校友回忆:"在华南真的很温馨,生病了都有其他同学照顾,比在家里更舒服。因为那时家长都忙于生计,无暇顾及。而且院长、系主任都会来看望生病学生。"④华南女大采用"姐妹班"制度和"级顾问"制度,不仅可以对学生进行细致化的管理,而且也加强了华南女大的内部凝聚力以及学生对于学校的归属感。

(6)学生文化活动方面。积极引导各类学生社团活动,营造良好的校园文化活动氛围。华南女大除了一年一度的春季晚会和五月娱乐晚会外,还有青年会、自治会、音乐组和语言研究会等社团活动。每个社团活动在学校规定下,通过学生自主组织,积极开展各种活动,学生的课余生活不但得到丰富,而且学校社团呈现欣欣向荣的景象。

① 《私立华南女子文理学院一览》,福建省档案馆,馆藏号39-1-2。
② 汪征鲁:《福建师范大学校史》(上),北京:中国大百科全书出版社,2007年,第72页。
③ 潘时珍:《伊人宛在——守护精神》,福建师范大学硕士论文,2008年,第33页。
④ 潘时珍:《伊人宛在——守护精神》,福建师范大学硕士论文,2008年,第55页。

(7)学生选科方面。学校实行主修、辅修及选修制度，在实施过程中非常重细节、重具体、重过程，每件事都考虑周全，"选科包括专修、兼修，及选读各科目；一年级，不允许选读科目；选科，至少三人，方能成班；每学期开课时，学生须向司册处领取上课证，呈各科教员签名后，复行交还司册处"①。王世静在向教育部申请注册立案后，学校设立七个系和一门专修科：文科方面有国学（中文）、英文、历史、教育四个系；理科方面设立生物、化学、数理三个系，以及家政专修科一门。学生在第一学年根据自己的兴趣爱好认修文科或理科，到第二学年学生必须向教务主任及系主任申请主修系和辅修系。除了普通必修科之外，还要必须选修主修系课程至少达到 30 个学分，辅修系课程至少达到 15 个学分，如果中间学生需要申请转科或转系，必须得到教务主任及系主任允许。学校采用学分制的量化方式，使得整个过程直观、具体、清楚，"新生于试验录取之后，编入第一年级；修过 34 学分者，编入第二年级；修过 68 学分者，编入第三年级；修过 100 学分者，编入第四年级；修过 132 学分者毕业"②。另外，体育、唱歌这两门科目是一年级学生至四年级学生的必修课。学校选科安排见表 4-2。

表 4-2　华南女子大学必修课与选修课课程③

一年级					
上学期	学点	分点	下学期	学点	分点
国文学	3	1.5	国文学	3	1.5
汉文论	2	1	汉文论	2	1
英文学	5	4	英文学	5	4
英文论	3	2	英文论	3	2
古代史	5	4	古代史	5	4
动物学		4	动物学		4
共计 16.5 分			共计 16.5 分		

①　朱有瓛、高时良主编：《中国近代学制史料》（第四辑），上海：华东师范大学出版社，1993 年，第 609—610 页。

②　华南女子文理学院：《教育部立案私立华南女子文理学院一览》，华南女子文理学院，1937 年，第 34—35 页。

③　朱有瓛、高时良主编：《中国近代学制史料》（第四辑），上海：华东师范大学出版社，1993 年，第 609—610 页。

续表

<table>
<tr><td colspan="6" align="center">二年级</td></tr>
<tr><td>上学期</td><td>学点</td><td>分点</td><td>下学期</td><td>学点</td><td>分点</td></tr>
<tr><td>国文学</td><td>3</td><td>1.5</td><td>国文学</td><td>3</td><td>1.5</td></tr>
<tr><td>汉文论</td><td>2</td><td>1</td><td>汉文论</td><td>2</td><td>1</td></tr>
<tr><td>英文</td><td>5</td><td>4</td><td>英文</td><td></td><td>4</td></tr>
<tr><td>中古史</td><td></td><td>3</td><td>近代史</td><td></td><td>3</td></tr>
<tr><td>科学或立体几何</td><td></td><td>4</td><td>科学或大代数学</td><td></td><td>4</td></tr>
<tr><td>教育学</td><td></td><td>4</td><td>宗教教育学(一)</td><td></td><td>4</td></tr>
<tr><td colspan="3" align="center">共计17.5分</td><td colspan="3" align="center">共计17.5分</td></tr>
<tr><td colspan="6" align="center">三年级</td></tr>
<tr><td>上学期</td><td>学点</td><td>分点</td><td>下学期</td><td>学点</td><td>分点</td></tr>
<tr><td>国文学</td><td>3</td><td>1.5</td><td>国文学</td><td>3</td><td>1.5</td></tr>
<tr><td>汉文艺</td><td>2</td><td>1</td><td>汉文艺</td><td>2</td><td>1</td></tr>
<tr><td>英文</td><td></td><td>3</td><td>英文</td><td></td><td>3</td></tr>
<tr><td>宗教教育学(二)</td><td></td><td>3</td><td>教育学</td><td></td><td>4</td></tr>
<tr><td>选科</td><td></td><td>10</td><td>选科</td><td></td><td>9</td></tr>
<tr><td colspan="3" align="center">共计18.5分</td><td colspan="3" align="center">共计18.5分</td></tr>
<tr><td colspan="6" align="center">四年级</td></tr>
<tr><td>上学期</td><td>学点</td><td>分点</td><td>下学期</td><td>学点</td><td>分点</td></tr>
<tr><td>国文学</td><td>3</td><td>1.5</td><td>国文学</td><td>3</td><td>1.5</td></tr>
<tr><td>汉文艺</td><td>2</td><td>1</td><td>汉文艺</td><td>2</td><td>1</td></tr>
<tr><td>选科</td><td></td><td>15</td><td>宗教教育学(七)</td><td></td><td>4</td></tr>
<tr><td></td><td></td><td></td><td>选科</td><td></td><td>11</td></tr>
<tr><td colspan="3" align="center">共计17.5分</td><td colspan="3" align="center">共计17.5分</td></tr>
</table>

资料来源:朱有瓛、高时良主编:《中国近代学制史料》(第四辑),上海:华东师范大学出版社,1993年,第609—610页。

(四)教师管理细腻化

师资是一个学校兴办成功的关键,王世静十分重视教师队伍的建设和管理。与强硬、形式化的规章制度和权力手段不同,王世静在教师管理中体现出女性特有的细腻与关怀。做事细心,考虑问题周到,处理事情细腻。不仅在生活中关心教师,注重人才培养,而且在教学上,给予教师更多教学自由,发挥自己的专长,充分调动教师的教学积极性,极大地推动了华南女大教育事业的发展。

在华南女大,有一个非制度化的规定:教师们每个星期都要有一次午餐聚会,教师像家人一样围坐在一起,发挥主人翁精神,共同商量校园大事,增进沟通与情感。王世静在学校对教师非常亲和,从不大声呵斥教师。她关心教师的生活情况,不计较个人得失,拒绝接受比其他同事更高的薪金。在这样一个充满温情的生活氛围中,华南女大形成了强有力的凝聚力。即使在艰苦的抗战期间,王世静也依旧如此。抗日战争全面爆发后,日军占领福建。为了不被日本蹂躏,校董会商量决定迁移学校。王世静把校董会安排学校内迁南平的意见,交给全校教师共同讨论,教师可以随校内迁或者自行随家人撤离。国难当头,除了美籍教师部分撤离中国外,中国教师都坚持与学校共存亡。学院英文系主任爱以利(Miss Elsie Reik)说:"我们的院长把她的房间分给两个同事一起居住,而学生则 12 人一间宿舍,宿舍里大家共用一张桌子。"①在物资紧缺的环境下,王世静为了能够给师生看病,在战乱四起的情况下通过各种渠道筹措资金,还呼吁华侨校友捐赠药物。王世静对待教师,并非简单的上级与下级的关系,更像是生活中的知心姐姐、工作上的好搭档,教师们非常敬佩王世静的为人。在抗战期间,物价飞涨,美国教会提供的办学基金又不能及时到账,办学经费拮据,师生生活艰苦。尽管如此,学院的教学和科研等工作依然有条不紊地进行。在学校教师和资金严重短缺的情况下,王世静居然还能聘请到物理学博士吴芝兰、家事学专家陈佩兰、心理学专家刘永和、化学专家余宝笙、音乐专家魏非比等众多获得博士和硕士学位的华南校友。1946 年至 1948 年,学校又聘请到了原金陵女大训导长、教育学教授张芗兰博士,化学系则聘请了福建省立自然科学研究所研究员。这些校友放弃国外优厚的待遇和国内其他高校高薪的诱惑,回母校任教,从中可以看出王世静对教师"用心待人、以情留人"的管理方式。表 4-3 是华南女大 1950 年教职员名单:

①　吴梓明:《基督教大学华人校长研究》,福州:福建教育出版社,2001 年,第 226 页。

表 4-3　1950 年华南女子大学教职员名册

序号	姓名	性别	职务	学历	经历
1	王世静	女	院长	密歇根大学硕士、晨边大学博士	厦门大学教授,本学院教务长
2	许引明	女	教务长、生物系教授	密歇根大学博士	本学院生物系教授、主任、代院长
3	陈淑圭	女	家事教育系主任	哥伦比亚大学博士	本学院教务主任、兼代院长
4	余宝笙	女	化学系主任	约翰霍普金斯大学博士	本学院化学系教授
5	吴芝兰	女	物理系主任	密歇根大学物理学博士	本学院教授
6	周贞英	女	生物系主任	密歇根大学博士	本学院生物系教授
7	陈芝英	女	副教授	堪萨斯大学硕士	本学院家事教育学系讲师
8	王振先	男	文史系主任兼秘书	日本早稻田大学政学士	前教育部参事,厦门大学教授
9	康慎德	女	外国语系主任	哥伦比亚大学硕士	本学院教授
10	爱以利	女	外国语系教授	威斯康辛大学学士	本学院副教授
11	何淑英	女	数理教员兼会计	波士顿大学数理硕士	本学院附中数理教员
12	张芗兰	女	教育学教授	美国西北大学哲学博士	金陵女大教育系教授
13	佟德馨	女	家事教育副教授	密歇根大学硕士	昆明广播电台播音员,云南高等法院书记官
14	傅华星	女	音乐系副教授	学士	本学院音乐教员、音乐系教授
15	福　路	男	音乐教授	音乐硕士	本学院音乐教员
16	王瑜钦	女	化学系助教	本学院毕业、岭南大学研究院肄业	本学院及岭南大学化学系助教
17	苏柏新	女	家事教育系讲师	美国堪萨斯大学硕士	南平剑津中学教员
18	陈懿德	女	音乐助教	本学院文学士	
19	林仲铉	男	文史系教员	华西大学文学士	成都《生活与学习》月刊主编
20	林海英	女	化学系助教	本学院毕业	私立慕陶联合中学教员,南京金陵女大化学系助教
21	陈琼琳	女	化学系助教	本学院毕业	
22	王纯懿	女	教育系教授	密歇根大学硕士,加利福尼亚大学研究院	本学院讲师
23	黄淑娟	女	教育系教授	加利福尼亚大学研究院	本学院讲师、副教授
24	吴美锡	女	生物系助教	本学院毕业	

续表

序号	姓名	性别	职务	学历	经历
25	刘以熙	女	教育系助教	本学院毕业	
26	刘贞琼	女	实验托儿所干事	本学院毕业	私立福州开智中学教员
27	唐美媛	女	注册课主任	本学院毕业	莆田咸益女中教务主任，省立福田中学教员
28	曾淑宜	女	庶务	本学院毕业	
29	吴高檠	男	文牍	福建省立二中毕业、公立法政专门毕业	福建印花烟酒税盐运使署科员
30	吴作英	女	教务员	香港梅芳高中毕业，广州大学肄业	南平中学，省助产学校教务主任
31	关 兰	女	校友部办事员		
32	林毓英	女	护士	柴井高级护士学校毕业	柴井医院护士
33	陈德光	男	图书馆员	三一中学毕业	
34	林英明	女	社教助理干事	本学院附中毕业	
35	王世达	男	助理图书馆员	同济医科大学电工机械科毕业	
36	黄蕙慈	女	实验托儿所干事	私立协和幼稚师范毕业	私立文山学校附设幼儿园主任
37	林克钊	男	印刷	中等程度	
38	罗怀慈	女	庶务	上海慕尔堂专修科毕业	上海务本女中教员
39	陈易园	男	文史系教授（兼任）	日本早稻田大学政学士	北大、协大、厦大教授
40	许作梅	女	社教干事	本学院毕业	
41	黄觉民	男	教育系教授（兼任）	哥伦比亚大学教育心理学专家	福建省研究院院长
42	郭公佑	男	化学系讲师	金陵大学化学研究所研究员	暨南大学副教授
43	黄 震	男	生物系教授（兼任）	北京师范大学生物系毕业、日本东京帝国大学农学部	福建省农政处处长
44	德穆	女	社会学教授	硕士	
45	良纫芳	女	图书馆主任	学士	
46	刘俊恩	女	社教干事	北平燕京大学	上海儿童促进福利会干事
47	蒲天寿	男	校医（兼任）	医学博士	福州协和医院院长

资料来源：《私立华南女子文理学院教育概况》，福建省档案馆，馆藏号 39-1-97。

华南女大的薪资水平在众多高校中算低的,但是仍旧有这么多毕业于名牌大学的教师愿意留在华南女大,这很大程度上归功于王世静民主的、平等的、精细的管理方式。

(五)行政组织结构精小化

精细化管理是整个组织的事,需要对整个组织结构进行系统设计,考虑到各个部门机构的衔接点,将管理责任落实到具体部门,利于组织选择最优决策来实现各部门资源的最优配置。大学是一个教师与教师、教师与学生、学生与学生组成的有机整体,按照一系列规章制度架构起来的组织。因此,王世静在大学内部管理实行组织结构"精小化",这对学校顺利开展一系列工作尤为重要。

王世静治校期间,华南女子大学行政组织结构的精小化体现在"小而精、特而全"的理念,特别讲求"民主管理、教授治校、人员精简、职责明确"。作为院长,王世静拥有直接任免职权以及确定学院科系管理和发展规划方面的决定权,但是她没有大权独揽,而是在决定重大决策时考虑到整个行政组织结构的系统性,科学适度地授权与分权,一般都会通过正式的校务会议共同商量后才做出决策。华南女大设立了9人校务委员会、9人教务委员会、5人训导委员会,在3个委员会下,又分设9个小组,具体开展各项工作。如图4-1所示。

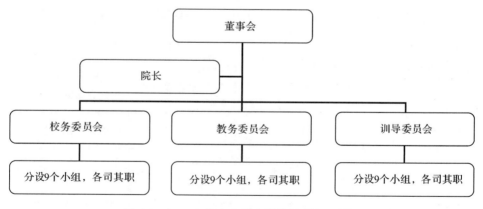

图 4-1　1933 年华南女子大学的行政组织结构

从以上华南女大的行政组织结构中,我们可以看出校长(院长)是华南女大行政组织结构的核心,华南女大"于院长之下设秘书一人,文牍员一人,又分设教务、训导、总务三处,教务处设主任一人,办事员四人,总务处设主任一人,办事员四人,训导处设主任一人,训导员若干人,并常设教务训导总务三会议及教职员会议,并图书出版委员会、健康委员会兼办社会教育推行委员会等,除当然委员外,其各会议出席人员均就院中教职员推选充任"①。到抗战时期,华南女子大学的行政组织又有所变化,具体如图 4-2 所示。

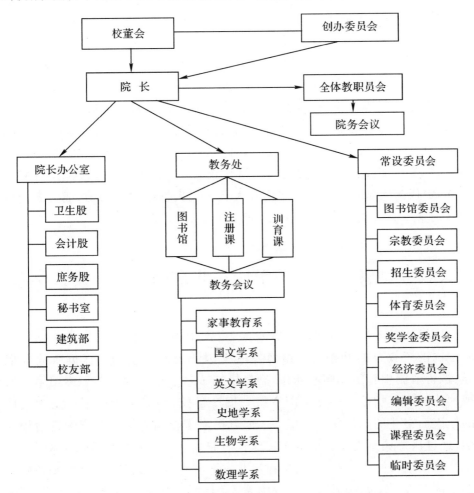

图 4-2　抗战初期华南女子大学的行政组织系统

　　新中国成立后,王世静重新整顿校政委员,在取消训导处的基础上增选学生代表和工人代表参加校政管理。即使华南女子大学管理层次繁多,但是这种"精小化"的行政组织机构形式,不仅更加科学和民主,而且根据统一

　　①　《私立华南女子文理学院概览》,福建省档案馆,馆藏号 39-1-89。

指挥、垂直领导和专业分工的原则,整个组织秩序井然,分工精细,责任清楚,效率较高。同时,由于组织稳定性较高,在外部环境变化不大的情况下,组织稳定性不易被破坏。1947 年王世静应邀出席美国董事会召开的战后复兴会议,华南女大由陈淑圭暂代校长一职。期间学校井然有序,整个学校管理并没有因为王世静校长的"缺席"而"大乱阵脚"。因此,学校行政组织结构系统化便于学校的最高领导层可以摆脱烦琐的日常事务管理,把精力集中在考虑学校发展全局性问题上,研究和制定利于学校发展的各项政策。

总而言之,王世静担任华南女大校长二十三年,作为学校管理的灵魂人物,在学校管理活动的各个环节,她充分发挥了女性特有的细腻、缜密的特点,在学校管理中形成了一套精细化的管理方法。办学目标上,明确具体,学校一切活动以办学目标为出发点;对于师生管理,心思细腻,洞察师生内心情感,关心细致入微;在行政组织结构调整中,王世静强调教师岗位职责细化,责任落实到每一个人。华南女大从近代大学中脱颖而出,成为海内外知名的女子高等教育学府,王世静的精细化管理功不可没。

二、服务型管理——杨崇瑞在北京国立第一助产学校

杨崇瑞是近代著名的医学教育家,也是中国近代妇幼卫生事业创始人和中国助产教育的开拓者。她对发展中国的公共卫生妇幼保健事业及倡导、推行节制生育工作呕心沥血,勤奋耕耘了六十年。她创办了中国第一所现代化的助产学校——北京国立第一助产学校,培养和造就了一支为民族的健康而奋斗的妇幼保健队伍。下面以杨崇瑞在国立第一助产学校治校为例,通过这个典型而有价值的个案深入研究国立大学女校长的治校风采。

杨崇瑞(1891—1983),出生在河北省通县燕郊镇兴都庄,曾祖父和祖父都是读书人。父亲杨云阶十六岁中秀才,十八岁中举人,素有"少年才子"的美称,曾在通县协和书院教授学生历史和中文。母亲杨碧徒,贤良淑德,负责操持家务。杨崇瑞有三位兄长,长兄教书,次兄务农,三兄为外科医生。杨崇瑞自幼聪慧灵活,做事有主见。八岁时勇敢地向父亲提出要求放足,并要求解除六岁时家庭包办的封建婚约。开明的父亲看到年幼的她竟如此坚定,于是答应了她的全部请求。开明的知识分子家庭氛围,为她日后的学业提供了强有力的经济和思想支撑。

杨崇瑞四岁时就跟着父亲认字、读书,七岁时就读于通县潞河中学附设小学,因成绩优秀被保送到北京贝满书院读书。十九岁考入北京协和大学理化科(即医学预科),两年后获理科学士学位。同年,考入北京协和女子医学院,五年后获得医学博士学位。1921年到北京协和医学院进修,在妇产科学习六个月。1925年杨崇瑞获得了奖学金到美国约翰霍普金斯大学医学院学习。多年的苦读,为她以后担任助产学校校长奠定了坚实的知识基础。

博士毕业后,杨崇瑞于1918年到山东德州博氏医院任普通科和外科主治医师。1920年底转至天津妇婴医院工作,一年后成为北京协和医学院妇产科医师,1927年转而担任协和医学院公共卫生科讲师兼第一卫生事务所保健科主任。1929年,国民政府卫生部和教育部正式批准杨崇瑞关于创办国立助产学校的建议,并且任命杨崇瑞为国立第一助产学校校长。多年的妇幼工作经历,为她担任国立第一助产学校校长积累了丰富的实践经验。1948年经卫生署推荐,杨崇瑞当选为立法委员。依当时规定,立法委员不得兼职,故杨崇瑞辞去中央卫生实验院妇婴卫生组和国立第一助产学校的职务。

从1929年一直到1948年,杨崇瑞在北京国立第一助产学校担任校长时间长达十九年。她把自己的一生都奉献给了妇幼卫生事业,终身未婚。她自己曾幽默地说:"我同妇幼卫生事业结了婚,全中国儿童都是我的孩子。"[①]在担任校长期间,她把服务、牺牲、奉献的理念注入学校管理中,形成了别具一格的办学风格。

(一)制定校训:牺牲精神,造福人群

杨崇瑞在担任北京国立第一助产学校校长前,就已经确立了投身于中国妇婴事业,为千千万万的妇婴服务的决心。博士毕业后她就选择了条件非常艰苦的山东德州,当时山东灾情严重,很多医务人员纷纷离开山东。杨崇瑞不怕日晒蚊子咬,即使满身长满虱子,也每天搭着小船给灾民看病,她为自己能给需要的人们奉献自己的一份服务而由衷地感到愉快。1921年,在北京协和医学院妇产科工作期间,公共卫生科主任英国医生兰安生教授(J.S. Grant)发现了杨崇瑞在公共卫生专业领域的才能,极力建议她扩大服

---

① 　吴英恺编:《老专家谈医学成才之道》,北京:北京医科大学、中国协和医科大学联合出版社,1995年,第136页。

务范围,从为个体病人服务转向为社会大众服务。正当杨崇瑞内心徘徊不
定时,正好有一位三河县普通农民给协和医院写信求助,他说自己家乡孕妇
和婴幼儿死亡率都很高,十分希望医院能保证孕妇和婴儿的平安。这个农
民反映的情况引起了杨崇瑞的重视。为此,杨崇瑞参加了兰安生教授组建
的由公共卫生科与妇产科联合的调查团,到冀东三河及遵化等县作实地考
察。经过调查得知,破伤风和产褥热分别是导致新生儿死亡高和产妇死亡
率高的重要原因,这对杨崇瑞产生了非常大的触动。从此,杨崇瑞决心献身
妇婴卫生事业。1926 年,她利用进修结束之时,到美国东北部、英国、德国、
法国、丹麦、奥地利等地参观考察公共卫生和助产教育。她认为中国可以效
仿英国、荷兰、德国、法国等国采用受过严格训练的助产士处理分娩的做法,
考察更坚定了她从事妇幼卫生事业的信心和决心。用她自己的话说:"我恍
然了解到公共卫生实是一条保障民族健康的捷径,比医疗机关更具建设性
和积极性。我立即感到,对于样样落后、经济贫困的中国,这是一个最节约
而最易生效的、预防疾病、保障健康的方法。"①1928 年,杨崇瑞在北京开办
了中国第一个"接生婆讲习班",对 360 名旧式接生婆进行严格专业训练,大
力推广新式接生,以减少妇婴的死亡率。可以说,在担任校长之前,杨崇瑞
就已经确立不为个人,而是以"造福人类"作为自己的出发点。

　　1929 年,杨崇瑞担任北京国立第一助产学校的校长,亲自制定了"牺牲
精神,造福人群"为校训,并亲自书写刻在一块高约一米的碑石上。在办学
期间,她始终把校训放第一位。她经常对学生说:"在你们的手中,握着两条
生命——母亲和孩子。你们是守卫新世界的人,新的生命会在你们手中诞
生,但也会在你们手中死亡。因此,你们的事业是崇高而伟大的,绝不能有
任何疏忽。"②她告诫学生作为一名医护人员职责之重大,要时刻牢记自己的
使命。在工作中,杨校长也经常对学生说:"遇到麻烦,就要多动脑筋,知识
也就增长得快。有所为,才能有所得。"③杨崇瑞这样教育学生,自己更是身
体力行。她白天给学生上课,晚上亲自到附属产院检查工作;她同大家一

---

　　① 吴英恺编:《老专家谈医学成才之道》,北京:北京医科大学、中国协和医科大学联合
出版社,1995 年,第 132 页。

　　② 政协三河市委员会学习文史委员会编:《三河文史资料选辑》(第 4 辑),石家庄:政
协三河市委员会学习文史委员会,2007 年,第 6 页。

　　③ 中国人民政治协商会议北京市东城区委员会文史资料委员会:《北京市东城区文史
资料选编》(第 3 辑),北京:东城区政协文史资料委员会,1992 年,第 156—157 页。

样,轮流在学校地段服务区服务,对孕产妇进行健康指导;有产家要求杨校长接生的,她从不拒绝或让其他医生代为接生。所以,有学生回忆说:"当年,我们许多刚刚毕业的年轻学生都希望在医院内而不愿外出到地段去接生。一是认为外面条件比医院差得多,容易出事故,担风险,责任大;二是在产妇家里,还得做家属的工作,情况复杂,工作难做。杨校长了解到我们这种心理,以身作则,规定她自己也担任院外接生的工作。"①即使担任国际要职和享受高薪待遇,但是只要哪里需要,尤其是中国妇幼卫生推广工作的需要,她都会在第一时间奔赴那里,将毕生所学知识奉献给社会。1937 年,杨崇瑞被国际联盟聘为妇婴卫生组专家,奉派到亚洲 4 国和欧洲 13 国考察其妇婴卫生及助产教育。途中,七七事变爆发,杨崇瑞急奔回国,在汉口参加红十字医疗队,组织伤兵医院等工作。1948 年,杨崇瑞又被联合国世界卫生组织聘为国际妇婴卫生专家组成员,当听到新中国成立时,毅然决然辞去世界卫生组织的高薪挽留,立即从日内瓦赶赴国内。杨崇瑞谨记"牺牲精神,造福人群"八字校训,扎根在自己的岗位中,服务当地,奉献自己。

(二)"造就产科专门人才",服务社会

1929 年,杨崇瑞担任北京国立第一助产学校校长后,为了使中国广大中下层贫苦家庭都能得到妇婴卫生保健,杨崇瑞计划在未来五十年内培养十五万名助产士,在全国建立起系统全面的妇幼卫生保健网。为了实现她心中的这个宏伟计划,杨崇瑞明确规定,办学宗旨为"造就产科专门人才"以服务社会。

学校成立之初,北京国立第一助产学校按照国民政府教育部规定学制两年,招收高中毕业生,后改为三年。因此,北京国立第一助产学校虽名义上叫本科,实际相当于大学专科水平。根据当时中国妇幼卫生事业的实际现状,杨崇瑞开展了不同层次和类别的教育。学校除了培养本科学生外,还开办了多种类别的培训班:(1)助产士训练班,以招收小学毕业生为主,培训 6 个月,为训练普及人员而设,共办 4 班;(2)助产士实习班(原名研究班),招收各省公、私立助产学校毕业生,由各省保送入学,借以充实妇产科知识和提高临床实践能力,修业期 6 个月,共办 5 班;(3)护士助产特科,系助产教

---

① 中国人民政治协商会议北京市东城区委员会文史资料委员会:《北京市东城区文史资料选编》(第 3 辑),北京:东城区政协文史资料委员会,1992 年,第 156—157 页。

育委员会应中华护士会请求而开办,招收公、私立医院保送的领有中华护士会证书的护士,予以助产训练,修业期 1 年,共办 8 班;(4)助产士师资训练班,招收助产学校毕业并领有助产证书人员,并经毕业学校或服务机关报送者,修业期 1 年,办 1 班。国立第一助产学校成为我国助产教育的发源地和助产教育师资的培训基地。

表 4-4　北京国立第一助产学校教育层次和类别

种类	学制	招收对象	目的
本科	3 年	高中毕业生	造就产科专门人才
助产士培训班	6 个月	小学毕业生为主	训练普及人员
助产士实习班(原名研究班)	6 个月	各省公、私立助产学校毕业生	充实妇产科知识和提高临床实践能力
护士助产特科	1 年	公、私立医院保送的领有中华护士会证书的护士	助产训练
助产士师资训练班	1 年	助产学校毕业并领有助产证书人员,并经毕业学校或服务机关报送者	提高助产技能

资料来源:严仁英等主编:《杨崇瑞博士:诞辰百年纪念》,北京:北京医科大学、中国协和医科大学联合出版社,1990 年,第 139—140 页。

从 1929 年到 1939 年这十年,国立第一助产学校在杨崇瑞的管理下,培养了一大批骨干人才。"本科班共创办 13 个班,助产士训练班 4 个班,助产特科(护士进修)8 个班,助产士实习科 5 个班,助产士师资训练班 1 个班"[1],毕业生总计 255 名。毕业生"大都派往各省市公立卫生机关以及边远地区服务,占毕业生 83.92%,只有 13 个人开业,占 5.10%"[2]。这十年时间中,在国立第一助产学校示范下,杨崇瑞又建立了南京中央助产学校,并协助各省立、市立、私立助产学校共 52 所,其中省立 16 所,市立 3 所,私立 33 所。[3]杨崇瑞领导的国立第一助产学校发挥了领头羊的作用,助产学校迅速在全国铺开。与此同时,国立第一助产学校的毕业生作为骨干几乎遍及全国各

---

① 左奇、严仁英主编:《杨崇瑞博士——中国妇幼卫生事业的开拓者》,北京:北京医科大学出版社,2002 年,第 22 页。

② 左奇、严仁英主编:《杨崇瑞博士——中国妇幼卫生事业的开拓者》,北京:北京医科大学出版社,2002 年,第 12 页。

③ 参见左奇、严仁英主编:《杨崇瑞博士——中国妇幼卫生事业的开拓者》,北京:北京医科大学出版社,2002 年,第 23 页。

地农村。随着大批产科专业人才走向农村,服务社会,全国妇幼卫生事业有了大的改观,作为产妇和新生儿两大杀手的产褥热和破伤风的患病率直线下降。母婴死亡率更是大大降低,"以北京第一助产学校附属产院的孕产妇及婴幼儿死亡率统计为例,从 1930—1939 年,孕产妇死亡率由 4.6‰降至 2.9‰;新生儿死亡率由 108‰降至 66‰;难产由 84‰降至 18‰"[①]。

在杨崇瑞的辛苦经营下,北京国立第一助产学校即使在战时也没有停止培养人才。截至 1952 年国立第一助产学校被政府撤销,学校共培养本科学生 32 届,毕业生达到 450 多名;助产士训练班创办 4 次,毕业学员共 22 人;护士助产特科共办 8 个班,学员达到 50 名;共创办 5 个助产士实习班,毕业人数 48 人;助产士师资训练班的毕业学员有 16 人。[②]

由杨崇瑞精心栽培出来的产科专门人才,牢记"牺牲精神,造福人群"的校训,服务社会。有些毕业生在自己的岗位上表现突出,担任了医学院、妇产医院、保健医院等领导职务,发挥着极其重要的作用,如"原北京医科大学副校长左奇、原协和医学院护士学校校长冯新贞、原上海医学院党委副书记王光正、原北京东四妇产医院院长闻莲清、原海南岛妇幼保健院院长周荣先、原兰州省立助产学校副校长杨泳霓等"[③]。有些学生则走向农村,从事和宣传妇幼卫生工作,如毕业生潘淑元曾回忆道:"1935 年,我来到上海高桥卫生事务所工作,该地区只有庸医及老法接生婆,也无其他卫生设施,新生儿及产妇死亡率很高。我们遵照杨校长的教导,经过两年来的努力,高桥居民基本接受了新法接生。据 1936 年统计共接生 451 例,婴儿无一例死于破伤风,产妇无一例死于产褥热"[④]。更有学生长期扎根边远地区,如十七班毕业的陶峦,主动要求到宁夏展开妇幼卫生工作。杨崇瑞培养的国立第一助产学校毕业生,本着服务社会的精神,已像种子一样洒播在全国各地。

---

① 《科学家传记大辞典》编辑组:《中国现代科学家传记》(第 4 集),北京:科学出版社,1993 年,第 555 页。

② 中国人民政治协商会议北京市东城区委员会文史资料委员会:《北京市东城区文史资料选编》(第 3 辑),北京:东城区政协文史资料委员会,1992 年,第 152—153 页。

③ 《科学家传记大辞典》编辑组:《中国现代科学家传记》(第 4 集),北京:科学出版社,1993 年,第 556 页。

④ 严仁英等主编:《杨崇瑞博士:诞辰百年纪念》,北京:北京医科大学、中国协和医科大学联合出版社,1990 年,第 61 页。

(三)组建精干的师资服务团队

为造就高质量的产科专业人才,精干的师资队伍必不可少。为此,杨崇瑞采取宁缺毋滥的方针,组建一支精干的服务高效的师资团队。

国立第一助产学校由杨崇瑞负责,下设教务、医务和事务三个股。教务主任曾宪章毕业于协和医院护士学校,她是一位资深的老护士,又到英国助产学校进修过一年,这样的教育经历和实践经验对助产教育和医院管理非常有利;医务主任杨葆俊毕业于协和女子医科大学,具有丰富的理论知识和临床经验;还有一批医师兼讲师队伍:"常树新、陈桂云、陈碧玺、贾玉荣、田凤銮、屈锦琴、汤润德、周萼芬、叶式钦、于淑安等都是协和医科大学或香港大学医学院、山东齐鲁大学医学院、上海医学院毕业的,其中有五六位曾留学欧美。"①学校另外还聘请许多名誉讲师,如生物学家余濆,公共卫生专家李廷安、左吉、张维,妇产科专家李士维、林巧稚,儿科专家诸福棠、沈骥英,防疫专家容残荣,社会学家张鸿钧等 20 多人。此外,设有专职的实习指导员杨泳霓、左顺贞等 10 多人,按时指导和监督学生实习。事务主任程明德是北京法学院的高才生,副主任兼管会计齐长琳毕业于燕京大学预科。以上可以看出,学校聘请的校务、教务、事务负责人,事业心强,富有服务和奉献精神。除了从外部招聘优秀的人才外,杨崇瑞也非常重视内部师资的培养。她通过自己的人脉和各种渠道,为学校申请到了洛克菲勒基金会去英国留学进修的 7 个名额,"从 1929—1931 年,先后保送协和医院护士专科毕业的余琼英、刘效曾、章斐成、林斯馨、史洪耀、管葆真和另一位北京妇婴医院护校毕业的陈怡迪赴英国国立助产学校进修助产"②。学成归国后,林斯馨担任了国立第一助产附属产院病房负责人。作为校长,杨崇瑞本人也非常注重学习,除了多次出国考察外,五十岁的她还远赴美国约翰霍普金斯大学医学院妇产科进修。

对于教职员工的薪金,杨崇瑞按照教育部规定,分为两级:聘任人员级和委派人员级。聘任人员按资历和专长划分等级,委派人员也按资历和文化程度划分。但整体专业技术人员的薪资要高于事务人员,由杨崇瑞亲自

---

① 中国人民政治协商会议北京市东城区委员会文史资料委员会:《北京市东城区文史资料选编》(第 3 辑),北京:东城区政协文史资料委员会,1992 年,第 150 页。

② 严仁英等主编:《杨崇瑞博士:诞辰百年纪念》,北京:北京医科大学、中国协和医科大学联合出版社,1990 年,第 77 页。

出面与她们商谈面定。为使教职员工安心工作,工资最高达 400 元,最低的工人也可以拿到 10 元以上,尽可能做到让每个教职员工都满意。即使在抗日战争时期国民政府停发了学校经费,杨崇瑞还专门提取了存入东交民巷汇丰银行的特别存款,以保证教职员工的薪金。

在杨崇瑞的带领下,国立第一助产学校形成了一支高效的教师服务团队,获得了北京八大学府之一的美称。

(四)秉持服务社会的教学原则

在教学管理中,杨崇瑞以贴近社会需求为主,编撰教材和改革教学方法,并要求学生必须经历一段时间的实习才能毕业,以便在以后的工作开展中,更好地把自己所学服务于社会。

首先,教学教材贴近社会需求。20 世纪 20 年代的中国,没有专门的助产学校培养专业助产人才,产妇生育主要靠旧式接生婆接生,所用的分娩工具非常简陋和不卫生,这些都是造成新生婴儿和母亲感染的重要原因。当时,国内没有专门的助产教材可以借鉴。于是,杨崇瑞通过学校聘任教学和临床经验丰富的专家、教授来学校讲课,通过整理他们平时上课的教案和习题,经过学校教务部门的修改、补充、审定,编辑成教材。学校新编的教材,特别注意培养学生各方面的发展,增设社会学、心理学和医院管理学等内容。教材的编纂一切以实际情况为出发点,内容贴近社会需求,以为社会服务为基本原则。例如,杨崇瑞在产院调查发现,"产妇中超过 6 胎的占 14%,最高胎次为 15,生育年龄最小的 15 岁,最大的 54 岁"[①],她认为生育过多、过早、过晚、过密,都是孕产妇死亡的危险因素。于是在学校的教材中,另外增加了"节制生育"这一内容,教授学生节制生育的科学知识以及节育的一些具体办法。杨崇瑞坚持教材的教学内容必须与社会需求紧密配合,力求做到学有所用,用所学服务社会。

其次,教学内容注重实践操作能力。在教学中,杨崇瑞要求学生能够做到书本知识与实际知识结合,学习理论与参加实践结合,使学生掌握比较完整的知识和运用知识于实际的能力。在国立第一助产学校中,规定每个学生必须要有给 30 位孕妇接生的实际操作经验。毕业前还要去院长室、教务

---

① 吴英恺编:《老专家谈医学成才之道》,北京:北京医科大学、中国协和医科大学联合出版社,1995 年,第 136 页。

主任室、总务科等每个科室学习管理知识,校外还要去产妇医院、妇幼保健所、育婴堂、监狱等单位进行实习。另外,杨崇瑞非常重视农村妇幼卫生保健工作,因此学生还必须到地方卫生机关及农村进行一定时间的实习,例如被委派到北平市保婴事务所、协和医学院附设机构、燕京大学社会系清河实验区等地实习。这样的教学内容安排不仅可以使学生深入了解城市及农村妇幼卫生工作的实际情况,还能够全面适应独立管理助产学校和产院以及全面开展城乡妇幼保健工作。有学生在回忆文章中写道:"我们一年级以上理论课为主,二年级暑假就进行产房实习,单独接生。毕业时已接过上百个孩子,能操作臀位助产、抽出术、徒手剥离胎盘、产钳、内倒转等产科手术。三年级学生能带低班同学,同时还进营养室进行伙食管理,计算本院职工及病房的伙食营养价值及膳食搭配等。"①理论联系实际,注重学生实际操作能力的培养,使学生一毕业马上就进入服务社会的状态。

总之,杨崇瑞作为国立第一助产学校的校长,在一穷二白的情况下,一心想着中国妇幼卫生事业的发展,救无数孕妇和婴儿于死亡线边缘。全校师生在"牺牲精神,造福人群"校训的引领下,成为中国妇幼卫生事业和助产教育的服务源。杨崇瑞把自己的一生都奉献给了妇幼卫生事业。当有人问她是否后悔时,她郑重并且坦然地回答:"毫不后悔,我最憎恨那些说外国月亮比中国月亮圆的胡说,为了国家的强盛,为了人民的健康和幸福,我'九死一生'而无悔。"②因此,与其说杨崇瑞是一个管理者,不如说更像一个服务者。

三、刚柔相济式管理——陆礼华在两江女子体育专科学校

陆礼华是我国女子体育事业的开拓者之一,创办了上海两江女子体育专科学校。两江女子体育专科学校不仅名满中华,在远东各国也享有盛誉。从这里培养出来的女子体育师资遍布全国各地,远及南洋群岛一带。两江

① 严仁英等主编:《杨崇瑞博士:诞辰百年纪念》,北京:北京医科大学、中国协和医科大学联合出版社,1990年,第72页。

② 卫生部妇幼卫生司:《开创我国现代妇幼卫生事业的先驱杨崇瑞博士》,《中国妇幼保健》1991年第6期,第3—5页。

女子篮球队更是在全运会、远东运动会和其他各种国际性比赛中屡创佳绩,为近代中国赢得很多荣誉。陆礼华作为上海两江女子专科学校的校长,充分展现了中国近代私立大学女校长的巾帼风采。

陆礼华(1900—1997)出生在上海青浦县一个四世同堂的小康之家。曾祖父是一个商人,经营一家杂货店。父亲有几十亩地,在镇上也算是一个知识分子。但父亲科举考试失败后,就心灰意冷,抽上了鸦片,也无心经营祖上留下的店铺,更不管家里的大小事情,家里的重担落在了陆礼华母亲肩上。陆礼华母亲非常辛苦,经常带着两个未出嫁的姑妈一起下地,种黄豆熬油,种棉花织布,种麦子做吃的,自力更生。有一次,陆礼华母亲因生病不能起床,无意中念叨想喝粥。于是第二天清晨,六岁的陆礼华独自提着米箩去河边淘米,想煮粥给母亲吃,结果不小心跌入了河里,幸亏被路人及时救起。她的孝心感动了父亲,从此也改变了父亲对她的态度。经过这事之后,小小年纪的陆礼华深知想要改变不平等的状态,必须通过自身努力去争取。有了父亲的支持,陆礼华胆子大了。有一次,陆礼华母亲要给她裹小脚,但陆礼华认为:"长大后(我)要像个男孩,男人能做的事,我一定也要去做,我想读书,我要像男孩子一样。"[①]如果裹了小脚,别人一眼就能认出她是女儿身。于是陆礼华坚决反对裹脚,宁死不屈。白天母亲给她缠了脚,晚上她就自己剪掉,来来回回剪了三次。母亲见她如此坚决,只好放弃。陆礼华在这场裹脚风波中再次赢得了胜利。她不仅自己拒绝缠脚,还向当地女性发动了放弃裹小脚的革命。镇上的其他女孩以她为榜样,也都纷纷拒绝裹脚。陆礼华因此被称为"放小脚司令",成为当地的小名人。辛亥革命爆发后,民主共和的观念逐渐深入人心。陆礼华父亲是小镇上第一个订《申报》的,陆礼华天天抢着看报纸,并深受孙中山民主革命思想的影响。在男女平等革命思想的熏陶下,陆礼华变得更加勇敢和有主见,她剪掉了祖父和父亲的辫子,满脑子都是革命的思想。祖父母曾说:"这孩子胆子太大,将来要拆天的。"[②]陆礼华的家庭环境为她以后办学奠定了良好的人格素养。

陆礼华六岁入私塾读书,男女同校,在当地属第一例。陆礼华非常珍惜这次读书的机会,勤奋好学,刻苦上进,读书比男学生还好,深受私塾先生喜

---

①　李小江主编:《让女人自己说话:独立的历程》,北京:生活·读书·新知三联书店,2003 年,第 164 页。

②　李小江主编:《让女人自己说话:独立的历程》,北京:生活·读书·新知三联书店,2003 年,第 167 页。

爱。九岁停学去做生意，打算盘做账，像个小大人。十四岁那年，父亲见陆礼华在读书方面有天赋，加上陆礼华非常喜爱读书，就把她送入了邻县的率英女校。她曾进过私塾，有一定的知识基础，于是学校让她插班，在学堂读了一年半就直接升入县立的在明女校。在明女校是县里最高学校，初中高中共六年。陆礼华在校期间，努力上进，尤其爱好体育，并在率英女校附设的幼稚园兼职教授体育课。一年半后，陆礼华考取了上海中国女子体操学校。该校是由留日学生徐一冰和徐傅霖、王季鲁等人于1907年在上海创办的，这是中国近代体育史上第一所培养体操专门人才的学校，学校采用军事化管理，在教学、生活方面对学生很严格。陆礼华在中国女子体操学校两年，成绩优秀，获奖无数。可以说，良好的学校教育给陆礼华办学奠定了知识基础。

　　1919年，陆礼华毕业后留校任教。同时她还兼任"东亚体专"、"勤业女师"、"女子美专"、"民生女校"等四校的体育教师，从此正式开始了她的教书生涯。在五所学校教学，不仅为陆礼华积累了办学资金和人脉关系，而且为开办体校提供了非常丰富的教学经验。

　　1922年陆礼华在上海创办"两江女子师范学校"，1928年获准教育部立案并改名为"两江女子体育专科学校"，设立体育专科和师范科。1946年回上海复校，改为两江中学，1950年学校被教育局接管。陆礼华共担任两江女子体育专科学校校长二十八年，为学校的发展殚精竭虑、呕心沥血。她一方面采取约束、监督、处分等刚性管理，另一方面通过鼓励、合作、协调等柔性办法，在办学中形成了柔中带刚、刚中带柔的管理风格。

（一）办学宗旨：办女体校，达强国梦

　　一直以来，女性是弱者的代名词，形容女性多为"弱不禁风"。陆礼华从小身体就体弱多病，一晒太阳就昏倒。但自从在率英女校上了体育课后，通过参加锻炼，已从一个病态的小姑娘变成身体结实的女学生，她开始在心里有了办体育学堂的梦想。1919年她从中国女子体操学校毕业之时，正好"五四"运动爆发，各种新思想新思潮层出不穷。陆礼华印象最深刻的是马相伯在上海对学生们的演讲，当时他慷慨激昂地说："中国要国富民强，需要办三件事，第一是教育，第二是实业，第三是体育，体育使中国民强，民强才能富国。"[①]陆礼华听完演讲后深有感触："看看中国人都是骨瘦如柴，有钱人家都

---

① 秦建君：《长生之道：中国寿星如是谈》，苏州：苏州大学出版社，1997年，第128页。

吃鸦片,连女人也吃鸦片,面黄肌瘦,看看真作孽!这种人的子孙肯定不会康健。"①这时,陆礼华从想做体育教师办体育学校,上升到了体育强国的高度,第一次把"体育"和"国富民强"联系在一起。

有了"体育强国"这个想法,陆礼华就一心想着筹办体校。但当时因为年纪小——1922 年时,陆礼华才二十二岁——别人都不相信她。于是她特意拜访了马相伯,聘请他担任学校的校董会主席。马相伯非常支持陆礼华,还帮她介绍社会上一些有名望的人担任校董,有王正廷、顾维钧、董康、张伯苓等人。张伯苓还亲自为两江女子体育专科学校题了词:"强我种族,体育为先。平均男女,促进健全。钦羡贵校,巾帼英贤。懦弱之耻,以雪巨渊。四载孟晋,奋迅无前。起衰振靡,用广师传。俚俗恭祝,寿考万年。"②当时学校的校董都是社会上的知名人士,立案非常顺利地通过。陆礼华把两江女子体育专科学校的办学宗旨定为:"在于中国妇女解放。通过学校的体育教育,达到强健妇女体格,培养女子体育师资,为中国开展女子体育运动训练骨干。"③在具体办学过程中,从学校选址、招生、请教师、贷款等各个环节,陆礼华都全身心投入。当时上海很多体育学校办不下去关停了,而陆礼华创办的两江女子体育专科学校,却越办越兴旺,最多时达到 300 人。一个弱女子创办的两江女子体育专科学校之所以能持续办学长达二十八年,最终支撑她的就是"体育强国"的梦想。陆礼华自己也曾说:"她们是办办白相相(玩玩)的,好办么办,不好办么关掉。招生也用欺骗的方法,比如她们看中我的学生,到我这里来招学生,答应她们免掉一些费用,多给点饭钱,我学校就转过去六七个、七八个。这样是不能长久的,所以有的两年,有的一年半年都关了。我与她们不一样,我是专心一致在办学校,全身心扑上去的。"④为了实现这一信念,陆礼华什么苦都愿意受,什么难都愿意扛。即使在抗日战争时期,陆礼华在重庆继续创办两江女子体育专科学校,亲自带领学生在山上生产,荒山上没有树,大家都戴草帽,肩扛锄头,手拿镰刀,种麦子,做缝

---

① 李小江主编:《让女人自己说话:独立的历程》,北京:生活·读书·新知三联书店,2003 年,第 170 页。

② 李永贤:《近代私立大学校长的体育观》,《山西师大体育学院学报》2006 年第 3 期,第 48—50 页。

③ 李小江主编:《让女人自己说话:独立的历程》,北京:生活·读书·新知三联书店,2003 年,第 91 页。

④ 李小江主编:《让女人自己说话:独立的历程》,北京:生活·读书·新知三联书店,2003 年,第 100 页。

纫，边生产边上课。如果遇到日军大轰炸，则在山上的峭壁上上课，平的石头当黑板，树桩当凳子。艰苦的办学环境，丝毫没有让陆礼华产生放弃的念头。

柔弱小女子创办体校，胸怀大志，最终希望达到"体育强国"的目的。两江女子体育专科学校的宗旨就是陆礼华办学风格的最好写照。

（二）内柔外刚，多渠道筹款办学

陆礼华创办上海两江女子体育专科学校时，创办之初的经费，只是她平时上课节省下来的区区 3000 多元，可谓是白手起家。但是，两江女子体育专科学校经过陆礼华的苦心经营，学生从最初的第一个学期只招到 18 个，发展到 1930 年 300 人；校舍从一栋租来的老洋房，发展到拥有 4 层教学大楼，12 栋学生宿舍和篮球、排球、田径等运动场地。那么，陆礼华是如何筹措办学经费的呢？

第一，软磨硬泡，向银行贷款。两江女子体育专科学校创办之初，校舍都是租的。但后来教育局规定体校只能办专科，且必须要有自己的校舍，没有校舍就不能办学。为此，陆礼华四处筹款。她先购买了一块地皮，然后利用校董会的名义宴请六家银行行长在华侨饭店吃饭，希望每家银行能够给学校贷款建校舍。起初银行担心陆礼华的还款能力，不愿意贷款。陆礼华就向他们讲述了自己办学以来的成果以及自己办学的决心，并提出每家银行透支 5000 元，这样六家银行总共 3 万元。六家银行各出 5000 元，大家觉得也不多，最后银行同意贷款。向银行贷款的过程，陆礼华可谓是软磨硬泡，外人看来精明厉害，但内心的委屈只有她自己清楚。

第二，伸缩有度，向学生收费。陆礼华创办的两江女子体育专科学校，作为一个私立学校，学生学费是主要经济来源。学生从最初的 18 人，最多时达到 300 人，学费始终是稳定的办学经费来源。但陆礼华并没有因为学费而什么学生都收，有几个小脚学生来报名，陆礼华当场就拒收，这些人痛哭流涕，希望陆礼华能录取她们，但她很负责任地说："不是我不肯收，你们学了前途上没发展。"[1]但对一些有体育专长的学生，陆礼华则主动上门招生。比如容淑束的体育特别好，篮球打得好，田径水平也很高。"我跑 60 米

---

[1]　李小江主编：《让女人自己说话：独立的历程》，北京：生活·读书·新知三联书店，2003 年，第 174 页。

是 6 秒 9 吧! 是破全国纪录的;跳远是跳四米八几;跳高,我这个人这么矮(一米五多一点),我能跳一米二十几。校长就是在运动会上看,看中了以后呢,动员我去。"①为了招到容淑柬,陆礼华直接上门找到她的父亲,因当时容淑柬的父亲是上海永安公司保险部经理,家里条件不错,收取费用相对就比较高。但对一些经济特别困难的学生,陆礼华就直接给她们免掉学费。可见,虽然陆礼华办学费用紧张,但对学生的收费并不是统一标准,而是因人而异,伸缩有度。

第三,水滴石穿,向亲朋好友借款。在学校建造过程中,学校因没钱预支而遭到施工暂停。这时陆礼华整日为校舍的建造东奔西走,她向身边的亲朋好友借钱,但没有人愿意再借钱给她,银行也不愿意再透支。"翻电话簿,东跑西跑,还是借不到钱。我每天早晨起来,新造的房子在我原来租的房子对面,每天看到工地停工,我做人实在难做。"②家人都劝她不要办体育学校了。最后,万般无奈,陆礼华只能告诉学生,学校实在没钱再建造校舍,体校可能要暂时停办。然而,天无绝人之路,一学生告知她丈夫在上海开公司,愿意为陆礼华建校舍提供资金。最终校舍建成,学校得以正常办学。

第四,收放自如,开源节流。1932 年到 1937 年,陆礼华在上海江湾办学,新建的校舍规模大,环境好。容淑柬曾描述:"两江女子体专规模相当大,有体育场、有游泳池、有体育馆、篮球场,还有园林,因为学生住校,这是学生休息的地方。游泳池是跟国外一样的,很漂亮,是个很像样的学府。宿舍也很整齐。校园进去,两边两排宿舍,一个宿舍六个人,三个与三个相对;还有六个木橱;进去是打了蜡的地板,擦得亮亮的,每天值日生都要收拾得清清爽爽,自己打扫的。校园中间有花坛,管理得很好。"③但为了还款有保障,陆礼华把旧的校舍出租给爱群学校,每个月有四五百元的租金,同时她还把新校舍的游泳池对外开放,收取费用。这样,收放自如,开源节流。

此外,陆礼华还通过学校篮球队在社会上参加活动拉赞助;通过同行学校间互换教师去各自学校上课抵消薪水;向社会人士募捐;等等。该想到的

---

① 李小江主编:《让女人自己说话:独立的历程》,北京:生活·读书·新知三联书店,2003 年,第 103 页。

② 李小江主编:《让女人自己说话:独立的历程》,北京:生活·读书·新知三联书店,2003 年,第 178—179 页。

③ 李小江主编:《让女人自己说话:独立的历程》,北京:生活·读书·新知三联书店,2003 年,第 91—92 页。

渠道陆礼华都想到了。

陆礼华在筹款办学过程中,精打细算,看似长袖善舞,精明强干,想尽一切办法筹措资金。但强大的外表下蕴藏的是一颗柔弱的心,陆礼华经常把自己逼得无路可走,用她自己的话说是"真正是苦透啦!"①

(三)刚柔结合,培养体育人才

在学生管理中,陆礼华对学生采取"刚柔结合"的管理方法,不仅关心爱护、指点开导学生,也会对学生严格管制。唯有刚中带柔、柔中带刚的管理,才能更好地培养学生良好的品性,树立她们正确的价值观,毕业后为民族、为国家的体育事业做贡献。

第一,严格要求,不断提高技能。学业方面,两江女子体育专科学校的学生不仅要学习游泳、田径、跨栏、篮球、排球、足球、舞蹈、体操等体育项目,而且还要学习语文、数学、地理、历史、外语等文化基础课。生活中,学校规定每天举行早操一次,晚上准点熄灯睡觉。在宿舍卫生方面,要求学生每天都要整理宿舍,如果在教师视察中发现不合格宿舍,都会有相应的惩罚。严格的生活管理使学生们养成按规章办事的好习惯。教育部巡视人员都对两江学校的学生训育方面赞不绝口,"学生服装甚整洁,精神亦觉活泼,每日举行早操一次,纪律颇佳"②。在平时的体育训练中,更是高标准严要求。如女子篮球队为增进球技,先后与上海体育新闻记者团、复旦大学篮球队等男子球队进行比赛,开启了中国篮坛男女共赛的先例。根据 1935 年上海全运会前训练女篮队员的办法,可以管窥两江体育专科学校女篮球员们接受训练的情形,"这项训练分前后两期,先选出 16 人进行一个半月的前期训练,每周训练三次,三周后开始进行友谊赛,增加球员之间的互助合作;训练完毕,并对这 10 人进行每周四次的后期训练,直至大会开幕,培训才算完成"③。两江女子体育专科学校从各方面严格要求学生,培养出了很多明星队员。如"陈荣明毕业自两江女子体专,擅长田径、篮球和标枪,在第五届全运会中,曾有杰出的表现,标枪成绩创了全国最高纪录。陈聚才也毕业于两江体专,也是第五届全运会中上海女子篮球队队员,被称为'技术精进,为人镇静

---

① 李小江主编:《让女人自己说话:独立的历程》,北京:生活·读书·新知三联书店,2003 年,第 179 页。

② 《教部督学郝更生视察上海体育各校之报告》,《中央日报》1934 年 3 月 11 日。

③ 《本市参加全运会》,《时报》1935 年 7 月 24 日。

不乱,上球场一如其人'"①。

　　第二,严中有爱,师生情感深厚。用关爱来激励员工,是管理者常用的激励方法。学校要求对员工的关心体贴体现在日常的一些细小环节中,让员工感觉到真诚,更能激发出能量。陆礼华在学生管理中,除了采取刚性管理外,也体现出柔性的一面。如篮球队员训练非常严格辛苦,但到比赛前她则会鼓励学生:"锦标只是提倡者的一种鼓励手段,比赛的时候,我们决不可以赢得锦标为满足,而另一方面,也决不可以失掉锦标为耻辱,而挫折我们的勇气,我们只知努力研究技术的进展,达到体育的终极目的'强国健民'才是对的。"②平时她对学生投入了很多关心,在学生遇到困难时更是及时予以爱护和安慰。毕业学生在回忆陆校长的时候,有一件事情让她们难以忘怀:"一个女学生得了极易传染的伤寒,陆校长抱着这位昏迷的学生进医院,护士吃惊地看着这个抱着剧烈传染源的病人,大声催促陆校长去消毒,不然自己被感染就会有生命危险。"③陆礼华像母亲一样关爱着学生,不仅爱护在校学生的发展,而且也重视毕业学生就业问题,更是亲自为她们介绍工作,就像她自己说的要一生为她们负责任。两江女子体育专科学校毕业的学生,在陆礼华的精心培养下,就业情况非常好,广东、广西、湖南、湖北等省份的学校都会来上海聘请毕业学生,正如学校招生广告说的:"本校创办以来,五载于兹,历届毕业生服务国内者,迹遍南北诸省,而服务国以外者,则散在南洋群岛,各个成绩颇能蜚声海外。"④如果有学生辞职,想换新的工作,只要找到陆礼华,她会尽一切办法给学生寻找合适的工作。所以,两江女子体育专科学校的学生都亲切地喊她妈妈。陆礼华在与学生的交往中,常常多了一份尊重,多了一份信任和鼓励,这不仅培养了学生对学校的归属感和认同感,还充分调动了学生的积极性。

---

　　①　游鉴明:《超越性别身体:近代华东地区的女子体育(1895—1937)》,北京:北京大学出版社,2012年,第172页。

　　②　陆礼华:《中国女篮球在全运会给予我们的印象》,《勤奋体育月报》1933年第2期,第8页。

　　③　林天宏:《陆礼华:欲强中华,先壮体》,《中国青年报》2009年8月5日。

　　④　游鉴明:《超越性别身体:近代华东地区的女子体育(1895—1937)》,北京:北京大学出版社,2012年,第94页。

(四)刚中含柔,考核师资队伍

陆礼华认为一位优秀教师对学生的影响是非常深远的,因此,她聘请的教师人数不多,但在自己专业领域都极具影响力。学校对教师进行考核,考核合格方可续聘,发现有不合格的,则立即予以解聘。对教师队伍的考核刚中有柔。

为提高教学质量,陆礼华聘请了著名专家学者来两江女子体育专科学校授课。音乐老师聘请的是上海音乐学院院长黄自夫人,武术课老师聘请的是著名武术家精武体育会的王子平。另外还聘请了著名戏剧家洪深、欧阳予倩,著名骨科医生郑怀贤,著名体育家朱了洲、王怀琪、舒鸿、沈昆南,北京音乐学院院长余宜渲,全国舞蹈学院吴孝邦院长等专家学者。除了聘请国内师资,为提升学生体育技能,拓宽思路,开阔眼界,陆礼华还不惜重金聘请外国体育专家到两江女子体育专科学校为学生讲学。同时,学校对教师进行考核,实施聘任制。即在聘书上写好聘请××先生,担任××课,每周几小时,薪水多少。期满后,考核合格再发聘书。即使对那些留学过的教师,学校也一视同仁,半年一聘。取消终身制的聘任制,希望教师全身心地投入教学。在考核中,如发现教师在教学中对学生不负责任,随便敷衍了事,学校立即采取措施,把不合格的教师解聘。两江女子体育专科学校的球队经常受邀出席国际友谊赛和华侨球赛,因此英语是她们在球场必备的工具。陆礼华曾经聘请的上海英文教师发音不太好,她就立马请辞了这位英文教师,聘请了会教英文的华侨授课。所以,容淑東回忆起两江教师时说道:"学习紧张倒蛮紧张,但生活很愉快的,老师都蛮好,校长能干","当时学校师资不好,马上就辞退了,都是请好的,最好的"。①

学校聘请教师,考核合格就重用,不合格走人。严格考核的考核制度下蕴含着对学生无限的关爱。高质量的教师培养出高质量的学生,让学生学到一辈子受用的知识。新中国成立后,毕业生容淑東还骄傲地说:"我们从学校出来,能够考虑得全面。当时搞一个团体操,不简单!什么颜色,色彩啊,我们从这个学校出来,各方面的知识懂得不少,能够在国家活动中派上用场。"②

---

① 李小江主编:《让女人自己说话:独立的历程》,北京:生活·读书·新知三联书店,2003年,第93页。

② 李小江主编:《让女人自己说话:独立的历程》,北京:生活·读书·新知三联书店,2003年,第93页。

（五）以柔克刚，带领运动员在赛事中绽放风采

"人生就有许多这样的奇迹，看似比登天还难的事，有时轻而易举就可以做到，其中的差别就在于非凡的信念。"[①]陆礼华在经营上海两江女子体育专科学校期间，外界对这所学校的办学成果存有各种质疑和蔑视，即使两江女子运动员在体育比赛中多次荣获佳绩，也被认为这是作为体校理所应当的。内心强大的陆礼华，不在乎外界对学校无的放矢的评论，相反她努力实现自我，喊出自己的声音，创造属于自己的传奇。

从 1927 年开始，陆礼华每年都会带领两江运动员参加比赛，在北京、天津、南京等地比赛中都取得了非常优秀的成绩。在全国运动会比赛中，两江的篮球队代表上海市更是获得了全国运动会锦标，令外界对学校刮目相看。在陆礼华的带领下，两江女子体育专科学校的女生们在球场上，不仅展现出了运动员的风采，更是从内心表达了一种不服输的、不甘落后的为国争光的民族气节和信仰追求。在国际比赛中，这种民族精神更是得到张扬。清朝末年，帝国主义列强辱称中国人为"东亚病夫"。在上海举行的历届远东运动会，中国运动员均与奖牌无缘，往往被日本和菲律宾赢得。"夺取锦标，洗刷'东亚病夫'的大辱"成为体育界爱国人士的最高奋斗目标。1931 年陆礼华带领两江女子篮球队远征日本，开启了中国女子运动队有史以来第一次出国比赛。当国人听说陆礼华带领两江女子篮球队和日本队比赛，纷纷嘲笑两江胆子太大，认为这是一场自取其辱的比赛。在此过程中，日本队提出各种无理要求，故意刁难两江女子篮球队。日方曾提出必须用日本制造的篮球作为比赛用球，陆礼华认识到这涉及主权问题，义正词严地拒绝了。日方被迫同意半场用日本制造的篮球，半场用中国队自己准备的篮球。日方又提出两江女子篮球队唱日本国歌，陆礼华直接告诉日方："中国队员不会唱日本国歌，只会唱中国国歌，要唱日本国歌就让日本队员唱吧……"[②]正是因为陆礼华和学生们强烈的爱国情怀，坚定不移地维护民族主权和民族利益，使得在比赛上对于比赛用球、升旗、行礼等问题上，中方都取得了平等待遇。这次比赛不仅为中国争得了荣誉，更为中国女性赢得了尊重。当时教育部对这次比赛不抱任何希望，所以没有给予她们任何资助。中国驻日本

---

① 邢群麟、柳絮恒：《感谢折磨你的人》，北京：中国华侨出版社，2010 年，第 154 页。
② 秦建君：《长生之道：中国寿星如是谈》，苏州：苏州大学出版社，1997 年，第 132 页。

大使早早断定两江女子篮球队必败无疑,甚至拒绝前往观看比赛。但是在两江女子篮球队三场漂亮的胜利之后,这位大使急忙托人向陆礼华讨要入场券,并且特意为她们举行了一个庆祝会。上海《申报》随行记者黄寄萍专为此事写诗纪念:"萍迹越海访东瀛,随军传记报捷音。欣看巾帼多奇志,誓为华夏掇英名。"①陆礼华带领两江女子篮球队最终取得10战9胜1败的优异成绩,轰动了日本,连日本皇室也来观看比赛,邀请这支所向披靡的队伍出席聚会。两江女子篮球队不仅在球技上为中国赢得了荣誉,而且在一定程度上也打压了日本人无视中国人的傲慢态度。两江女子体育专科学校女子篮球队在近代中国体育史上写下了灿烂一笔。当两江女子篮球队战胜日本和朝鲜女篮载誉归来时,年过八旬的马相伯先生亲自迎接,并激动地说:"我曾代表国家多次出使外洋,听见的、看见的,尽是中国人所辱,返国后遂兴办教育事业,以求民族强盛。……你们为国家、为中华民族建勋,你们是中华民族的女英豪,我要感激你们。"②1935年,两江女篮又出战菲律宾、新加坡、马来西亚、越南等国,比赛均获全胜。

在创办两江女子体育专科学校的过程中,陆礼华克服种种困难,排除一切艰难,不屈不挠,始终抱着"体育强国"的理想办学。对于学生,陆礼华既是严父,更当慈母。在学习上对学生严格要求;生活上又关怀备至,动之以情,晓之以理;比赛中和学生们一起训练,鼓励多于训斥,亦师亦友;在国际赛事中,面对嘲笑与侮辱时,陆礼华不卑不亢,激励学生自信、从容面对,用实力来说话。陆礼华把女性与生俱来的如水的温柔和后天修炼的如山般的刚毅融为一体。既有山的开阔和坚毅,又有水的灵性与温柔。刚柔相济,谱写出两江女子体育专科学校辉煌的历史。

四、近代女校长对大学管理的贡献

美国学者罗森纳(Rosener)曾指出:"男领导喜欢用交易式的方式,利用组织所赋予的职位权力进行领导;而女性领导擅于用变革式的方式,利用个人魅力、与下属沟通协作以及敬业的工作态度来引导下属积极地实现组织

---

① 黄寄萍:《东游麟爪》,《旅行杂志》1931年第5卷第12期,第129页。

② 李永贤:《近代私立大学校长的体育观》,《山西师大体育学院学报》2006年第3期,第48—50页。

目标和个人目标。"①近代大学女校长这一群体人数虽不多,但她们的精细、服务和刚柔相济的管理风格在男性校长为主的大学管理中显得独具特色。她们的努力、实力与成就,赢得了社会的肯定和认可,为近代中国高等教育管理作出了巨大贡献。

(一)彰显了女性大学管理才能

中国几千年父权制社会制度的积淀,大学成为男性占绝对统治地位的领域。到了近代,随着女子高等教育的不断发展,一些卓越女性凭借自身的学识、能力和信念,打破了男性对校长职位的垄断,成为大学最高管理者。办学过程中,她们筚路蓝缕、披荆斩棘,为中国近代大学教育的发展作出了巨大的贡献。这些大学女校长以及她们所苦心经营的大学成为中国高等教育长河中一座座不朽的丰碑,值得世人缅怀与学习。事实证明,大学女性校长也可以和男性校长一样有能力把学校治理好,她们缺少的只是机会而不是管理学校的能力。

从闺阁女子、知识女性到大学女校长的转变,大学为女校长群体产生、发展与成长提供了一个新的舞台。在大学这个舞台上,女校长通过不断提高自身的学识,增强各种管理技能,解决管理中遇到的种种问题,她们独特的管理能力最终也赢得了外界的认可。如吴贻芳,当时拥有留学背景,生物学博士学历,担任过大学教师的经历以及出任过学生领袖的经验,这些条件足以使她成为一名大学校长。但当初金陵女子大学校长德本康夫人并没有力推吴贻芳担任金陵女子大学校长,因为德本康夫人觉得吴贻芳不善于管理。吴贻芳担任校长后,通过自身不断努力,在管理金陵女子大学中取得的成就让德本康夫人改变了以往对吴贻芳的偏见,后来对吴贻芳有这样的评价:"金陵女大的成就在很大程度上应归功于吴博士在最为困难的年代富有能力的忠实的领导。没有她的不屈不挠的勇气和毅力,很可能金陵女大在战争年代将做不出任何积极的贡献。"②金陵女大校友胡秀英回忆吴贻芳校长也曾说道:"吴贻芳会读书,但不会说话。可后来她慢慢地会说话了,慢慢

---

① Rosener J. B. :Ways women lead,*Harvard Business Review*,1990(06),p. 119.

② [美]德本康夫人、蔡路得著,杨天宏译:《金陵女子大学》,珠海:珠海出版社,1999年,第 157 页。

学,学得很好。"①吴贻芳在金陵女子大学这个舞台上,从不被大家看好,逐渐成为出色的校长,到最后成为中国近代高等教育史上著名的大学女校长。正如有学者所说:"在吴贻芳93年的人生长河中,金女大是她奉献最多,成就显著,也是意义最大的事业。"②吴贻芳通过大学校长这个平台,有了更多磨炼的机会,最终彰显了她的管理才能。另外一位中国近代史上著名的大学女校长王世静,也从一开始被外界质疑其治校能力,到最后获得众人一致肯定。王世静被华南女子大学聘任为首位中国籍校长时,曾任福建协和大学校长的美以美会会督高智(John Gowdy)带着鄙视和不信任的口气说:"当政府下令学校领导权必须移交给中国人时,我根本就没想过中国人可以掌管我们的学校。也没有任何传教士向我提出这方面的建议。"③王世静上任后,第一大成果就是带领华南女子大学摆脱立案危机,证明了自己的治校能力。卫理公会会督黄安素(Ralph A. Ward)都夸赞说:"学院立案工作的完成是当代中国教育史的一件大事。面对立案危机,王院长成功地使原本不可能的使命变为现实。"④在艰苦的抗日战争和解放战争期间,王世静又带领华南女子大学摆脱种种困境,最终在国内高等教育领域占据一席之地。连高智也感慨万千地说:"我从来没有见过一个大学能像华南女大在短短的十年中进步这么快。"⑤可见,只要给大学女校长一个施展才华的舞台,她们也可以像男性校长一样在高等教育管理上大放光彩,成为出色的教育管理者。

大学为女性提供了一个施展才能的舞台,大学女校长自身也通过努力,在组织协调能力、表达能力、交往能力、观察能力以及改革创新能力等方面不断提升自己,应对大学管理中出现的各种各样的挑战,在磨砺中成为优秀的大学校长,在近代大学这个舞台上翩翩起舞。

(二)丰富了大学管理理念

在清一色男性校长的大学中,女性校长的出现使得近代中国高等教育

① 朱峰:《基督教与近代中国女子高等教育:金陵女大与华南女大比较研究》,福州:福建教育出版社,2002年,第427页。

② 王飞:《大学校长主体性发展论》,北京:人民出版社,2014年,第134页。

③ 吴梓明:《基督教大学华人校长研究》,福州:福建教育出版社,2001年,第218页。

④ Wallace, L. Ethel: *Hwa Nan College: The Woman's College of South China*, Shanghai: China Christian Educational Association, 1956, p. 63.

⑤ 吴梓明:《基督教大学华人校长研究》,福州:福建教育出版社,2001年,第223页。

管理工作出现了新的气象。她们有自己的见解与创新,并且在治校过程中形成了自己独特的大学管理理念。

首先,校训是大学管理理念的最直接体现。华南女子大学在创校之初的校训是"Saved to Serve"(受当施),王世静上任后根据学校实际社会环境和内部调整,修改校训为"Having received,I ought to give",减轻其宗教色彩,把基督教精神大众化,以适应历史趋势。正如王世静校长所说的:"服务的范围扩大了。现如今我们的校友成为中国领袖的妻子和母亲,而她们自己也是教育、医疗和社会服务各界的领袖。"①在抗日战争期间,学校内迁南平后,王世静本着校训旨意,把服务社会、造福社会的理念付诸实践。她积极带领全校师生加入抗日救亡活动中,不断扩大服务范围和服务对象,例如华南女子大学的学生会给战争中的孤儿编织衣服,用出售自制小商品得到的钱帮助受伤的士兵,学生还会上街为前线的士兵筹款买生活所需品。就像王世静说的:"本院校训,是'受当施'素抱基督教牺牲服务爱人如己的宗旨。况且国难当前,在前方的将士,浴血以卫国家。在后方的民众更应该有力的出力,有钱的出钱,来拥护这国家至上、民族至上的长期战争。"②王世静推崇的服务精神和理念已逐渐深入学生心里,学生在社会志愿服务活动方面取得非常大的进步,并且学生所做出的贡献赢得了社会的肯定。杨崇瑞担任北京国立第一助产学校的首任校长后,亲自制定"牺牲精神,造福人群"的校训,体现出奉献的管理理念。杨崇瑞像一位白衣天使,无论在哪里,心中总是装着中国千千万万孕妇和新生婴儿的生命健康问题,一心一意地推动中国妇幼卫生事业的发展。在杨崇瑞管理理念熏陶下,凡是被派往艰苦的农村甚至是边远地区去工作的学生,她们都能克服困难,坚持推广科学卫生知识。晋东南鲁迅艺术学校校训是"紧张、严肃、刻苦、虚心",李伯钊在担任校长期间,根据当时的社会环境在管理中添加了民主化的管理理念。无论是精神层面的还是物质方面的,李伯钊都会谨慎处理,学校的大小事都会管理到位。在处理学校的一些重大事件时,李伯钊遵循民主的原则,组织大家召开会议,让大家充分发表意见进行讨论。对于正确的意见,李伯钊都热情地给予赞扬与接纳,对于没有根据的建议她也会中肯地提出更有说服力

---

① Lucy C. Wang: *Hwa Nan Graduates*, *Woman's Missionary Friend*, Boston: Woman's Foreign Missionary Society of the Methodist Episcopal Church,1937,p. 45.

② 《私立华南女子文理学院迁校南平以后活动概况》,《教育杂志》1940 年第 31 卷第 3 号,第 22—23 页。

的意见,学校充满着民主、团结的气氛。

其次,管理理念也可以在校长的办学思想和管理活动中体现出来。俞庆棠在江苏苏州创办的民众教育学校,是一所专门培养民众教育师资的大学程度的学校。她说:"最美好的东西,应该给予最大多数的人民。教育可以给予人们以新的生命和新的力量,就是最美好的东西,就应该给予最大多数的人民。"①由于俞庆棠对民众教育的倡导和坚持,民众教育由江苏推广到全国,俞庆棠还联合全国社教人员成立中国社会教育社,并奔赴西方一些国家考察成人教育。抗战胜利后,俞庆棠在上海指导和创办了 140 多所民众学校,也因此被誉为"民众教育的保姆"。俞庆棠长期从事教育事业,全身心投入到民众教育的推广和发展中。郑毓秀留学回国担任上海法政大学校长,改校名为"私立上海法政学院"。为了培养法学教育和研究的高级专门人才,郑毓秀尽心尽力。任职期间,学生增加到 800 多人,人才济济,成为该校的黄金时代。为充实该校图书设备,为学生提供更多、更先进的图书,开阔师生的学识,郑毓秀将在欧美考察时所搜集的大批世界最新法政名著全部捐赠给学校,使全校师生获益良多。同时也利用自己的法律知识和人际关系,为学生介绍实习场所,锻炼学生的实践能力。郑毓秀在治理学校中讲求实干理念,创新思路,贵在行动。她认为救国救民,光有一腔热情远远不够,必须要具备先进的理论思想和专业技术,才能真正为国家做贡献。劳君展于 1946 年被任命为国立女子师范学院院长。国立女子师范学院是抗战期间创办起来的。在任职期间,劳君展热心公益事业,服务社会,获得社会各界的好评。劳君展非常关心学生,尊重学生,支持学生"反独裁、反内战、反饥饿、反迫害"运动,并且为进步势力提供物质支持。劳君展从担任校长那刻起,坚持爱国、民主、进步的办学理念,坚定自己的办学方向,不被黑暗势力所胁迫。

无论是从大学女校长对校训的解读和践行,还是具体的办学活动,都能从中投射出近代大学女校长的管理理念,这是办学者精神追求和价值取向的集中体现。大学女校长的各具特色的校训和办学活动,使得近代大学管理理念更加丰富多彩。

(三)形成了多样的大学管理风格

20 世纪二三十年代,在中国高等教育领域,少数脱颖而出的优秀女性,

---

① 茅仲英:《俞庆棠》,长沙:湖南教育出版社,1987 年,第 162 页。

成为大学高层管理者,使得大学管理者队伍多了一抹色彩。在权威、命令、理性的男性大学管理风格中逐渐融入了柔性、关爱、服务、奉献、精细等女性特质,并形成了独特的女性管理风格,在"无性"的大学管理领域张扬起一面"有性"的旗帜。

(1)服务型管理风格。杨崇瑞在担任北京国立第一助产学校校长时,充分体现了女性特有的服务和奉献的管理风格。杨崇瑞尊重并且信任教职工,关心学生,注重团队合作精神,她的学生到边远或农村地区开展工作时,她都会不厌其烦地向学生强调工作的重要性、艰巨性,并谆谆嘱咐她们要多接触群众,耐心讲解公共卫生事业的重要性。临行前,杨崇瑞还用自己的积蓄为学生出路费和事业开办费,尽量为她们扫除一些工作上的障碍。遇到一些在工作上有困难想退缩的学生,杨崇瑞首先会认真倾听她们的困惑,耐心开导,给予一些建议,并且鼓励学生努力克服困难。她的学生潘淑元在纪念杨崇瑞的书中写道:"杨校长对职工关怀备至,把夜班房安排在她的休息室对面最安静的地方,还关心夜班职工的伙食。我在产院工作一年后,上海卫生局向我的母校提出要求派助产士到上海浦东农村工作。杨校长考虑到我是南方人,决定派我去。当时我思想不通,因为自己一直生长在城市,不愿去艰苦的农村。经过她的耐心帮助,我才离开了产院。"[1]在杨崇瑞的奉献理念中,融入了女性善于倾听、沟通的特质,但在平静中又透着力量,轻柔中透着果断,不失女性坚忍不拔的风采。

(2)"家庭式"管理风格。吴贻芳对于金陵女子大学的管理,践行的是"家庭式"管理风格,师师、师生之间关系融洽犹如一个大家庭。每年新生入学之前,吴贻芳都要细看学生名册,新生的名字、籍贯、相貌乃至特征,她事先都会了解得一清二楚,以便在见面时就能第一时间叫出她们的名字,减轻学生对新环境的陌生感。她还会抽空请新生吃早餐、谈心,介绍校史。学生在生活上有什么困难,或者身体有什么不适,她会像母亲般亲自问。毕业生黄学潮回忆道:"有一次我发烧住院,第二天迷迷糊糊中感到有人在摸我的头,我轻轻睁开眼发现原来就是最好最敬爱的吴贻芳校长。我感动地流下了眼泪。"[2]吴贻芳非常重视学生的体质和保健,她认为只有具有良好的身

---

① 严仁英等主编:《杨崇瑞博士:诞辰百年纪念》,北京:北京医科大学、中国协和医科大学联合出版社,1990年,第61页。

② 周和平:《永远的吴贻芳——纪念吴贻芳先生诞辰120周年》,南京:江苏人民出版社,2013年,第53页。

体素质才能专心学习。一旦她知道有哪位学生因为营养不良而影响学习和生活,她就会立即要求这位学生去吃营养餐,直到这位学生的身体状况达到学校要求为止。对于男女学生交往方面,吴贻芳并没有严厉地阻止学生,而是从学生安全考虑,默默地在学校专门设置玫瑰室,提供恋人约会的地点,并且委婉地要求女同学在晚上九点后必须准时返寝。吴贻芳怀着女性天生的母爱情怀,心甘情愿付出,无怨无悔奉献。

(3)精细型管理风格。除了王世静精细化管理华南女子大学外,王淑贞在担任上海女子医学院校长期间,也讲求对学校进行精细管理。在临床医疗工作中,她一贯认真负责,体贴入微;在业务上她精益求精,素以诊断准确、手术细致、处理果断著称;在手术方面,她主张手术不在乎做得多,而要做得精,做一次手术要有一次收获。手术也不在乎快,而在乎妥善解决问题,决不允许给病人造成不良后果。她说:"经验是从实践中来的,医生的经验就是从询问病史,详细检查,作出诊断和正确处理的过程中逐渐累积起来的。"①她的病情分析富有科学性、逻辑性。此外,王淑贞严格要求负责医师要熟记病史,了解各项化验结果及病情发展中的细节,对病人的病情能了然于胸。王淑贞校长发挥出了女性特有的细致入微的强项,注重细节,要求事事有理有据。

"管理者是人,是活生生的人,是某种有着独特风格的特殊类型的人。"②杨崇瑞、吴贻芳、王世静、王淑贞、陆礼华等大学女校长,她们在充满男性、刚性的大学管理中添加了女性独特的管理风采,为大学管理领域带来一股清新的管理气息,使得大学管理风格更加多样化。

(四)培养了一批杰出的女性人才

大学选拔任用女性担任管理者,有益于增强女教师和女学生的发言权,激发女教师和女学生的积极性和创造力,有助于为教育领域内的女性队伍树立信心,帮助她们认清"玻璃天花板"并非坚不可破,鼓励女性积极进取,实现自己的价值,成为社会有用之才。

金陵女子大学校长吴贻芳在管理学校事务上强调言传身教。她曾说:

---

① 姚泰主编:《上海医科大学七十年》,上海:上海医科大学出版社,1997年,第282页。
② [美]亚伯拉罕·哈罗德·马斯洛著,冯化平译:《人本管理模式》,呼和浩特:内蒙古人民出版社,2003年,第5页。

"如果要学生做到，教师要先做到；如果要教师做到，校长要先做到。"①曾有一次，她的学生陆晓霞在准备芝加哥大学社会行政学院博士论文过程中遇到了困惑，于是向吴贻芳请教——芝加哥大学社会行政学院擅长研究人口调查的教授被调走了，她还没有学这门课，论文里不敢涉及。吴贻芳开导她说："一个人的一生，不一定都能学有所用。就以我为例，我是学生物的，得了生物学博士。可是非让我当校长，我没学过教育学啊！那我干不干呢？……如果你能通过论文答辩，得了社会学博士学位。这对于我国人口调查的实际工作是非常有帮助的，毕竟在国内社会学是一个空白，国家需要这方面的专业人才。"②陆晓霞在吴贻芳的引导下继续钻研人口调查课题，最终成功获得了芝加哥大学社会服务行政学院博士学位，并成为社会学方面的教授和专家，经常受邀去香港大学、台湾大学等地方进行学术交流和演讲。金陵女子大学另外一位毕业学生田青霓，在学生时代曾经被选为南京基督教学生代表去日本作友好访问，临走前一晚吴贻芳心平气和地与她交谈：能被选为南京基督教学生的代表去日本作友好访问，吴贻芳也替田青霓感到光荣，但希望田青霓自己能衡量一下，写好论文迎接毕业考试、同乐会节目安排、去日本访问这三件事哪一件是她较为重要的责任呢？田青霓在吴贻芳的分析下，领悟到校长对她的希冀，决定把去日本访问的机会让给别的同学，自己先写好论文完成毕业考试。后来田青霓成为金陵女子大学毕业高才生，成了美国生物学博士，到中科院华南植物研究所和农业部华南农业大学等地讲学，并成为华南农业大学名誉教授。吴贻芳用自己的亲身经历去引导学生，让她们认识到自身对社会的价值，要注重长远目标和以大局为重，做一个社会迫切需要的专业人才。

伍哲英在上海创建了第一所由中国人自己创办的中国红十字会总会第一医院护士学校。除了担任校长和护理主任，学校的建制、规模、教学大纲以及行政事务伍哲英都亲自制订筹划，同时还担任了五门课程的教学和实习指导。经过三年的辛勤付出，第一批由中国人自己培养的护士在 1924 年毕业，这一批新生力量，给以后的护理工作和护士教育带来了新的气象。1928 年，伍哲英在第九届全国护士代表大会上被选为中华护士会第八届理事会会长，这一次的选举结果不仅结束了外籍护士任会长的漫长历史，同时也拉开了中国护士担任护理管理和领导工作的序幕。担任中华护士会理事

---

① 张连红主编：《金陵女子大学校史》，南京：江苏人民出版社，2005 年，第 1 页。

② 王澈：《吴贻芳》，石家庄：花山文艺出版社，1997 年，第 202 页。

会会长期间，伍哲英大力倡导护理工作人性化，进行一系列的改革创新。为了与病人更好地沟通交流，她积极鼓励护士学校进行普通话培训和推广，要求护士学习英语。这一切都有利于中国护理科学事业的繁荣和发展，护理科学技术的普及、推广和进步，为我国护理事业培养了一大批专业人才，"当时全国共有注册护士学校 126 所，会员 1409 名，标志着中国护理队伍与护理事业的发展已初具规模"①。伍哲英从没忘记自己当初身为护士的誓约：勿取服或故用有害之药，当尽余力以增高吾职业之程度，凡服务时所知所闻之个人私事及一切家务均当谨守秘密，余将以忠诚勉助医师行事，并专心致志以注意授予护理者之幸福。她为学生们做好带头作用，不断提高自身业务能力，加强医务人员的职业道德修养。抗日战争全面爆发后，伍哲英把学生引荐到各个医院，自己带着一批无家可归的学生到上海第八伤兵医院为抗日病员服务。她带领的学生以及爱国青年抢救了很多伤兵，被伤兵们称为火线上的"白衣天使"。爱是一份责任，更是一份事业，伍哲英带着这批纯洁善良且富有爱心的学生共同承担着这份救死扶伤的平凡而又伟大的护理事业。

总而言之，近代女性成为校长的"玻璃天花板"已被打碎，一些女性穿越重重障碍，登上了事业之巅。这一特殊群体凭着女性特有的精细、母爱、服务、柔性等治校风格，通过迂回曲折的攀爬，最终突破重围，打开了大学管理领域的一片蓝天，展现出别样的管理风采。这一群体虽然人数不多，但她们在近代中国大学管理史上却留下了一个个神话。

---

① 涂明华、欧阳蔚等：《九江学院护理教育史（一）》，《中华护理教育》2012 年第 10 期，第 480 页。

第五章　别样的风采:近代大学女教师社会服务研究

近代大学女教师在教学、学科学术研究、管理之余,闲暇中她们亦呈现出别样的精彩。她们创作文学作品、参与医疗卫生教育服务、投入抗日救国运动、开展国际重大事务等,课余时间采用各种方式服务社会,充分展现女教师的风采和魅力。

一、创作文学作品服务社会

在对大学女教师群体进行研究时,我们发现一部分女教师走出闺阁,走向社会,而另一部分女教师则拿起笔杆进行文学创作。女教师们生活在新旧交替转型的社会,在新与旧、中与西、传统与现实等矛盾的紧张中,她们开始用笔来书写自己的所思所见,把情感融入文学作品之中,用作品来表达自我,从女性的视点,对两性、婚姻、家庭、事业、社会等问题进行反思。

(一)借文学改造社会——陈衡哲

陈衡哲是我国新文学运动中最早的女作家,她出生于江苏常州,1914 年考取清华留美学校,后进入美国有名的瓦沙大学(Vassa College)和芝加哥大学。回国后曾在北京大学、东南大学任教,并进行学术研究。在教学科研的同时,她还创作了一系列文学作品。陈衡哲的很多作品是根据她自己周围熟悉的环境而写,所以她说:"我的做诗——以至于做小说、文章和其他一切为的是 expression 而不是 impression。所以所做的东西,都是偏重于自己的温省","他们都是我心底里发出来的真声"。①

---

① 耿云志主编:《胡适遗稿及秘藏书信》(36),合肥:黄山书社,1994 年,第 195 页。

早在 1917 年，她在美国读大学时就在《留美学生月报》第 4 卷第 2 期上发表了《一日》，虽然作品"只能算是一种白描，不能算是小说"①，但她是最早响应用白话文进行写作的作家。此后，在《新青年》、《努力周报》、《现代评论》等杂志发表了多篇小说、散文和新诗。1928 年，小说集《小雨点》（上海：新月书店，1928 年）出版，《小雨点》收录了 10 篇小说，包括《小雨点》、《一日》、《波儿》、《老夫妻》、《巫峡里的一个女子》、《孟哥哥》、《西风》、《洛绮思的问题》、《运河与扬子江》、《一支扣针的故事》。虽称之为小说集，其实很多作品却是散文。1938 年，出版了《衡哲散文集》（上下册，上海：开明书店，1938 年），里面收录了 52 篇散文，分通论、妇女问题、教育与青年问题、传记和记游五个部分。此外，陈衡哲还写过一些新诗，如《人家说我发了疯》（《新青年》1918 年第 5 卷第 3 期）、《鸟》和《散伍归来的吉普色》（《新青年》1919 年第 6 卷第 5 期），等等。陈衡哲的文学作品主要有以下特色。

首先，陈衡哲的作品关注女性，关注女性的现实问题。如《运河与扬子江》一文，气势磅礴，她把运河比作一个传统女性，而扬子江则是不断进取、勇于造命的新女性。扬子江代表的新女性懂得生命的意义，并在奋斗中快乐着。文中写道："泪是酸的，血是红的，生命的奋斗是彻底的！生命的奋斗是彻底的，奋斗来的生命是美丽的！"②在这一文中，扬子江其实就是她本人的化身，她从小就不安于现状，在三舅和姑妈的鼓励下，不断奋斗，不断造命，创造着自己的辉煌，追求着绚丽多彩的生命。这篇文章同时也在告知所有的女性，女人不能仅仅为"女"，女人首先必须为"人"，只有意识到自己的主体性，大胆地造命，才能摆脱被奴役的悲境。《一支扣针的故事》描写了西克夫人年轻时非常漂亮，结婚后丈夫很早就去世了，留下了两个儿子和一个女儿。她的初恋情人马昆·勿兰克一直爱着她，她也爱着马昆·勿兰克，但西克夫人为了孩子最终没有再婚，"她为了这个母爱，这个从她的儿女推广到他人的儿女的母爱，可以牺牲其余一切的一切，虽然有许多牺牲也是十分痛苦的"③。马昆·勿兰克也终身没有再娶。但西克夫人把马昆·勿兰克送给她的一支扣针每天都别在衣服上，"无论在白天或是晚上，无论她穿的是什么衣服，那支扣针是永远不曾离开过她的"④。这篇小说赞美了母爱的伟

---

① 陈衡哲：《小雨点》，台北：成文出版社，1980 年，第 11 页。
② 林呐、徐柏容等主编：《陈衡哲散文选集》，天津：百花文艺出版社，1991 年，第 21 页。
③ 陈衡哲：《小雨点》，台北：成文出版社，1980 年，第 101 页。
④ 陈衡哲：《小雨点》，台北：成文出版社，1980 年，第 101 页。

大。而《洛绮思的问题》写的是女性在处理家庭与事业关系的矛盾心理。故事写的是女研究生洛绮思为了学问,拒绝了与瓦德教授的婚约。后来,她在学术界名气越来越大,实现了她在年轻时一直追求的梦想。但这时开始,她时常做梦,梦见自己已经是两个孩子的母亲,丈夫就是瓦德教授,过着平静而幸福的生活,梦醒后,她感到了从未有过的寂寞。这篇小说用陈衡哲丈夫任鸿隽的话来说是"真经验",胡适的评价是"个性侵入",其实这也是当时作为大学女教师的陈衡哲面对家庭与事业之间的矛盾心理有感而发。陈衡哲学成归国后被聘为北京大学历史系教授,因怀孕退出教职。后到东南大学担任历史系教授,不久又因怀孕辞职。面对大学教职与现实家庭生活发生冲突,陈衡哲非常感慨,于是就写了这篇小说。其实家庭与事业的矛盾不仅是陈衡哲所面临的问题,也是所有知识女性所面对的棘手问题。所以,黄英曾对陈衡哲的小说这样评论:"对于人生的态度,虽然是向上的,虽然是奋斗的,究竟是不免于朦胧的。……她所表现的,就是这个时代青年的潜在的生命的活跃的力的爆发,抗斗的生命的基本力量。"[1]

其次,陈衡哲关注社会现实问题。陈衡哲的小说《西风》采用象征手法,把红枫谷比喻为一个自由美丽的理想社会,而把下界描绘成黑暗混乱恶浊的世界。小说中的月亮儿愿意牺牲自己的幸福和自由去拯救下界的人。在月亮儿的带领下,西风也"由一个厌世者变为一个悯世者了"[2]。小说别开生面,形象而生动,在不知不觉中表达了对现实社会的不满,以及对美好生活的向往和希冀。除了小说外,陈衡哲还利用《独立评论》、《现代评论》、《新月》等杂志,对社会现实问题直抒自己的见解和建议。如针对当时政府为解决财政困难实行"鸦片公卖"的传闻,陈衡哲于1932年7月10日第8号《独立评论》上发表《论鸦片公卖》一文,陈衡哲觉得作为一名知识分子必须站出来说句良心话,绝不能因解决财政困难而公卖鸦片,她认为那是荒谬绝伦的想法。陈衡哲亲眼看到姑母唯一的儿子,因娶了抽鸦片的妻子后也染上了烟瘾,之后家道中落的惨状,所以她认为倡导鸦片公卖是绝对不可取的。1935年,她丈夫任鸿隽担任四川大学校长,陈衡哲带着二女儿和儿子随夫入川。到四川后,她看到四川的闭塞落后,于是写了《川行琐记》,不仅揭露了四川的"二云",即抽鸦片的吞云吐雾同漂浮在天空中遮住太阳的云,而且对女学生不以做妾为耻,"宁为将军妾,不作平人妻"的现象进行了讽刺。陈衡

---

① 黄英编:《现代中国女作家》,上海:北新书社,1930年,第95页。
② 陈衡哲:《小雨点》,台北:成文出版社,1980年,第64页。

哲快人快语,凭着知识分子的责任感,希望通过自己的讥讽以此警醒四川社会民众。

再次,陈衡哲还关注青少年问题。她曾在《独立评论》1935 年第 7 卷第 170 号发表过《救救中学生》的文章,她发现正担负读书重任的中学生正处于水深火热之中,"初中每日上课及自修八小时,合计每周四十八小时。高中每日上课及自修十小时,合计每周六十小时。而每晨一小时的早操尚不在内"①。繁重的学习任务导致中学生肺结核、神经衰弱、打毒素药针等,最终身体健康遭到严重摧残。所以,最后陈衡哲发出了"救救中学生"的呼声。此外,她还写了《对于儿童教育的一个意见》、《青年的康健问题》、《心理康健与民族的活力》等文章,对青少年儿童的教育和健康问题提出了一系列建议。

陈衡哲的很多小说、散文、诗歌、评论等,都是陈衡哲自身的所感、所思、所想,正如她在《小雨点》"自序"中所说:"我既不是文学家,更不是什么小说家,我的小说不过是一种内心冲动的产品。"②正是这种内心的冲动和炽热的情感,成为陈衡哲写作的最原始动力,从而揭示社会和反映人生。

总之,陈衡哲的笔调凌厉峻峭,没有女性的悲凄缠绵,用她自己的话说是希望通过"文艺思想来尽我改造社会心理的一分责任"③。所以,学者陈敬之评论她:"尽管她也和其他一般女作家一样;在创作上仍然有赖于她的那一股炽烈的感情,为其永不涸竭的泉源;但她之所以与一般女作家又一个显得有所不同之点,就是她却能进一步的把这一股炽烈的感情,透过严肃的理智,冷静而客观的描写社会和反映人生。"④

(二)用文学呼唤爱——冰心

冰心,原名谢婉莹,福建闽侯人,出身于一个海军将校家庭。父亲谢葆璋是海军军官,母亲杨福慈也是一个知书达理之人。冰心从小就生活在一个富足而温馨的家庭。她自己也曾说:"我觉得我的童年生活是快乐的,开

---

① 陈衡哲:《衡哲散文集》,石家庄:河北教育出版社,1994 年,第 206 页。
② 陈衡哲:《小雨点》,上海:上海书店根据新月书店 1928 年 4 月初版印行,1985 年,"自序"第 17 页。
③ 中国社会科学院近代史研究所中华民国史组:《胡适往来书信》,北京:中华书局,1979 年,第 193 页。
④ 陈敬之:《现代文学早期的女作家》,台北:成文出版社,1980 年,第 34 页。

朗的,首先是健康的。该得的爱,我都得到了,该爱的人,我也都爱了。我的母亲、父亲、祖父、舅舅、老师以及我周围的人都帮助我的思想、感情往正常、健康里成长。"①冰心从小就看了很多书,七岁就看完了《水浒传》,之后一发而不可收,《聊斋志异》《红楼梦》和《再生缘》等书奠定了她的文化底蕴。1912 年冰心考入福建女子师范学校预科,1914 年入教会学校北京贝满女子中学,1923 年燕京大学文科毕业,后又留学美国威尔斯利大学(Wellesley College)获文学硕士学位。回国后先后在燕京大学、清华大学、北京女子文理学院任教。冰心既是大学教师,同时也是一位作家。她在大学教书之前就写了很多文学作品,走上大学岗位后,虽然忙于课务,但仍不停地耕作。正如她自己所说:"这奔腾澎湃的划时代的中国青年爱国运动,文化革新运动,这个强烈的时代思潮,把我卷出了狭小的家庭和教会学校的门槛,使我由模糊而慢慢地看出了在我周围的半封建半殖民地的中国社会里的种种问题! 在我们的日常生活里,几乎处处都有问题。这里面有血,有泪,有凌辱和呻吟,有压迫和呼喊……"②因此,冰心拿起了手中的笔,并且一直写了下去。

　　冰心的小说主要有《两个家庭》(《晨报》1919 年 9 月 18 日至 22 日连载)、《斯人独憔悴》(《晨报》1919 年 10 月 7 日至 11 日连载)、《秋风秋雨愁煞人》(《晨报》1919 年 10 月 30 日至 11 月 3 日连载)、《一个兵丁》(《晨报》1920年 6 月 10 日)、《三年》(《小说月报》1930 年 1 月 10 日)、《第一次宴会》(《新月》1929 年第 6、7 号合刊)、《分》(《新月》1931 年第 3 卷第 11 期)、《冬儿姑娘》(《文学季刊》1934 年创刊号)、《西风》(《文学季刊》1936 年第 1 卷第 2 期)等;散文主要有《南归》(上海:北新书局,1931 年)、《二老财》(《青年界》1936年第 9 卷第 1 号)、《一日的春光》(《宇宙风》1936 年第 18 期)、《记萨镇冰先生》(《青年界》1936 年第 10 卷第 1 号)、《关于女人》(成都:天地出版社,1943年)等;诗歌主要有《繁星》(《晨报副镌》1922 年 1 月 1—26 日)、《远道》(《晨报副镌》1923 年 12 月 17—22 日)、《我劝你》(《北斗》1936 年 9 月 20 日创刊号)等。除创作外,她还翻译了泰戈尔的《吉檀迦利》(《妇女文化》1946 年第1 卷第 1、3、4 期)等作品。冰心通过小说、散文和诗歌等文学作品服务社会,揭露社会黑暗,试图用同情和爱去感化社会,倡导新贤妻良母和用爱关注儿童。

---

① 冰心:《冰心自述》,郑州:大象出版社,2005 年,第 33 页。
② 冰心:《冰心自述》,郑州:大象出版社,2005 年,第 80 页。

1.用文学感化社会

冰心以"问题小说"初入文坛,在这过程中,受"五四"新文化运动的影响很大。她自己曾说:"五四运动的前后,新思潮空前高涨,新出的报刊杂志,像雨后春笋一样,目不暇给。我们都贪婪地争着买,争着借,彼此传阅。其中我最喜欢的是《新青年》里鲁迅先生写的小说,像《狂人日记》等篇,尖刻地抨击吃人的礼教,揭露着旧社会的黑暗与悲惨,读了使人同情而震动。"①从此,冰心也尝试用小说、散文等文学作品揭露旧社会的黑暗。她的小说《是谁断送了你》描写了怡萱姑娘非常喜欢读书,但她的父亲认为:"一个姑娘家只要会写信,会算账,就足用了。"②后来,在叔叔的极力支持下,怡萱终于可以到学堂去念书了。她性情稳重,成绩又很好,很得师长喜欢。但因为一封不知名男性的约会信,父母竟不让她再上学,她也在郁郁中早逝。怡萱被封建的父母活活逼死了,所以小说最后,她的叔叔在她坟前哭道:"可怜的怡萱侄女呵,到底是谁断送了你?"③小说结尾让人深思,对吃人的封建思想进行了揭露和鞭挞。在《一篇小说的结局》一文中,则通过女大学生葰如之笔,描述了老母亲为了等候战争归来的儿子,"桌子又抹一抹,那里的花瓶呵钟呵又挪一挪,左右的看了好几次,便微微的笑着,点了一点头,又走到桌边用手去试那酒和肴菜还热不热"④。但老母亲最终等到的是她侄儿希和,看着侄儿神色凄惶,言辞吞吐,还没等侄儿说出噩耗,老太太已经昏了过去。在这篇小说中,冰心揭露了战争的残酷,表达了对和平生活的向往。冰心还有很多类似的问题小说,如《秋风秋雨愁煞人》、《一个兵丁》等。所以她自己曾说:"我做小说的目的,是想要感化社会,所以极力描写那旧社会旧家庭的不良现状,好叫人看了有所惊觉,方能想去改良,若不说得沉痛悲惨,就难引起阅者的注意,若不能引起阅者的注意,就难激动他们去改良。"⑤

2.倡导新贤妻良母

在几千年的封建传统中,女性生儿育女,相夫教子,贤妻良母成了女性

---

① 段海宝编著:《冰心一片:冰心》,北京:民主与建设出版社,2011年,第32页。
② 乐齐、郁华选编:《冰心小说》,杭州:浙江文艺出版社,2009年,第73页。
③ 乐齐、郁华选编:《冰心小说》,杭州:浙江文艺出版社,2009年,第76页。
④ 乐齐、郁华选编:《冰心小说》,杭州:浙江文艺出版社,2009年,第46页。
⑤ 范伯群编:《冰心研究资料》,北京:知识产权出版社,2009年,第114页。

所有价值的体现。但随着女子解放运动的发展,贤妻良母式生存价值曾被彻底否定,到 20 世纪 30 年代中期和 40 年代初期,关于"贤妻良母"的讨论一浪掀起一浪。冰心并不完全否定传统的贤妻良母,但她认为如果能兼顾家庭和事业的女性则更让人歌颂。她的小说《两个家庭》描写了两个不同性格的新女性。陈太太出生在封建官僚家庭,从小就娇生惯养,长大后和留英归国的陈华民结婚生子,但陈太太不懂得经营家庭,把家里搞得乱七八糟,逼得丈夫天天在外面喝酒看戏,最后丈夫英年早逝。而另一知识女性亚茜,她温文尔雅,端庄大方,不仅操持家务有方,也能教育孩子,而且还时时和丈夫一起研讨学问,翻译著作,在事业上和丈夫比翼齐飞。所以,虽然丈夫在外面也有苦闷,有烦恼,但回到家是温馨和谐而幸福的。通过这篇小说,冰心告诉广大的女性,理想的知识女性不仅要会经营家庭,还要在事业上执着奋进。之后的小说中,冰心塑造的理想女性都是亚茜型的,所以有人称这类女性为"冰心型女性"。"冰心型女性"是一群对生活充满爱和希望的女性,她们任劳任怨,对生活和理想执着追求,用自己的聪明和智慧创造着自己的人生。所以她在《关于女人》的"后记"中写道:"你说,叫女人不'爱'了吧,那是不可能的! 上帝创造她,就是叫她来爱,来维持这个世界。她是上帝的化生工厂里,一架'爱'的机器。不必说人,就是任何生物,只要一带上个'女'字,她就这样'无我'地,无条件地爱着,鞠躬尽瘁,死而后已!"①

3. 用爱关注儿童

冰心的文学作品,《寄小读者》(29 篇)、《山中杂记》(10 篇)、《春水》、《繁星》等,字里行间充溢着温馨和慰藉。她以清丽淡雅的文笔,以儿童的视角,在与儿童娓娓的倾诉中,不知不觉地在儿童的心灵里播下了爱和美的种子。她自己曾在《寄小读者》中说:"我是你们天真队伍里的一个落伍者——然而有一件事,是我常常用以自傲的:就是我从前也曾是一个小孩子,现在还有时仍是一个小孩子。为着要保守这一点天真,直到我转入另一个世界为止,我恳切的希望你们帮助我,提携我,我自己也要永远勉励着,做你们的一个最热情最忠实的朋友!"②

冰心认为儿童是最纯洁最天真的。她的诗《可爱的》这样写道:"可爱

---

① 冰心:《冰心自述》,郑州:大象出版社,2005 年,第 125 页。
② 田元庆主编:《冰心文学作品精选》(繁星·春水),成都:成都时代出版社,2011 年,第 98 页。

的，除了宇宙，最可爱的只有孩子。和他说话不必思索，态度不必矜持。抬起头来说笑，低下头去弄水。任你深思也好，微讴也好；驴背上，山门下，偶一回头望时，总是活泼地，笑嘻嘻地。"①所以，冰心愿意将心里话向孩子诉说。她在《寄小读者》（通讯二）中曾向孩子们忏悔自己小时候的故事：在一个春夜9点多，一只小鼠，悄悄地从桌子底下钻出来，慢慢地吃着地上的饼干屑，小鼠无猜地，坦然地，一边吃着，一边抬头看看我。这时我神经错乱地拿书按了下去，小鼠一动不动，我能感觉到它身体的颤动，当我放开书时，正好一只小狗扑了过来，一口就扑住它。为此事，我自己觉得堕落了，回到卧室还流泪了。② 冰心把儿童作为知心朋友，在精神世界里与儿童倾心交谈，也许对成年人来说，这不是什么大不了的事情，但在孩子世界里却引起了共鸣，无形之中激发了孩子的爱心和善心。这种爱的教育、美的教育不是以师道尊严的方式表达出来，而是作为儿童的朋友、知心姐姐的身份倾诉，温暖了儿童，爱和美的种子在孩子的心灵深处逐渐萌芽开花。

总之，冰心的小说、散文和诗歌，文字优美清丽，充满母爱、儿童爱、自然爱，等等。所以有学者称："冰心是一个富于美感柔情的女作家，她的作品不仅其文笔的清丽秀逸为后来一般女作家所难企及；而其字里行间所显示的女性所特有的阴柔之美，则尤使千万读者在脑海里，为之刻下一个永难泯灭的印象。"③正是因为冰心对爱和美的执着追求，所以她的作品给人以温暖，激发女性去追寻爱、探索美。

（三）以文学唤醒女性主体意识——冯沅君

冯沅君在文学创作上也是硕果累累，从1923年秋开始，她以淦女士为笔名，陆续写出了《隔绝》、《旅行》、《慈母》、《隔绝之后》4个短篇，后来结集成小说集《卷葹》。这4篇小说虽然各自独立成篇，而内容、思想却彼此息息相通。这组爱情主题小说刊出后，在青年中引起了强烈的反响，冯沅君成了当时文坛一颗耀眼的新星。冯沅君还是《语丝》等刊物的长期撰稿人，发表了10多篇不同内容、不同文体的作品，其中《劫灰》、《贞妇》、《缘法》是短篇小说，《对于文学应有的理解》、《无病呻吟》、《不著名的文人的作品》、《愁》、《闲暇与文艺》等是小论文。在《莽原》周刊上，冯沅君以"大琦"为笔名，先后发

① 张秀枫主编：《冰心诗文精选》，北京：北京工业大学出版社，2013年，第494页。
② 冰心：《寄小读者》，北京：商务印书馆，2015年，第242页。
③ 陈敬之：《现代文学早期的女作家》，台北：成文出版社，1980年，第15—16页。

表了《我已在爱神前犯罪了》、《林先生的信》、《写于母亲走后》等 3 个短篇小说。除小说外,在抗战时期,冯沅君写了大量的诗词。在《四余诗稿》中收录 82 首,《四余词稿》中收录 64 首,在《四余续稿》中收诗词 65 首。冯沅君自己也曾说过:"在人情感激荡之时,虽不宜作纯理性的论文,而可以作以情感为原素的文艺。……文艺是生命的象征,在生命之流不到可翻波涌的时期,决成不了可观的东西。纵然成功,也是纸花或喷池里喷的水。"①

　　冯沅君的小说大胆地揭示了恋爱女性的心理活动,如她在《旅行》中写道:"我很想拉他的手,但是我不敢,我只敢在间或车上的电灯被震动而失去它的光的时候,因为我害怕那些搭客们的注意。可是我们又自己觉得很骄傲的,我们不客气的以全车中最尊贵的人自命"②,"他把我抱在他怀里的时候,我周身的血脉都同沸了一样"③,等等。这些女性的心理,在她之前从来没人敢大胆地讲出来,但冯沅君敢言别人所不敢言,把女性的恋爱心理淋漓尽致地展现出来,所以有人称她为"新女性作家的先锋"。

　　冯沅君写作不仅情感奔放,而且在反抗旧礼教时意志坚定,甚至不惜以生命为代价。在小说《旅行》中,她曾说:"在这彼此拥抱的时间内,我似觉得大难已经临头了,各方的压力已经挟了崩山倒海的势力来征服我们了。我想到了如山如陵的洪涛巨波是怎样雄伟,黄昏淡月中,碧水静静的流着的景色是怎样神秘幽妙,我们相抱着向里面另寻实现绝对的爱的世界的行为是怎样悲壮神圣,我不怕,一点也不怕! 人生原是要自由的,原是要艺术化的,天下最光荣的事,还有过于殉爱的使命吗? 总而言之,无论别人怎样说长道短,我总不以为我们的行为是荒谬的。退一步说,纵然我们这行为太浪漫了,那也是不良的婚姻制度的结果,我们头可断,不可负也不敢负这样的责任。"④同样的话语,在《隔绝》中我们也可看到:"身命可以牺牲,意志自由不可以牺牲,不得自由我宁死。人们要不知道争恋爱自由,则所有的一切都不必提了。"⑤

　　所以台湾现代文学家陈敬之对她的评价是:"她的小说所以受到男女青年读者的重视,是因为她有着比同时代女作家更大的胆量。敢于挣脱一切

①　严蓉仙:《冯沅君传》,北京:人民文学出版社,2008 年,第 212 页。
②　袁世硕、严蓉仙编:《冯沅君创作译文集》,济南:山东人民出版社,1983 年,第 18 页。
③　袁世硕、严蓉仙编:《冯沅君创作译文集》,济南:山东人民出版社,1983 年,第 20 页。
④　袁世硕、严蓉仙编:《冯沅君创作译文集》,济南:山东人民出版社,1983 年,第 24 页。
⑤　袁世硕、严蓉仙编:《冯沅君创作译文集》,济南:山东人民出版社,1983 年,第 4 页。

旧礼教的束缚,也敢于揭开一切虚伪的面目,赤裸裸的把女性的心理和隐秘,于小说中为之和盘托出。"①

此外,苏雪林也是新知识女性的一员闯将。她从小生长在封建官僚家庭,北京女子高等师范学校毕业后留法,后听从父母之命嫁到夫家,婚后跟丈夫张宝龄志不同道不合,性格、爱好、观念等各方面都不和。小说《棘心》就是根据她自己的经历写成的一本"自叙传",书中对杜醒秋的内心刻画相当细腻入微,那种如泣如诉的情感就是她本人的内心写照,同时也是一代知识女性的缩影。

以上只是举几个例子而已。正如赵清阁先生在评价她们时说:"没有她(苏雪林——引者注)和冰心、庐隐、冯沅君、凌叔华、袁昌英等先驱们的奋斗,就不会有后来妇女的觉醒;也便不可能争到妇女的解放、自由、平等!尤其利用文艺为武器来获胜,取得了文坛一席之地。因此,她们的贡献是可贵的,是卓有成效的。"②近代很多大学女教师在教学、学科学术研究和管理之余,喜欢从事文学创作,甚至在做大学教师之前就已声名鹊起,走上大学讲台后,在教职和写作之间徘徊切换。教职之余从事写作,而写作又反过来巩固了她们在大学的教职地位。女教师们的文学创作,让我们在欣喜女教师丰富才华的同时,也透过女教师们的作品,看到了她们的痛苦、压抑、苦闷、徘徊、挣扎等情感,这些作品,站在女性的视角,更加逼真、更加细腻地将她们的情感呈现给大众,让我们苦她们所苦,悲她们所悲。同时这些女教师们在课余把文学作品作为一种武器,促进了女性解放,也为社会发展尽了一份绵薄之力。

二、参与医疗卫生教育服务

近代中国,医疗卫生知识非常贫乏,中国人均寿命非常低。尤其对疾病的治疗和预防、卫生常识等一无所知。为此,当时一批大学女教师,尤其是医学院的女教师和从事社会学的女教师,利用工作之余,积极展开治疗、卫生宣传、推广节育等工作。

---

① 陈敬之:《现代文学早期的女作家》,台北:成文出版社,1980年,第18页。
② 赵清阁:《长相忆》,上海:学林出版社,1999年,第84页。

(一)医疗服务

近代医疗事业起步晚,发展慢。疾病肆虐,普通老百姓又多迷信,大凡遭遇重大疾病和灾难,往往会算卜求神,作为治疗之方。西方医学传入中国后,普通老百姓根本无钱看病。为此,一批大学医学女教师在工作之余,她们同情百姓之苦,积极参与治疗服务。如北京协和医学院的杨崇瑞,1918年黄河发生水灾后,她划着小船,专门负责灾民的医药治疗,她在自传中曾回忆道:"我整天跟他们在一道,生了一身虱子,一天忙到晚,精神上却感到非常的愉快。因为我觉得对于那些最需要我帮忙的人,我献出了一份力量。"①在北京协和医学院工作之暇,她参加由兰安生开设的灯市口慈商工厂和齐化门外门诊,为女工、孕妇体检和治病;北京协和医学院的另一位女医生林巧稚,她不论贫贵富贱,都会尽一切所能帮助病人。曾有一个雨雪交加的深夜,林巧稚为救一位人力车夫的老婆,穿过漆黑的雨夜,在车夫低矮潮湿的家里,为产妇做了将近一个小时的手术,看着贫寒之家,林巧稚掏出钱说:"她太辛苦了,等她缓过来,你给她做点吃的补一补。"②林巧稚不仅用医术和智慧在医治病人,更是倾注了怜惜和悲悯抚慰穷人的心灵。与北方相对应的南方,我们来看看上海女子医学院的几位大学女教师。王淑贞、邝翠娥等定期到上海三和里为女工检查身体和治病,深受女工欢迎。抗日战争全面爆发后,"王淑贞和医院部分职工参加抗日救护工作,抢救前线下撤的伤病员。当时在地丰路觉民小学设立难民医院,收治从敌占区逃出来的孕妇和新生儿。以后又租用徐家汇路850号原骨科医院院舍,建立临时医院,她带领部分医护职工,在枪林弹雨中救死扶伤,从南市的医院中将残存的医疗设备搬到临时医院,使医疗工作又得以正常进行"③;儿科专家陈翠贞留美回国后,她在教课之余积极参加战时儿童保育会,并任成都分会主席,在兵荒马乱中为保障儿童健康作出了应有的贡献。

(二)卫生宣传

近代民众卫生常识匮乏,人们"稠密地聚居在乡村或围墙内的城镇中,

---

① 严仁英等主编:《杨崇瑞博士:诞辰百年纪念》,北京:北京医科大学、北京协和医科大学联合出版社,1990年,第144页。

② 张清平:《林巧稚传》,天津:百花文艺出版社,2012年,第130页。

③ 姚泰主编:《上海医科大学七十年》,上海:上海医科大学出版社,1997年,第279页。

拥挤在肮脏小巷内低矮、阴暗、通风不良的房屋中，睡在令人窒息的窄小房间内。饮用的是运河或稻田间排水沟内的脏水，吃的是变了质的猪肉、以污池中的废物为肥料的蔬菜"①。近代公共卫生学家伍连德曾感慨地说："堪痛惜各国咸谓传染病起于中国，闻之不胜忧愤。"②为此，一批医学院女教师开始大力宣传卫生知识。杨崇瑞创办了接生婆讲习所，教给她们消毒和处理脐带的科学方法；高君哲在协和医院高级护士学校及助产学校上课的同时，"安排育婴堂、孤儿院及救济院的儿童集体来医院检查和看病，并训练这些单位的管理员懂得一些卫生常识，以使儿童少得病"③；王琇瑛在协和护校毕业后留校任教，在教学工作之余，为宣传卫生知识，她"组织编写了《卫生广播演讲集》，定期在电台广播。她非常关心少年儿童的卫生教育，从 1937 年起陆续编写了《小学卫生实验教材》（学生用）1—7 册和《小学卫生实验教材教学法》（教师用）1—7 册"④；等等。经过这些女教师的努力宣传，妇婴卫生逐渐得到改善。

（三）倡导节制生育

最早公开倡导节制生育的是美国护士山额夫人（Mrs. Margaret Sanger，又译作桑格夫人）。1922 年她曾在北京大学作过"生育节制到底什么与怎样"的讲演，在中国引起了轰动。因为中国人自古观念就是多子多孙多福，传统生育观已深入民众的深层心理。因此，提倡节育一时成为众矢之的，"种族灭亡"、"道德风化"等大帽子扑面而来，更有人把她视为"外国反动医学人士"。尽管反对声一片，但山额夫人的节育观还是引起了国内大学女教师们的共鸣，尤其是医学院女教师们的思考。她们发现国内"许多妇女因多产引起骨盆底肌肉、筋膜及子宫旁的主韧带过度伸展或断裂，患有阴道前、后壁脱垂，以致痛苦不堪"⑤。另据杨崇瑞调查，生育最多的妇女竟达 15

---

① ［美］E. A. 罗斯著，晓凯译：《E. A. 罗斯眼中的中国》，重庆：重庆出版社，2004 年，第 27 页。

② 伍连德：《论中国当筹防病之方实行卫生之法》，《东方杂志》1915 年第 12 卷第 2 期，第 5—11 页。

③ 政协北京市委员会文史资料研究委员会编：《话说老协和》，北京：中国文史出版社，1987 年，第 365 页。

④ 《王琇瑛同志永远活在我们心中》，《中华护理杂志》2000 年第 10 期，第 639 页。

⑤ 王惠姬：《中国现代化的推手——以留美实科女生为主的研究（1881—1927）》，新北：花木兰文化出版社，2011 年，第 276 页。

胎之多,女性成为生育机器,广大妇女的"康健和生命因妊娠过密蒙着可惊的损害",甚至"因为生育太蕃,子女太多,身体上和经济上都不能支持,情愿拿生命作孤注,以求解除困苦的却也不少"。① 过度的生育对妇女身体造成伤害的同时,也形成了中国人口量大而质不高的现状,对一个家庭、甚至一个国家的经济发展也造成重大影响。为此,一些大学女教师大力倡导节制生育,杨崇瑞、雷洁琼、周励秋等人于 1930 年在北平钱粮胡同甲 2 号创立了北平妇婴保健会,她们设立节育指导所,传授科学的节育方法。1933 年,杨崇瑞和燕京大学社会学系教授雷洁琼等人倡议成立节制生育咨询部,并在北平《晨报》增版《人口》副刊,在北平《实报》编辑《节育讯》,宣传节制生育的重要性,倡导少生、优生、优育。1936 年,杨崇瑞和林巧稚等再次邀请美国山额夫人在协和医学院礼堂讲学,倡导节制生育。当时杨崇瑞亲自到车站迎接山额夫人,《世界日报》还曾报道:"有所谓的外国反动医学人士来华,拟宣传所谓节制生育,国人则有一奇装异服的中年妇女(当时杨崇瑞仍着布旗袍,两发辫盘绕于头上)前往迎接……居心叵测,值得注意。"②但杨崇瑞和林巧稚根本不予理睬。雷洁琼还积极撰文《山额夫人与节育运动》、《欢迎山额夫人二度来华》、《山额夫人著述介绍》等,全面介绍节育运动的意义,极大地推动了节育运动的推广。不仅在北平宣传和实践节育,一些女教师还到晏阳初在河北定县的乡村建设实验区宣传并推广节育运动。

(四)开展社会教育服务

近代大学女教师从封建阵营中突围而出,她们深深懂得获取知识的不易,并希望以自己的知识服务社会。因此,一些女教师走出校园,走向社会,展开社会教育服务。如民众教育专家俞庆棠广泛开展民众教育,"她下工厂,去农村,进行实地考察,了解民生疾苦;她还编辑出版报刊,组织成立中国社会教育社,利用出版物和社会讲坛,为争取民众受教育而大声疾呼"③。俞庆棠还创办了许多教育实验区和民众学校。如永川松溉纺织实验区妇女生活学校,"一方面对妇女授以文化知识,一方面组织她们进行纺织、劳作,

---

① 力子:《邵力子文集》(下册),北京:中华书局,1985 年,第 682 页。
② 严仁英等主编:《杨崇瑞博士:诞辰百年纪念》,北京:北京医科大学、北京协和医科大学联合出版社,1990 年,第 94 页。
③ 政协江苏省太仓市文史委员会编:《俞庆棠纪念文集》,太仓:国营太仓市印刷厂,1997 年,第 52 页。

把教育和生活紧密地结合起来。那三年正处在抗日战争的艰苦阶段,但实验区却搞得红红火火,吸引了一大批有志青年来这里工作,一批批农家妇女涌向这里学习劳作"①。她亲手创办的上海市实验民众学校,"1945 年 9 月 29 日到 10 月 8 日,不到 10 天,就正式开学,采用边上课边建校,上午设幼儿班,下午妇女班,晚上成人班,并增设小先生教授儿童的识字班。由于学校地处胶州路中段,周围工厂林立,棚户密集,居民绝大多数是劳苦大众。学校开设识字、速算、电工、缝纫、烹饪等必修课,实用性强,受群众欢迎。刚开学时学生仅 700 多人,不到半年,猛增到 1500 多人。出现了父子、母女、祖孙同学的新景象"②;燕京大学社会学系教授陈淑圭,从美国获得博士学位后回国,担任教育系主任,成立了社会教育服务部,把学校与社会联系起来,节假日、寒暑假,陈淑圭安排学生到附近乡村教妇女、儿童认字,风雨无阻。"当时驻南平、古田一带的八十师师长李良荣对华南女大的社教活动,很感兴趣,当他于抗战后继刘建绪当福建省主席、组织福建省政府委员时,陈淑圭被提名担任福建省政府委员,是国民党统治时期福建省政府唯一的女委员"③;杨荫榆辞去北京女子高等师范学校校长之职后回到苏州,20 世纪 30 年代中期,她创办了二乐女子学社,这是一个女子补习学校,主要招收有志于读书而无力入校的女子,教她们国文、英文、算学、家事等有用学问;等等。一批女教师致力于社会教育服务,希冀通过自己的努力,用教育改善民众的生活。

三、投入抗日爱国活动

中国近代史是一部苦难和泪水交融的历史。在这一时期出生、成长的女教师们,更能体会其中的酸甜苦辣。面对人民的困苦、国土的破碎,大学女教师们积极参与抗日爱国活动,以自己的方式来表达对国家和人民的热爱。

---

① 政协江苏省太仓市文史委员会编:《俞庆棠纪念文集》,太仓:国营太仓市印刷厂,1997 年,第 52 页。

② 政协江苏省太仓市文史委员会编:《俞庆棠纪念文集》,太仓:国营太仓市印刷厂,1997 年,第 59 页。

③ 中国人民政治协商会议福建省委员会文史资料编辑室:《福建文史资料》1988 年第 20 期,第 103 页。

(一)笔伐

近代大学女教师在民族危亡之际,抱着一颗赤诚的爱国之心,以高度的民族责任感,拿起笔针砭时弊,希望以此激起民族的抗日斗志。

冯沅君给抗日宣传工作者出谋划策,指导如何写标语,她在《告内地的宣传者》一文中指出:"写标语应该是有标准的:词句要短而浅,含意要深而显,字体要通俗。因为标语是写给大众看的,在大众中大部分是识字无多的工、农、小商人",她举例说,有人把工作的"工"字当中一竖写成了一湾,字体太不通俗。还有人写"宁为玉碎,勿为瓦全",措辞太深奥。冯沅君指出这些标语的不足,并接着说:"从前国共未合作时,城市中,电杆木墙壁上每每有人偷写左倾的标语,有一条我至今还常向人称道。它只有八个字'红军是人民的军队'。这真是典型的标语,词句既不深,含意又深刻明显。"①她从北京一路流亡到广东,结果刚到广州,广州又进入战事状态。看着一些当政者仍然过着花天酒地的生活,冯沅君写了一篇《说广东精神》寄语从政者:"尊重广东精神,努力发扬这铁般坚,火般热的精神。它是抗战建国大道上的一段坚固路基。要知道民众虽有伟大的力,但他们需要领袖。他们固然需要个深谋远虑的大领袖,更需要苦干力行,能为职务,为理想牺牲的小领袖。"②同时,她在《宇宙风》上连续发文,《从女汉奸说起》(《宇宙风》第 72 期)、《烽火人语》(《宇宙风》第 73 期)、《"踏进伤兵医院"的回忆》(《宇宙风》第 74 期)、《反省吧,被侵的人们》(《宇宙风》第 75 期),指出在战争年代存在的种种弊端,如女汉奸问题、伤兵医院无人照看问题、工程技术人员浪费问题,等等,呼吁男女老幼,各行各业的人都要同仇敌忾,认清形势。所以她要求国人赶紧清醒,她曾感慨地说:"被侵略的人们自己过着这种骄奢淫佚的生活还不算事,听见自己的侵略者节约到赤足走道反而庆幸,说是敌人的末日快到了,这不是滑稽之至! 这不是可怜之至! 这不是令人伤心之至!"③为宣传抗日,冯沅君还在《文艺阵地》发表《撤退》一文,文中写道:"他们的热血似怒马般奔腾,他们的行动似山岳般镇定。"④把战士撤退写得从容不迫,充分显示了革命的乐观主义精神。袁昌英早在留学英法时,就已有深深的爱国情怀。

---

① 严蓉仙:《冯沅君传》,北京:人民文学出版社,2008 年,第 198 页。

② 严蓉仙:《冯沅君传》,北京:人民文学出版社,2008 年,第 199 页。

③ 冯沅君:《反省吧,被侵的人们》,《宇宙风》1938 年第 75 期,第 108 页。

④ 冯沅君:《撤退》,《文艺阵地》1938 年第 1 卷第 6 期,第 186—188 页。

"九一八"事变后,面对国土的沦丧,她提笔写道:"在这悠悠时间的六段节奏里——简直是激昂、愤厉,而又悲哀至于毁灭点的节奏——我及我的民族是受到了极度的,人世间再无以复加的创伤且无以自解的耻辱。……你亲眼见着我们这些聊无不肖的儿孙,将你那满是血液,满是生命的躯体,忍心无耻地一块块割让与异族,将你一直爱护有加的人民,残酷地用鸦片烟、吗啡、土匪、病毒、洋货等,一群群断送到黑暗无边的苦海里去,你的心何能不痛? 你的泪何能不流竭? 你的容颜何能不苍老?"①苏雪林在抗战初期,抱着满腔的爱国热忱,撰写《南明忠烈传》一书,书中描写了数百位抗清志士捍卫宗邦、宁死不屈的事迹,以此激发国人自卫和自强的斗志。苏雪林还出版了《屠龙集》、《乐山敌机轰炸记》、《敌人暴行故事》等,揭露了日本帝国主义的侵略暴行,讴歌中华儿女为国捐躯的壮烈义举。大学女教师们奋笔疾书,以此唤醒沉睡中的同胞,激起人们抗日的斗志和决心。

(二)口头演讲

抗战爆发后,很多大学女教师开始用演讲的方式,唤醒民众,激起民众的爱国热情。

俞庆棠作为民众教育专家,她利用一切机会到处作报告,宣传抗日。1936年,她在中国社会教育社第四届年会的报告中强调:"在这个民族的生死关头,我们实在是风雨同舟,我们感到只有在教育民众、组织民众、训练民众上努力的这个基本工作,才能在各省各地产生抵抗敌人的生力军。敌人有武力的侵略,我们有自卫的力量;敌人有经济的侵略,我们有经济堡垒;敌人有文化侵略,我们有坚强的意志,抵抗的决心。大家在各地苦干,也就向民族自救的大道前进。"②在乡村建设方面,俞庆棠也把它上升到民族解放的高度。她说:"办理乡村教育事业,要切实联络,有严密之组织,具复兴民族的坚强意志,千万舆论发生力量。对民教本身之理论,应有研究,方法应有创造,对于国内国际严重问题,应具敏锐的眼光,加以考察研究,培植实力,扩大组织,以图民族之解放。"③俞庆棠到处演讲,经常联系自身,感情真挚,

① 袁昌英:《袁昌英散文选集》,天津:百花文艺出版社,1991年,第38—39页。
② 政协江苏省太仓市文史委员会编:《俞庆棠纪念文集》,太仓:国营太仓市印刷厂,1997年,第5页。
③ 政协江苏省太仓市文史委员会编:《俞庆棠纪念文集》,太仓:国营太仓市印刷厂,1997年,第5页。

语言丰富,鼓励广大师生要团结一致,奋发图强,为国效劳。吴贻芳在金陵女子大学西迁四川华西坝后,在一次演讲中讲道:"在大时代中,各人皆有极大之使命,吾人对此使命要有痛切之认识。要'拿炭烧口',要亲自进入火中,由火与血之经验中,再生出热烈情绪,除去苟且偷安之恶习。当国家民族需要服务时,吾人能有'我在这里,来差遣我'之态度否?"①同年 10 月,吴贻芳专门为师生作了《如何振作精神》的重要演讲,希望师生坚持抗战必胜的信心,认识到精神的力量,号召大家共同为抗战出钱出力,承担起作为一个中国国民的职责。冯沅君到四川三台后,应邀作报告,她讲了两个问题,第一个问题是妇女在文学上的成就,第二个问题是妇女除文学以外的才能。在演讲过程中,冯沅君列举了历史上的很多女性,如许穆夫人,她出生在卫国,后嫁给许国的许穆公。公元前 660 年,北狄入侵卫国,许穆夫人听到自己的国家灭亡的消息后毅然驰驱至漕,求救于大国,但半路上被许国大夫追上,强迫她返回,对此,许穆夫人痛斥那些鼠目寸光的官员。在演讲过程中,冯沅君饱含激情,把一个弱女子的爱国情怀分析得淋漓尽致,引起了在座女性的强烈共鸣。冯沅君演讲纵横捭阖,受到了当地妇女的热烈欢迎,也激起了广大妇女的爱国热情。

总之,在民族危亡之际,广大女教师尽自己所能,利用自己的演讲口才,联系自身的专业,用自己的丰富情感,感动了民众,也激励了民众的抗日斗志。

(三)行动上积极参与抗日

女教师们不仅用笔、口作武器与日本法西斯作斗争,而且在行动上也积极参与到抗日洪流中。

有些女教师在物质上支持抗日,以表达自己的一份抗日爱心。苏雪林在抗日战争开始后,把自己的嫁奁三千元,以及自己平时省吃俭用的薪俸和稿费所买的两根黄金,全部捐给政府,价值相当于当时的一架飞机。② 有人曾劝她为自己留下一点,她慷慨说道:"覆巢之下,岂有完卵?不将这点金子支持抗日,难道要等它到亡国之时沦于敌手吗?"③1931 年"九一八"事变后,袁昌英带领女学生和部分教职员家属为东北抗日义勇军缝制了千套棉衣,

①　钱焕琦:《吴贻芳——金陵女子大学校长》,北京:中国传媒大学出版社,2014 年,第 94 页。

②　纪陶然编著:《微言大义:晚清民国留言簿》,北京:同心出版社,2012 年,第 14 页。

③　苏雪林:《苏雪林自传》,南京:江苏文艺出版社,1996 年,第 91 页。

具体在她写给胡适的信中也曾提及:"我们做女子的总觉得未尽天职,所以最近又发起了一个小小的运动,赶做棉背心一千件,接济我们的义勇军。这事正在进行,不日就可完工。数虽很少,却是出自我们几十个人亲手裁缝,无非表示我们一点热忱而已。"①与此同时,她还主动把自己平时积攒下来的一大笔钱捐献给国家支援抗日。冯沅君从法国回国后,便和丈夫陆侃如参加了"中华文艺界抗敌协会川北分会",冯沅君任副主席。为支援前线,慰问将士,冯沅君利用从小在老家学习的女红,设计了慰问袋,袋盖上绣有"军"和"民"两字,袋的正面用大红布贴上两颗红心,在慰问袋里放上了慰问信,并设计了写有"胜利归来"的鞋垫。冯沅君带领东北大学女教师们制作的慰问袋和鞋垫,不仅设计好,而且结实耐用,大大鼓舞了前方战士的斗志;吴贻芳在抗日战争爆发后,组织学生走上南京街头游行示威,为抵制日货,带头将自己的日货衣服上交并销毁。她还让刘恩兰老师举办了一次中国地理展览会,以此来激发学生的爱国热情。余宝笙与华南女子文理学院师生一道,"在南平山区,积极学习战时知识,参加战地救援系统训练,用业余时间编制毛袜和各种手工艺品上街义卖为抗日捐款。1941 年,在余宝笙的倡议下,组织歌咏队和管弦乐队,在南平、永安各地巡回义演,为建瓯南雅孤儿院募捐,救援战争中失去双亲的孤儿及为'青年号飞机'捐款等活动。是年四月,福州沦陷,日军沿闽江北上向古田县大湖集结。福建驻军副司令李良荣率十三兵团增援师 3000 多名战士,从邵武南下古田大湖阻击日军。战事紧急,军粮一时供应不上,南平驻军和地方政府决定仿制当年戚继光抗倭时战士携带的干粮——20 万个征东饼。余宝笙和华南女子文理学院的师生积极参加这项支前活动。把干粮及时包装运到集中地点,并在干粮包里附上激励战士英勇杀敌的标语口号"②。这次阻击战役最终取得了大捷,胜利果实的背后,也凝聚着华南女子文理学院女教师的一份功劳。燕京大学社会学系教授雷洁琼则来到南昌,担任"妇女生活改进会"顾问、南昌市伤兵管理处慰劳课上校课长,组织江西广大妇女投入到抗日救亡运动中。雷洁琼还先后主持了两期妇女干部培训班,并筹划创办了《江西妇女》月报,竭力把妇女工作推进到农村。

女教师们怀抱着高度的民族责任感,强烈的爱国之心,在民族危亡之

① 中国社会科学院近代史研究所中华民国史组编:《胡适来往书信选》(中册),北京:中华书局,1979 年,第 105 页。

② 黄晓红:《余宝笙与女子高等教育》,《黑龙江史志》2013 年第 19 期,第 181—183 页。

刻,用嘴、用笔、用自己的实际行动去支持祖国的抗日救援工作。

四、走向国际舞台

近代大学女教师并不满足于仅仅涉足国内的社会事务,她们希望在国际舞台上也能看到女性的身影。她们不仅关注自己的工作和家庭,而且把目光放到更大的国际范围,放眼世界。

第一,参加各种国际会议。近代大学女教师积极参加各种国际会议。陈衡哲曾连续四次参加太平洋国际学会(the Institute of the Pacific Relations)。太平洋国际学会又称之为太平洋国交讨论会,1925年成立,学会"以研究太平洋各民族之状况,促进太平洋各国之邦交为宗旨"①。会议两年一次,参加者主要是学术界和教育界人士为主。1925年,陈衡哲参与会议筹备工作,她和任鸿隽均被增选为筹备委员,但因即将生孩子,所以第一届年会只能放弃。但第二、三、四、五届会议,陈衡哲均被推荐为会议代表,她认真准备相关会议提案,积极参与会议讨论。第二次在美国檀香山,中心议题是中国的政治问题;第三次在日本东京,会上围绕东北问题展开了热烈的讨论,回国后陈衡哲还在北京大学进行了有关国交讨论会的公开演讲;第四次在上海,陈衡哲还主编了《中国文化论集》,希望重塑中国在西方代表心目中的印象;第五次在加拿大的班府举行,回国后在燕京大学演讲时,陈衡哲谈了许多自己的感观。陈衡哲克服很多困难,先后四次参加太平洋国际学会的年会,宣传中国政治主张,发表演讲,编印会议报告,并在《独立评论》等报刊上发表文章,充分展示了女性在国际事务中的地位和作用。俞庆棠于1925年曾参与太平洋国际学会的筹备会,并和余日章、黄炎培、朱经农等共同起草了《太平洋国民会议筹备委员会宣言》,宣言指出了太平洋国际学会的目的:"欧战终了,世界各国人民,知武力政策之足以危害民生,颠覆邦国也,于是憬然觉悟,思以人民自团结力,联合寰球各国国民中之领袖,组织一大团体,共同讨论,交换意见,以表示互相维护之诚意。"并在宣言中指出了参与的主要原因是"我国以积弱之余,对于列强之交涉,无不受人劫迫、事事

---

① 陈立廷、应元道编:《最近太平洋问题:太平洋国交讨论会第二次会议报告书》,太平洋国交讨论会,1927年,第1页。

退让、示弱于人,今日幸得与会,自当集合全国领袖,共同讨论将来列席时所应注意之各种提案,积极筹备,以冀将领事裁判权、移民、关税、私运违禁品等重大问题,得于斯会议中收圆满之结果,影响所及,其重要殆不在华府会议之下,实我国存亡之莫大关键"①。1945 年 4 月,吴贻芳作为无党派人士当选为联合国制宪会议代表团成员出席在旧金山召开的会议,并在大会上发表了精彩的演讲。她"讲到近代中国遭受的种种磨难,讲到中国在过去的八年中面对穷凶极恶的日本帝国主义进行的不屈不挠的全民族抗战,力陈伟大的中国人民是不可战胜的。最后,她阐述了中国政府对维护世界和平的看法以及对联合国宪章的意见,并表达了自己对世界美好未来的希望"②。吴贻芳的演讲在美国引起了广泛的关注,并接受了美国广播公司邀请发表讲话,向美国华侨妇女进行演讲。各种大会、小会、演讲等,只要有机会,吴贻芳都尽力参加,目的就是促进国际对中国的认识,提高中国的国际地位。此外,一些大学女教师还参与各种国际学术年会。如陈淑圭在 1947 年赴挪威参加国际学术会议;朱汝华 1947 年参加了英国化学会百年纪念及十一届国际化学会议;1947 年,苏祖斐出席了第五届国际儿科学会;陈翠贞也于1947 年和 1956 年两次代表中华儿科学会参加了在美国和丹麦召开的国际儿科会议;等等。近代大学女教师参加各种国际会议,提高了中国在世界的地位和影响力。

第二,出国访问、考察。大学女教师利用出国访问、考察的机会,汲取国外的先进经验,开阔眼界,积极进取。华南女子大学校长王世静于 1937 年出访马尼拉、新加坡和爪哇等地,被邀请向不同的人群演讲,每到一地受到热烈欢迎。王世静校长陈述了华南女子大学在中国的地位和贡献:"今日中国女性能在各领域内和男性平分秋色。王校长深信,作为中国南方惟一一所女子大学,华南女子大学在提升中国妇女,尤其是海外千百位华人妇女地位上有着切实的责任。因为海外的华人妇女甚至还未感受祖国各地妇女的巨大觉醒。"③同时,在访问期间,走访校友,联络感情,并为华南女子大学募捐,她在 1937 年致华南校董会的报告中提到:"我代表大学对我们的校友及其夫婿们对今年大学经费上的支持深表谢忱。我们现在已经募捐到三万一

---

① 《太平洋国民会议筹备委员会宣言》,《申报》1925 年 3 月 18 日。
② 钱焕琦:《吴贻芳——金陵女子大学校长》,北京:中国传媒大学出版社,2014 年,第107 页。
③ [美]华惠德著,朱峰、王爱菊译:《华南女子大学》,珠海:珠海出版社,2005 年,第 64 页。

千二百八十六元七角的现款。另外还有两千三百四十元的支票。"①1947
年,华南女子大学重建时,校长王世静再次出访美国,她访问了南佛罗里达
大学、阿德兰大学(Adrian College)、柏纳特大学(Bennett College)、康奈尔
大学(Corneel University)、塞列克斯大学(Syracuse University)和杜克大学
(Duke University)。在康奈尔大学访问时,"加深了她对家政专业服务潜力
的认识。在专为黑人女孩开设的柏纳特大学访问时,王世静校长表达了希
望将来可以互派教师,以此来增进理解"②。王世静的出访,联络了校友感
情,宣传了华南女子大学,并得到了各国的支持和帮助。吴贻芳曾在1943
年和晏阳初、桂质廷、吴景超、李卓敏、陈源组成的"六人教授团"到美国去访
问,目的就是宣传中国抗战,敦促美国开辟第二战场。每到一地,都要发表
演讲,介绍中国军民抗战情况,希望得到美国人民的同情和支持。同年6月
14日,这是联合国纪念日,当时有32个国家参加庆祝,吴贻芳在大会上发表
了演讲,极大地宣传了中国,赢得了世界人民的好感。1936年,河北女子师
范学院体育系女教师杜隆元、张汇兰随中国体育考察团赴欧洲各国考察,主
要对丹麦、瑞典、德国、捷克、奥地利、匈牙利、意大利七国体育进行考察,并
把国外的先进经验应用到河北女子师范学院体育系的教育教学之中,培养
了一批体育人才。1947年,俞庆棠担任联合国教科文组织中国委员会委员,
1948年出任联合国远东基本教育会议中国代表团顾问委员会委员,并以教
育家身份赴美考察战后难童与成人实习教育。杨崇瑞一生7次出国,为了
妇幼卫生事业的发展,考察了美、英、德、法、瑞士、芬兰、瑞典、丹麦、菲律宾
等18个国家;等等。大学女教师利用出国访问、考察的机会,提高自身的专
业技能,从而提升了所在学校、系、科的专业知名度。

　　第三,应邀到国外大学讲学。近代,一些女教师的成就在国际上也引起
了不小的反响,她们受邀到各大学作演讲和讲学。如冰心战后到日本讲学,
立即受到学界的重视,东京大学文学部中国文学研究室的仓石武四郎邀请
她先后到东京大学、京都大学讲课,冰心的讲演受到日本大学生的热烈欢
迎,大教室里挤得水泄不通。应学生们的要求,仓石武四郎还把冰心的讲演
稿译成日文结集出版。1949到1951年,冰心被东京大学聘为第一任外籍女
教授,讲授"中国新文学"。陆慎仪于1925年毕业于美国卫斯理大学,获硕
士学位,先后任教于金陵女子大学、暨南大学、大同大学、湖南大学等,1946

---

①　[美]华惠德著,朱峰、王爱菊译:《华南女子大学》,珠海:珠海出版社,2005年,第65页。

②　[美]华惠德著,朱峰、王爱菊译:《华南女子大学》,珠海:珠海出版社,2005年,第97页。

年回金陵女子大学任教,1948 年应美国母校邀请,回卫斯理大学进行讲学。从事地理研究的刘恩兰于 1946 年受中美文化协会的邀请赴美讲学;等等。

第四,参加国际学术社团。近代,一些大学女教师因杰出的学术成就而被吸收为国际学术社团会员。如黄友葵 1933 年被吸收为亚拉巴马州立大学"C.西格玛"荣誉学会会员;余宝笙 1937 年被吸收为美国科学家荣誉学会会员,学会赠送她一把金灿灿的金钥匙;林巧稚于 1940 年被吸收为美国自然科学荣誉学会会员,并荣获该学会颁发的金钥匙;1948 年,邹仪新被吸收为英国皇家天文学会会员;等等。

总之,近代大学女教师在教学、学科学术研究、管理工作之余,对内活跃于社会重要活动,对外参与国际事务,无论在国内和国外,都能看到大学女性知识精英的身影,赢得了国内国外的一片赞美和好评,显示出女性知识精英的巾帼风采。

第六章　几点思考

大学女教师凭着惊人的决心和毅力,在教学、学科学术研究、管理、社会服务等各个领域都显示出别样的风采,最终赢得了属于自己的辉煌,在近代中国高等教育史上翻开了新的篇章。但在审视成绩的同时,我们也发现女教师群体在大学发展过程中整体上仍存在一些问题,在具体的教学、学科学术研究、管理、社会服务等过程中也面临着几对主要矛盾。在这些问题和矛盾的基础上,本书最后总结了近代大学女教师走出"迷宫"的几条路径,或许值得今天的大学女教师借鉴和反省。

一、近代大学女教师存在的主要问题

大学刚成立时,坐在教室里读书的都是男性,从事大学职业的也都是男性,女性是大学职业的"缺席者"。只是随着女子教育的发展和男女共校的推广,女性从事大学职业的人数才逐渐增加。纵观近代大学女教师队伍,自一开始就取得了长足的发展,但女教师群体在发展过程中所存在的问题也十分明显,主要体现在以下几个方面。

(一)女教师所占比例低

近代大学女教师人数一直呈现上升趋势。但整体来说,大学女教师数量偏少,相对男性教师而言,女教师所占比例远远低于男教师。当然,各个不同的时段,大学女教师的发展比例存有差异。

晚清至民国初期,在国立综合性大学并没有一个中国籍女教师。大学女教师主要在教会大学,尤其是教会女子大学。而且这一时期以外籍女教师为主,中国籍大学女教师很少。

从民国初期至20世纪20年代初中期,这段时间是女教师发展的起步阶段。随着"五四"新文化运动的展开,男女平等的观念已深入人心,女子高等教育逐渐发展,出现了男女同校和国立自办的独立女子高等教育机构,对女教师需求越来越多。加之,当时大批女留学生学成归来,为女性成为大学教师提供了可能。这一阶段,女教师数量开始增长,但总体数量还是极为有限。据统计,1925—1926 年度,全国大学及专门学校女教职员不过占总教职员数的 3.89%。具体数据见表 6-1。

表 6-1 1925—1926 年度全国大学及专门学校学员总数及教职员人数

学校性质	女教员数(人)	教员总数(人)	女生数(人)	学生总数(人)
国立大学	92	2979	917	14680
省立大学	22	1671	103	7433
私立大学	72	2039	718	17139
教会及外人学校	118	1129	397	3909
合计	304	7818	2135	43161

资料来源:《民国年鉴》,上海:新亚书店,1928 年,第 31 页。

表 6-1 中的数据跟清末民初相比,我们可以看到,随着女子高等教育的发展,大学女生人数在增长,相应地,女教师的数量也呈增长趋势。但在教师总数中,女教师比重偏低。具体到各类大学,教会大学以及由外籍人士所办的学校中女教师的比例相对高一些,女教师占教师总数的 10.45%,而国立大学女教师仅占教师总数的 3.09%,省立大学女教师只占 1.32%,私立大学女教师的比例为 3.53%。

国民政府定都南京后,社会环境渐趋稳定,经济发展相对较快,政府实行了一系列措施促进高等教育,鼓励女大学生就读实科,扩大女子专业范围,女子选择专业的面越来越宽,女性在高校任教的专业也不断扩展,女教师比例快速提升,具体数据见表 6-2。

表 6-2　1929—1934 年(部分年度)全国专科以上学校女教员数量及所占比例

年份	女教员数(人)	教员总数(人)	女教员所占的比重(％)
1929①	276	5945	4.64
1930②	313	5894	5.31
1931③	407	7053	5.77
1933④	489	7209	6.78
1934⑤	515	7205	7.15

从表 6-2 中,我们可以看到几个变化:第一,女教师总人数在不断增加。1929 年 276 人,1930 年 313 人,1931 年 407 人,1933 年 489 人,1934 年 515 人。从 1929 年的 276 人上升到 1934 年的 515 人,6 年间几乎翻了一倍。第二,女教师占教师总数的比重也不断攀升,1929 年占 4.64％,1930 年占 5.31％,1931 年占 5.77％,1933 年占 6.78％,1934 年占 7.15％。6 年间增长了 2.51 个百分点,成效显著。第三,男女教师的比例在不断缩小。1929 年为 20.5：1,1930 年为 17.8：1,1931 年为 16.3：1,1933 年为 13.7：1,1934 年为 13.0：1。这充分说明了在国民政府时期,大学女教师的人数在迅速增加,但整体比例偏低。

抗战开始,金陵女子大学、河北女子师范学院和华南女子大学等大量独立女子高校西迁。为保存和规范高校,国民政府出台了一系列政策法令,如 1938 年颁布的《师范学院规程》和 1942 年公布的《修正师范学院规程》,规定师范学院单独设立,但也可在大学中设置,分男女两部,并得设女子师范学院。因此,独立的女子师范学院开始出现,如国立女子师范学院(重庆)、河北省立女子师范学院(天津)。随着女子高等教育的进一步发展,女教师不仅数量增长,女教师与男教师比例的差距也在不断缩小。我们可以看 1946 年度第二学期、1947 年度第一学期高校职员统计表,具体如表 6-3 所示。

---

① 教育部高等教育司编:《全国高等教育统计》,教育部自刊,1928 年,第 33 页。

② 教育部高等教育司编:《全国高等教育统计》,教育部自刊,1928 年,第 33 页。

③ 教育部高等教育司编:《二十年全国度高等教育统计》,南京:教育部高等教育司,1933 年,第 7 页。

④ 教育部统计室编:《二十二年度全国高等教育统计》,上海:商务印书馆,1936 年,第 24—25 页。

⑤ 教育部统计室编:《二十三年度全国高等教育统计》,上海:商务印书馆,1936 年,第 23 页。

表 6-3　1946 年度第二学期、1947 年度第一学期高校职员数量统计

年份	总数(人)	男教职员数(人)	女教职员数(人)	女教职员占全体教职员的百分比(%)
1946	11909	9397	2512	21.09
1947	13360	10300	3060	22.90

资料来源:安树芬主编:《中国女性高等教育的历史与现状研究》,北京:高等教育出版社,2002 年,第 107 页。

　　表 6-3 仅仅统计职员,女教员没有进行统计。女职员从 1946 年的 2512 人上升到了 1947 年的 3060 人,女职员占全体职员的百分比由 21.09% 上升到 22.90%;男女职员比例从 1946 年的 3.74% 下降到 1947 年的 3.37%。

　　从以上几个不同的历史阶段,我们可以看出,虽然大学女教师数量呈现逐渐递增趋势,女教师占教师总量的比例在不断提升,但比例依然偏低。造成这一问题的原因很多,因为女性在时间上接受高等教育比较迟,接受高等教育的机会也相对较少,到 1941 年,女性接受高等教育比例最高时才占 19.8%;到 1947 年,总共才招收女性研究生 58 名[1];到海外留学的人数更是远远不如男性,以留美学生为例,从 1912 年到 1949 年,留美学生总数已达 9138 人,而留美女性只有 1993 人,仅占总数的 21.8%[2]。同时,当时在人们的观念中,更多地认同女性比较适合中小学幼儿园教师,而大学教师是属于男性的职业,当时有些大学聘任女教师更多的是出于男女同校后需要女教师点缀,并不是内心完全接纳女教师。此外,一部分女性毕业后并没加入教师行列,而是回归了家庭,等等。因此,从总体上,近代大学女教师的人数远远少于男教师。

(二)女教师职称职务偏低

　　近代女教师跻身大学讲坛已属不易,要与男教师一起竞聘职称职务更是不容易。整体来说,相对于男教师的职称职务,女教师的职称职务偏低,处于金字塔图形的中下层。
　　在职称上,女性在大学的职称多处于中低层次。如 1934 年河北省立女

---

①　教育部教育年鉴编纂委员会编:《第二次中国教育年鉴》,上海:商务印书馆,1948 年,第 1403 页。
②　参见陈学恂主编:《中国近代教育史教学参考资料》(下册),北京:人民教育出版社,1987 年,第 372—374 页。

子师范学院教师一览表,见表6-4。

表6-4　1934年4月河北省立女子师范学校教员职称一览

姓名	性别	职称	姓名	性别	职称
董璠	男	教授	张渲	男	讲师
曾广源	男	教授	郑朝熙	男	讲师
寿普暄	男	教授	张雪门	男	讲师
李时	男	教授	刘明越	男	讲师
郑王燮	男	讲师	步毓芝	女	讲师
卢季韶	男	讲师	孙家玉	女	教授
杨星耀	男	讲师	程之淑	女	讲师
马宗芗	男	讲师	王非曼	女	讲师
华连圃	男	讲师	柳博我	男	讲师
张寿林	男	讲师	张赞勋	男	讲师
王向荣	男	讲师	于振华	男	教授
戎春田	男	讲师	赵金海	男	教授
胡人椿	男	讲师	李景渤	男	讲师
李霁野	男	教授	苏昌泰	男	讲师
王文培	男	教授	刘凤虎	男	讲师
温世昌	男	教授	李瑞岭	男	讲师
杨善荃	男	教授	于鹤年	男	教授
张尧年	男	教授	李恩科	男	讲师
张瑛	男	讲师	张鸿焘	男	讲师
李世麟	男	讲师	熊乐晨	男	讲师
朱延丰	男	讲师	陈振铎	男	讲师
朱高清兰	女	讲师	杜隆元	女	教授
班书阁	男	教授	余淑琴	女	讲师
张金书	男	教授	严琼圃	女	讲师
殷祖英	男	讲师	梁秀萱	女	讲师
萧从武	男	讲师	贺升息	女	讲师

续表

姓名	性别	职称	姓名	性别	职称
孙玉棠	男	讲师	赵文藻	男	教授
侯 宪	男	讲师	周松生	男	教授
胡国钰	男	教授	谈新铭	女	讲师
田培林	男	教授	赵根慈	男	讲师
康绍言	男	讲师	夏志珍	女	讲师

资料来源:档案号:401206800-J0164-1-000001,天津市档案馆藏。

表 6-4 中,河北省立女子师范学院共有 20 名教授,其中男性教授 18 名,女性只有 2 名,女性占教授总数的 10%;男性讲师 32 名,占男教师总数的 64%,而女性讲师 10 名,占女教师总数的 83%。女性教师高职称比例大大低于男性教师。再如 20 世纪 40 年代国立综合大学西南联大的相关数据,如表 6-5 所示。

表 6-5　1942 年度国立西南联合大学女教员职称

姓名	职务	薪给(元)	姓名	职务	薪给(元)
姚殿芳	助教	100	池际尚	助教	100
林同梅	助教	100	萧福珍	助教	100
蒋铁云	助教	100	李植人	助教	130
邵景洛	助教	125	成莹犀	助教	130
彭慧云	教员	160	汪 静	助教	100
朱汝华	教授	410	陈丽妫	助教	130
刘翠麟	助教	120	姚哲明	助教	100
沈淑英	助教	100	李敏华	助教	130
吴素萱	副教授	380	陆其惠	助教	110
高 潜	助教	130	马葆炼	专任教师	230
沈淑瑾	半时助教	55	潘承懿	助教	100
张友端	半时助教	80	严倚云	教员	160
曹宗巽	半时助教	65			

资料来源:北京大学、清华大学、南开大学、云南师范大学编:《国立西南联合大学史料(四:教职员卷)》,昆明:云南教育出版社,1998 年,第 118—129 页。

西南联大共有教授 165 名,教师总数为 390 名,教授占了教师总数的
42.3%,女教授 1 名,占教授总数的 0.6%;副教授共 14 名,占教师总数的
3.6%,女副教授 1 名,占副教授总数的 7.1%;专任讲师 34 人,女性 1 人,占
2.9%;教员共 32 名,女教员 2 名,占 6.3%;助教、半时助教共 145 名,女助
教和半时助教 20 人,占 13.8%。

另根据民国教育部 1942 年和 1944 年编制的《专科以上学校教员名册》
(共 2 册)看,在全国范围内上交资格证明材料并审核通过授予聘用证书的
专科以上学校教师共 4543 人,分别为教授 1829 人、副教授 656 人、讲师
1078 人、助教 980 人。其中女性教授 54 人,占 3.0%;女性副教授 38 人,占
5.8%;女性讲师 79 人,占 7.3%;女性助教 180 人,占 18.4%。具体如表 6-6
所示。

表 6-6　1942 年和 1944 年专科以上学校女教员人数及职称比例

级别	教授	副教授	讲师	助教	总计
人数	54	38	79	180	351
百分比	3.0%	5.8%	7.3%	18.4%	7.7%

资料来源:数据是根据 1942 和 1944 年教育部编的《专科以上学校教员名册》(共 2 册)
统计而成。

从 6-6 中我们可知,女性教师本来在大学教师总人数中就不多,而且称
职越高,女性的比例越小,这点在综合性大学尤为突出。

与此同时,我们也发现在职务上,女性担任校长的人数很少。根据现有
资料统计发现,整个近代,具有一定影响力的中国籍大学女校长主要有 17
位。具体如表 6-7 所示。

表 6-7　近代中国 17 位大学女校长任职学校情况一览

校长	学校	任职起止年月	任期/年
杨荫榆	国立北京女子高等师范学校	1924—1925	1
王世静	华南女子大学	1918—1951	23
吴贻芳	金陵女子大学	1918—1951	23
俞庆棠	江苏省立教育学院	1928.3—1928.6	3 个月
陆礼华	上海两江女子体育专科学校	1922—1950	28
郑毓秀	私立上海法政学院	1927—1933	6

续表

校长	学校	任职起止年月	任期/年
王淑贞	上海女子医学院	1924—1942	18
江学珠	国立女子师范学院	1940—1945	5
华豪吾	中国女子体育专门学校	1919—1932	13
杨崇瑞	北平国立第一助产学校	1929—1948	19
杨令莆	东北特区美术专科学校	1927—1934	7
劳君展	国立女子师范学院	1946—1947	1
张邦珍	国立女子师范学院	1947—1949	2
林妹妹	上海私立女子艺术学院	1934—1937	3
罗秀云	夏葛女医学院	1905—1936	31
廖奉献	岭南大学女子学院	1916—1918	2
余子玉	上海东南女子体育专科学校	1927—1942	15

资料来源:此表根据朱峰《基督教与近代中国女子高等教育:金陵女大与华南女大比较研究》(福州:福建教育出版社,2002年)、吴梓明《基督教大学华人校长研究》(福州:福建教育出版社,2001年)、顾明远《北京师范大学名人志·校长篇》(北京:北京师范大学出版社,2010年)、熊贤君《俞庆棠教育思想研究》(沈阳:辽宁教育出版社,1997年)、薛维维主编《中国妇女名人录》(西安:陕西人民出版社,1988年)、周川主编《中国近现代高等教育人物辞典》(福州:福建教育出版社,2012年)等大量人物传记、校史、回忆录、辞典等资料整理而成。

由表6-7我们也可发现,这些女校长主要任职于教会大学、私立大学和专科学校。如教会女子大学中有吴贻芳担任金陵女子大学校长、王世静担任华南女子大学校长、罗秀云担任夏葛女医学院院长、廖奉献担任岭南大学女子学院院长。这很大程度上要归功于教会大学的立案规定,教会大学必须由中国人担任校长或院长,所以在教会大学出现了一批女校长。当然,吴贻芳、王世静、罗秀云和廖奉献等人的才干也不容忽视。另外,在私立学校和专科学校的女校长也比较多,如陆礼华在上海两江女子体育专科学校担任校长,郑毓秀在私立上海法政学院担任校长,王淑贞在上海女子医学院担任校长,杨令莆在东北特区美术专科学校担任校长,林妹妹在上海私立女子艺术学校担任校长,余子玉在上海东南女子体育专科学校担任校长。而在一般的国立大学,女性担任校长职务的很少,主要有:杨荫榆曾在北京女子高等师范学校担任校长,俞庆棠曾担任江苏教育学院的院长,劳君展、张邦珍曾在国立女子师范学院担任院长,而且她们担任校长的时间都不是很长。

很多女性在大学从事行政工作一般也都处于中低层次,如 1934 年 4 月河北省立女子师范学校职员一览表。

表 6-8　1934 年 4 月河北省立女子师范学校职员职务一览

姓名	性别	职务	姓名	性别	职务
齐国梁	男	院长	王鑫兰	男	注册课课员
苏从武	男	秘书	曹棣生	女	图书课课员
胡人椿	男	教务处主任	柴岫茝	女	图书课课员
赵金海	男	训育处主任	董家政	女	庶务课课员
杨鹤昇	男	总务处主任	张玉华	女	庶务课课员
王　政	男	秘书	郑以文	男	庶务课课员
董　璠	男	国文学系主任	解元佑	男	会计课课员
李霁野	男	英文学系主任	姚绍业	男	文书课课员
班书阁	男	史地学系主任	侯清林	男	文书课课员
孙家玉	女	家政学系主任	胡道容	男	教务处书记
李恩科	男	音乐学系主任	萧镜秋	男	教务处书记
杜隆元	女	体育学系主任	潘新吾	男	训育处书记
侯　宪	男	注册课主任	李葆权	男	注册课书记
钱亚新	男	图书课主任	李玉琨	男	注册课书记
王向荣	男	出版课主任	孟庆云	男	注册课书记
傅运昌	男	辅导课主任	吕宝珍	男	图书课书记
冯启亚	女	医药室主任	张润玉	男	讲义室书记
李荫珂	男	庶务课主任	孙启墭	男	文书课书记
侯宝泉	男	会计课主任	萧尔谷	男	书记室主任书记
韩通亨	男	文书课主任	禙　桢	男	书记室书记
王维鑫	男	书记室书记	王家振	男	书记室打字员

资料来源:档案号:401206800-J0164-1-000001,天津市档案馆藏。

从表 6-8 中我们可以看到,全校总共有 42 名职员,其中女性职员只有 7 名,而且这 7 名女性中,只有 3 人担任系主任,其他 4 人则担任图书课课员和庶务课课员,职务层次大多比较低。

总而言之,女性在大学的高职称高职位的人数在逐渐增多,女校长能力也逐渐得到认可。但跟男教师相比,女教师的职称职务多处于中低层次。究其原因:首先,大学女教师职称职务偏低与近代女性地位低下有必然联系。其次,我国女子高等教育起步晚,有机会获得大学教师职位的女性本来就不多,而一部分获得职位的女性,受到婚姻、家庭等各方面因素影响,很难全身心投入事业,从而影响职称职位的评定和晋升。第三,跟国民政府的教师聘任制度也有很大关系。1940 年教育部公布的《大学及独立学院教育资格审查暂行规程》规定担任讲师者要获得硕士或博士学位。当时在大学任教授、副教授一般都要具备留学教育背景,而同一时期女性留学人数少,因此,女教师职称职位低也就可以理解了。

(三)女教师地位偏低

随着女子高等教育快速发展,女教师在大学从教也得到政府和法律的认可,女性大学教师受到了一定的尊重和礼遇。但男尊女卑的封建观念有着深刻的文化基础,这种传统的社会文化心理不是一时就能扭转的。人们对大学女教师还是存有一定程度的偏见和歧视,大学女教师与男教师相比,女教师的地位偏低。

大学这个学术场域以男性为中心体现得非常明显。虽然大学招收女教师,体现了男女平等的思想观念,但一些学校招收女教师仅仅是为了便于管理女学生,认为女学生由男教师管理不方便也不能让家长放心。因此,招收女教师并不是发自内心地认可,学校出台的一些政策规定也明显存有对女教师的偏见和歧视。在工资待遇上,如夫妻同在一学校,妻子是不能领薪水的,典型如燕京大学。据说"该大学女教职员无论在该校担任职务之久暂,服务效率之高低,一旦结了婚就立刻失去教员或职员的地位,换句话说,就是立刻失业,假如夫妇两人同时在该大学任职,妻子只能白尽义务,不得支薪,因为她的丈夫已经有了一笔进款可以养活妻子了。这是该校某教员一年前所述的事实,现时有否变更,就不得而知了。不过最近两三年中有几个我认得的女教员都结了婚,而同时却都舍去了教职"①。东吴大学也是如此,苏雪林曾为此向学校争取过自己的薪水,她在自传中写道:"自外子到东大任职,学校连这五十元也不想付,因他们规例如此,夫任职有薪,妻只好白教。由我写信给校长,说我有私人负担,这五十元薪金不能不给,否则我只

---

① 詹詹:《关于女子职业的几种论调》,《生活周刊》1929 年第 5 卷第 26 期,第 423—426 页。

好不教了。"①不仅教会大学如此,有些国立大学也是如此规定,如女作家凌叔华在丈夫陈源任武汉大学文学院院长时,她就只能做个家庭主妇。在教师聘任时,大学喜欢聘用男教师,对女教师的歧视很明显。如郝诒纯,"抗战胜利后她回到北京,要求进北京大学当助教,谁知理学院领导也坚决反对要女的。地质系主任是郝诒纯的导师,一再帮助求情,这才勉强录用了,可是却添了个附加条件:要兼作系务秘书。除了当助教带学生实习,还要作计划、购仪器、整理标本、对外联系,整天忙得团团转,工作量比别人大,工资却比别人低"②。在职称竞聘时,当时女教师想要晋级很难,如郝诒纯抗战胜利后在北京大学当助教,男助教可以直接升讲师,但女助教必须先升"讲员",然后才能升讲师。③ 此外,在平时执教过程中,女教师受歧视也处处可见。如林兰英"以出类拔萃的成绩毕业于福建协和大学,随后在该校执教。她可以扬眉吐气了,其实不然。在这座高等学府,妇女受歧视的地位并没改变多少,她几遭被解聘的命运。至此她才明白,靠个人奋斗去争得妇女的解放是徒劳的"④,最后她愤懑出走美国读书。无论在聘任教师、教师的工资待遇、竞聘职称等方面,大学出台的一系列政策和措施对女教师处处存有偏见和歧视。

除了政策上对女教师有偏见,对女教师的指责、诽谤更是满天飞。1926年,冰心在北京大学演讲《中西戏剧比较》后,有人马上在《狂飚汇刊》刊载了一篇《冰心在胡说什么?》的文章,文章指责冰心:"一看便知道冰心什么也不懂,想说几句漂亮话说不出来,终至弄成一大堆胡说也。"⑤1929年上海交通大学大量加聘女职员之初,就有人预测"其校中办事领袖名誉上,将来必有若干不名誉之谤"。果然,不久之后有关交通大学女职员的绯闻四起,"报纸上四处刊登该校女职员为某高官之妾,某人又为某大亨之姨太之类,无一幸免。结果各女职员不堪其扰,纷纷辞职"⑥。1933年,欧阳成在《出版消息》杂志上发表了《南京一风波》一文,文中讲了中央大学女教师沈紫曼女士,"她生性活泼,罗曼史极多,人物有曾今可,潘子晨,陈梦家,方玮德数人,最

---

　① 苏雪林:《苏雪林自传》,南京:江苏文艺出版社,1996年,第68页。

　② 金涛、刘国雄:《女学部委员访问记》,北京:北京海洋出版社,1983年,第172页。

　③ 金涛、刘国雄:《女学部委员访问记》,北京:北京海洋出版社,1983年,第172页。

　④ 金涛、刘国雄:《女学部委员访问记》,北京:北京海洋出版社,1983年,第66页。

　⑤ 培良:《冰心在胡说什么?》,《狂飚汇刊》1927年第1期,第348—350页。

　⑥ 转引自王政、陈雁主编:《百年中国女权思潮研究》,上海:复旦大学出版社,2005年,第357页。

后和常在大陆杂志写文坛消息的汪漫铎恋爱上了"，"南京新民报副刊'最后版面'的编辑卜少夫把这些事实原原本本的发表在'文坛附掌录'里面，题曰'沈紫曼的恋爱'而且前有警醒的标题，后有打油的新诗，内中牵涉人物又很多，所以发表后轰动京都"①；《出版消息》还刊登文章抨击苏雪林："绿天，棘心，忆巴黎等书作者苏雪林女士（即绿漪），自去了一趟法国后，声誉鹊起，回国后经沪江而安大，现已任武汉大学讲师，教的是什么中国文学史等类，但她的法文程度并不高明，听说现在还在武大旁听哩。她喜欢打网球，划船游湖，而珞珈山又是风景如画，固不啻身处世外桃源也。有一天上中国文学史，忽然从发明电灯的爱迪生扯到了发［明］地心吸力说的牛顿，想了一想就说是奈端发［明］的，说后又觉不对，就向学生说，到底是牛顿还是奈端，下次查了字典再来报告吧。"②当时媒体上经常可以见到对大学女教师的攻击。

总而言之，近代大学女教师从无到有、从少到多、从多到形成群体，走过了一个漫长的历史过程。在这个过程中，近代大学女教师群体在各方面取得了很大的成绩，但占总教师数比例偏低、职称职务偏低、地位偏低等问题也都是客观存在的。尽管女教师在抗争、在不懈地追求着，但有些问题是由政治、经济、文化等多种原因造成，仅靠个人努力真的很难一下子就能扭转。

二、近代大学女教师面临的几对矛盾

女教师走上大学岗位后，在具体的教学、学科学术研究、管理和社会服务过程中，碰到了几对"前所未有"的矛盾，这些矛盾时时困扰着她们、牵绊着她们，让她们的内心充满了焦虑和困惑。

（一）女教师与男教师的矛盾

在近代有识之士的摇旗呐喊下，一批女性为了心中的梦想，硬是闯出了闺房，闯出了家庭，闯入了本属男性领域的大学，走出了一条属于自己的道路。但女教师走入大学，走上教师岗位与男教师迎面相遇后，矛盾也出现了。有人就认为女性比较适合从事幼稚教育、小学教育，这是母性得以延续

---

① 欧阳成：《南京一风波》，《出版消息》1933 年第 16 期，第 22—24 页。
② 欧阳成：《苏雪林不知牛顿与奈端》，《出版消息》1933 年第 16 期，第 22 页。

的一种职业,而大学教育是男性职业领域,女性闯入男性职业,这是男权主宰社会所不能容忍的。所以出现了指责、攻击女教师的各种现象。

究其背后的原因主要有三种。

第一种是男教师感觉到自身利益受到威胁。因为近代大学教师的薪资相对较高,一般为数百元到数千元不等。根据 1927 年公布的《大学教员薪俸表》的规定,高校教授的月薪为 400～600 元,副教授为 260～400 元,讲师为 160～260 元,助教为 100～160 元,薪资均在百元以上。[①] 1940 年,教育部又对大学及独立学院教师的待遇进行了更加详细的规定,除了与职称高低挂钩外,同级教师的薪资随着等级的提高逐步提高,如表 6-9 所示。

表 6-9　1940 年大学及独立学院教员聘任待遇暂行规程

月薪(元) 级别 等别	第一级	第二级	第三级	第四级	第五级	第六级	第七级	第八级	第九级
教授	600	560	520	480	440	400	370	340	320
副教授	360	340	320	300	280	260	240		
讲师	260	240	220	200	180	160	140		
助教	160	140	120	110	100	90	80		

资料来源:刘英杰主编:《中国教育大事典:1840—1949》,杭州:浙江教育出版社,2001年,第 658 页。

优厚的工资待遇使得很多人都向往这份职业。但由于女性走进大学,闯入了本该属于男性的职业领域,这使得男性教师的利益受到威胁。如林徽因初入东北大学任教时的月薪就达 400 元,接近教授薪资水准,这无形中给男性教师以很大的压力。因此,部分男性教师对女教师产生了敌意,而表面上却表现出歧视。

第二种是一些男教师存有根深蒂固的性别歧视。因为一直以来,长期形成的封建观念根深蒂固地影响着人们,认为男女有别,女子无论在体力还是生理、心理等各方面均不如男性。典型的如君实曾翻译日本《太阳》杂志中的一篇文章,指出"全身体自其大小、形状及其他构造上观之,女子实比男子为小儿性,此为人类学者公认之事实。即女权论者亦不能反对之也。诸脏器中非小儿性者,唯骨盆之大与乳房之大而已。然骨盆为胎儿发育之子

---

① 李友芝、李春年等编:《中国近现代师范教育史资料》(第二册),内部资料,第 279 页。

宫所在,可视为生殖器之一部分。而乳房亦为育儿所必要,通常视为准生殖器。故除生殖器及准生殖器而外,女子之身体皆为小儿性也"①。文章把女子比作小儿,认为在大小、形状、构造上都不如男子,同时在精神上也不如男子,因为女子"月经、妊娠、生殖器病、歇斯底里等皆极不利于女子,欲与男子为同一事业不免为一大障碍,然则仅就此点观之,亦足见男女为同一事业(精神的及身体的)之不可能矣"②。这种根深蒂固的性别偏见和歧视,导致男教师经常表现出讽刺挖苦讥笑等言语。如苏雪林在安徽大学任教时,记得有一次学校想派四名教职员到省政府请求拨发积欠经费,已经举出了两人,有人偶然提到冯沅君和苏雪林的名字,马上有人嬉笑着大声说:"请女同事去当代表,我极赞成。这样经费一定下来的快些。"③尽管这是笑语,但嬉笑中蕴含着男性明显的性别歧视。

第三种是一些男教师认为女教师学问浅薄,教不了男学生,并对她们的学问表示质疑。一些男教师认为女教师无论在分析能力、抽象能力等智力方面都不如男性,无法与男教师竞争,所以,这部分男教师对女教师表现出不屑的神情。苏雪林在武汉大学任教时,她就曾说:"我把《唐诗概论》赠上我文学史的学生每人一册。有学生杨某乃教诗学的徐天闵教授之甥女,她得书后呈徐教授阅读。徐读后颇为惊异,对我的脸色便有些不同。似是想不到那个只能以引车卖浆者言写些乱七八糟的苏雪林,也能写出这样一本著作,真是'人不可貌相'了。不过别的同系老先生对我歧视如故。"④之后,西南联合大学有一女教师也曾这样写道:"我知道系里有人对妇女存有偏见,认为女教师教不了男学生。因此,我接手工作后,兢兢业业,不敢懈怠。我明白,我工作的好坏,不只是个人的事,会影响到对妇女的认识。"⑤

整体而言,当时部分大学男教师对女教师的态度并不友好,这背后的实质还是中国长期形成的传统封建观念在作祟。认为男性是理性的,女性是感性的;男性是中心,女性是依附;男性主外,女性主内;男性在公共领域,女

---

① [日]速水猛撰,君实译:《自医学观之良妻贤母主义》,《妇女杂志》1919年第5卷第7期,第1—6页。

② [日]速水猛撰,君实译:《自医学观之良妻贤母主义》,《妇女杂志》1919年第5卷第7期,第1—6页。

③ 苏雪林:《苏雪林自传》,南京:江苏文艺出版社,1996年,第283页。

④ 苏雪林:《苏雪林自传》,南京:江苏文艺出版社,1996年,第87—88页。

⑤ 魏国英主编:《她们拥抱太阳——北大女学者的足迹》,北京:北京大学出版社,1995年,第23页。

性就应在私人领域;男性强,女性弱。一句话,女性是第二性。而近代大学女教师作为一个知识精英群体,她们越过了性别这一界线,而且竟然在男性职业领域干得风生水起,自然引起了部分男士的公愤。因此,大学女教师如何辩证地看待社会性别问题,是要否定自己的女性特质,按照男人的思维像男人一样工作,得到男人的认可,最终消弭性别差异;还是按照女性特有的生理、心理和智慧特征,尊重性别差异,追求和男性和谐共存,成为近代大学女教师所面临的问题和挑战。

(二)事业与家庭的矛盾

20世纪初,中国女性"遭遇"解放,一批女性在主客观碰撞下走上讲台。在她们走上讲台的那一刻,意味着她们在经济和事业上赢得了独立,传统角色发生了质的变化,由传统的"女主内"变成了"既主内又主外"。也就是说,大学教师这一职业使她们想保持独立自主的人格和自我实现的价值,但传统的性别规范又使得她们不得不向"贤妻良母"低头,在"大学教师"与"贤妻良母"两个角色之间,经常会出现矛盾和冲突,使得她们陷入两难的境地,甚至身心憔悴。事业与家庭的关系也是近代大学女教师深感困惑的问题。为什么会出现这种困惑和矛盾呢?

第一,孕育孩子和操持家务占用大量时间。女教师结婚后,孕育孩子和操持家务占去了大量时间,所以时人曾评价:"职业妇女最大的阻碍,不是结婚,而是抚育孩子。"[1]中国第一位女教授陈衡哲,她在北京大学担任教职后,便因怀孕辞去教职回归了家庭,为此,她自己也是愧悔不已。好友胡适在日记中感慨道:"莎菲因孕后不能上课,她很觉得羞愧,产后曾作一诗,辞意甚哀。莎菲婚后不久即以孕辍学,确使许多人失望。此后推荐女子入大学教书,自更困难了。当时我也怕此一层,故我赠他们的贺联为'无后为大,著书最佳',八个字。但此事自是天然的一种缺陷,愧悔是无益的。"[2]女教师怀孕跟职业发生矛盾,但孩子出生后做了母亲,更是忙上加忙。陈衡哲在写给任鸿隽三姐的信中,曾叙述:"今秋日本之会,我十分想去,但家中太没有人了,小孩子不放心,你如肯先来,俾我能得到一点自由,那真是感激极了"[3],"我

---

① 孙毓珍:《职业妇女与托儿所》,《前进妇女》1945年第1期,第16页。

② 胡适:《胡适的日记》,北京:中华书局,1985年,第211页。

③ 抢救民间家书项目组委会编:《任鸿隽陈衡哲家书》,北京:商务印书馆,2007年,第100页。

们这里大小幸均安好,书书爱哭极了,因为我不能专心带她的缘故,不知道将来能否在孃孃处得到一点专爱?(此孩子聪明极了,我小孩多,家务忙,还要著作,所分给她的注意也少得很,所以希望将来她能做你的唯一的宠侄,不知你要她否?)"①林徽因也曾碰到同样的问题,"并非她没有佣人,而是她的家人包括小女儿、新生儿,以及可能是最麻烦的,一个感情上完全依附于她的、头脑同自个儿的小脚一样被裹得紧紧的妈妈。中国的传统要求她照顾母亲、丈夫和孩子,监管六七个佣人,还得看清楚外边来卖东西或办事的陌生人,总之,她是这个家总管。这些责任要耗掉她在家里的大部分时间和精力"②。作为一个知识分子,林徽因接受过西方文明的洗礼,希望自己成为一个自由独立的人,而女儿、妻子、母亲、管家的身份,又使得她无法摆脱生活的困境。"徽因在书桌或画板前没有一刻安宁,没有一刻可以不受孩子、佣人或母亲的干扰。实际上,她是这十个人的囚犯,他们每件事都要找她作决定。"③女性传统的孕育孩子、操持家务等职责,与女教师从事教学、学科学术研究等工作时常会发生冲突,给大学女教师带来无尽的烦恼。

第二,男性的问题。近代中国女子解放运动最早由男性倡导,一部分男性力主女性走出家庭,走上社会,争取独立。但当时还有很多男性,有些甚至是著名的学者,他们认为女子最好的归宿还是婚嫁。林语堂先生在上海中西女塾发表演讲时公开提出:"出嫁是女子最好、最相宜、最称心的职业","我国女子最好的归宿还是婚嫁"。④ 鲁迅妻子许广平曾对此也有过叙述:"我私意除了帮助他些琐务之外,自己应当有正当职业,再三设法,将要成功了,但是被他反对了好几次。他说:'如果你到外面做事,生活方法就要完全两样,不能像这样子,让我想想再说。'这样子事情就搁起来了。"⑤男性站在他们的立场上,希望女性回归家庭,重新找回以他们为核心的男女关系。

第三,受"妇女回家论"的影响。近代社会曾出现两次妇女回家的争论。第一次是 20 世纪 30 年代中期,第二次是 20 世纪 40 年代初期。这两次争论的焦点差不多:女性的生理决定了女性留在家里操持家务、教养子女最合

---

① 抢救民间家书项目组委会编:《任鸿隽陈衡哲家书》,北京:商务印书馆,2007 年,第 140 页。

② 刘小沁编选:《窗子内外忆徽因》,北京:人民文学出版社,2001 年,第 284 页。

③ 刘小沁编选:《窗子内外忆徽因》,北京:人民文学出版社,2001 年,第 285 页。

④ 林语堂:《婚嫁与女子职业》,《时事新报》1933 年 9 月 13 日。

⑤ 许广平:《许广平忆鲁迅》,广州:广东人民出版社,1979 年,第 262 页。

适;女性服务家庭等于服务社会,国家是由一个个家庭组成,因此,家庭经营好了,间接地也就服务了国家。当时社会氛围希望女性重新回归传统的"贤妻良母"的角色。有学者曾指出"据现代舆论界的意见,都认为嫁后的妇女们应该先尽家庭主妇之职责,组织一个愉快的家庭,使男子们得个业余的乐园,……女子之天职就得尽了"①。在这种社会氛围下,在家庭与事业之间,有些女教师就出现了摇摆,表现出无奈、挣扎的心态。

当然,近代大学女教师家庭与事业的矛盾,不是单纯的女人的问题,也不是男人的问题,而是社会文化的问题,是很多问题交错混杂在一起,变成了一个系统性问题。面对这个现实矛盾,大学女教师出现了两难选择。

(三)教学、学术研究与管理之间的矛盾

近代学界认为女性从事教学还可以,进行学术研究则表示怀疑;做普通大学教师可以接受,但担任大学行政职务则有异议。面对这些不同的声音,大学女教师又进行了怎样的选择?

首先,教学和学术研究之间的矛盾。教学是女教师走上大学讲台的第一关。因此很多大学女教师往往投入了大量的时间和精力。而学术研究是"个人独自做出的静悄悄的和艰苦的努力。这种旨在获得真理的努力,是目前人的思想在一切可利用的设备与资源的帮助下能够做的最艰难的事情"②。从中我们也可看到,学科学术研究需要耐得住寂寞,要有甘坐冷板凳的精神。但近代很多大学女教师不仅课务多,而且受到家庭的羁绊,往往很难静下心来从事学术研究,在教学和学术研究之间往往会出现矛盾。华南女子大学陈淑圭曾回忆,程吕底亚"告诉我学校的理科教师走了,物理学没有人担任,她叫我代替,我听了莫名其妙,因为我从来没有教过物理学。她说:'我现在所教的功课,很多的地方,都不是由学生时学习来的,完全是由自己慢慢地研究的。'我听了没有话说,只好答应了"③。开设大量新课,甚至是自己从来没有学过的新课,边学边教,花费了大量的时间和精力。程俊英每周上课时间近二十小时,白天的时间用于课堂教学、抚养孩子和料理家事,晚上则埋头批改作业,准备第二天的教学,以至于她称自己"除了上课,

---

① 蔡悟:《嫁后妇女的职业问题》,《妇女共鸣》1933 年第 2 卷第 4 期,第 29—30 页。

② [美]亚伯拉罕·弗莱克其纳著,徐辉、陈晓菲译:《现代大学论:英美德大学研究》,杭州:浙江教育出版社,2001 年,第 108 页。

③ 陈淑圭:《典型的教师》,《华南学院校刊》1941 年第 6—7 期,第 5 页。

几无精力兼顾学术研究"①。黄孝贞数学根底深厚，擅长记忆与分析，曾在中央、交通、光华、大同等大学任教统计、数学课程，但在教学工作和教养子女上所花的时间和精力，让她没能全力发挥学术方面的成就与贡献。民国时期大学女教师面对教学与学术的矛盾，往往会不自觉地倾向教学，对教学特别认真投入，她们普遍认为教学是站稳讲台的基础，学生的认可直接决定着女教师的自信和自尊。因此，教学与学术的关系也是近代大学女教师需要面对的一对矛盾。

其次，管理与教学、学术之间的矛盾。近代大学教授治校，很多行政工作都是由学校教师兼任，管理人员不多，教会女校更是如此。教会女校因资金有限，很多行政管理工作基本由女教师兼任，吴贻芳曾指出："学校行政管理向来人数少，费用节约。"②因此，许多女教师常常身兼数职，在 20 世纪 40 年代，"蔡路得博士既是教务主任，又兼化学主任；张芗兰博士既是训育主任，又兼教育学"③。繁重的行政工作影响了女教师的学术研究，典型如陈淑圭，福建闽侯人，早年赴美求学，获美国康奈尔大学文学学士、哥伦比亚大学教育学硕士学位，是美国著名教育家杜威的得意门生，回国后到华南女子大学大学任教，成为华南女大的骨干教师。然而，由于这一时期的华南女子大学，教师在教学科研的同时，往往需要身兼多项行政职务。据 1942 年 10 月 15 日出版的《华南学院校刊》记载，陈淑圭这一学期除了担任教育系主任一职外，还参加了校务委员会、教务委员会、训导委员会、宗教委员会、图书馆委员会、社教委员会等六个委员会的工作。平时还要负责学生生活辅导。繁重的行政事务占去了陈淑圭大量的精力，而在学术研究上，除了博士毕业论文（未出版）外，并没有其他任何学术著作传世。其他老师（吴芝兰、王世静、王孝泉等）的情况也是如此。④ 大量行政工作不仅影响了女教师的学术研究，也影响了她们的教学工作，甚至有些女教师因为担任行政而放弃了教学。如吴贻芳在 1919 年从金陵女子大学毕业之后，由陈叔通引荐，在北京女子高等师范学校任教，担任英文和代数的教学，她的教学深得学生的喜

① 朱杰人、戴从喜编：《程俊英教授纪念文集》，上海：华东师范大学出版社，2004 年，第 284 页。

② 孙岳等编：《吴贻芳纪念集》，南京：江苏教育出版社，1986 年，第 113 页。

③ 孙岳等编：《吴贻芳纪念集》，南京：江苏教育出版社，1986 年，第 113 页。

④ 转引自朱峰：《基督教与近工中国女子高等教育：金陵女大与华南女大比较研究》，福州：福建教育出版社，2002 年，第 283 页。

欢,著名教育家陶淑范曾是吴贻芳的学生,她最喜欢的就是吴贻芳,"吴老师教英文,也教代数。陶淑范最爱听吴老师讲代数,她连跳几级,学习上感到吃力。可听吴老师讲课,不但不感到难懂,而且越学越有兴趣了"①。从这一叙述中,我们不难看出吴贻芳教学水平很高,但当她从美国生物学博士毕业回国接管金陵女子大学之后,学校事务繁忙,使得她再也没有精力担任教学任务。因此,在管理和教学、学术之间也存在矛盾。

纵观近代大学女教师的成长,有欢笑有眼泪,有鲜花有荆棘,有骄傲也有遗憾。一方面时代呼唤和个人觉醒推动着她们去奋争、去努力,但另一方面在大学任教过程中,男教师与女教师的矛盾,家庭与事业的矛盾,教学、学术研究和管理的矛盾等又时时困扰着她们。近代大学女教师一路走来,可谓艰辛曲折。真可谓:"歧路纷出,到底何处是归程呵?"②

三、突围的几条路径

在新旧交替之际,近代大学女教师面对整体不利的大环境以及在大学任教过程中碰到的几对矛盾和困惑,到底何去何从? 在残酷的现实面前,大学女教师只能在调和中慢慢摸索,在冲突中逐渐突围。审查近代大学女教师的突围路径,基本可以概括为如下几点。

(一)女教师与男教师相互共存

英国女权主义女作家弗吉尼亚·伍尔夫(Virginia Woolf)曾指出:"在男人的脑子里男性胜过女性,在女性的脑子里女性胜过男性。最正常,最适意的境况就是这两个力量在一起和谐地生活,精神合作的时候。"③其实,这话已经告诉女教师:要在大学工作,女教师必须和男教师相互共存。近代大学女教师主要做到了:

首先,练好内功,提升自己。女教师要想和男教师在大学相互共存,首

---

① 中国现代教育家传编委会编:《中国现代教育家传》(第二卷),长沙:湖南教育出版社,1986年,第340页。

② 庐隐:《庐隐精品文集》,北京:中国画报出版社,2010年,第256页。

③ [英]弗吉尼亚·伍尔夫著,王还译:《一间自己的屋子》,北京:生活·读书·新知三联书店,1989年,第120页。

先必须懂得这个道理:"女人并不是生就的,而宁可说是逐渐形成的。"①女教师要意识到自己是人,然后才是女人。为此,大学女教师必须在教学、学科学术研究、管理和社会服务等方面不断提升自己,做强自己。只有这样,才能赢得男性教师的认可和尊重。确实,近代很多女教师非常努力,她们中很多人在国内大学本科毕业以后,还到国外攻读硕士、博士。如冰心一到美国威斯利女子学院,就开始详细研制自己的学习计划,但过于繁重的功课,累得老毛病复发,吐血并住进了医院,当医生告诉她,在医院要住上几个月时,她感到又着急又难过,因为她觉得她到美国是来学习的,而不是养病的。所以,即使在病榻上,她大部分时间还是用来写作读书。林徽因一到美国,渴望把西方的建筑理论带回中国,所以在校园里总能见到娇小玲珑的她埋头解决着巨大的建筑问题,她的努力也获得了丰硕回报,最终林徽因用三年时间完成了四年的学业,且成绩优异,获得了美术学士和 B. F. A. 学位。为扩大知识面,不少留学女生选择了修习两个或两个以上的专业,并进行跨学科选课。如陈衡哲在适应了瓦沙女子大学的生活后,选择了西洋历史作为自己的主攻方向,同时兼修西洋文学。学成归国后,她们在教学、学科学术研究、管理、社会服务等方面充分展现女性的特色和风采,在大学形成了一道亮丽的风景线,让男教师对女教师的冷言冷语慢慢地消失,并对女教师刮目相看,最终赢得了作为人的尊严和女人的自信。

其次,借助平台,展示自己。对女教师来说,练好内功,提升自己,这是站立讲台的内部条件。但外部氛围不利的境遇下,就要学会利用期刊、报纸、组织机构、学术团体等展示自己,为女性在大学讲台扫清外部障碍。只有内外和谐,女教师在大学的路才会走得顺畅。近代女教师刚进入大学任教时,外界媒体并不友好,经常攻击她们。为此,大学女教师利用一切机会发表自己的论文、小说、剧本、时评、散文等。如陈衡哲在《科学》、《新青年》、《史地学报》、《努力周报》、《东方杂志》、《中华教育界》、《独立评论》、《观察》等杂志刊发多篇文章;冯沅君则在《宇宙风》、《燕京学报》、《语言文学专刊》、《文史杂志》、《文潮月刊》、《说文月刊》等杂志上发表文章;苏雪林则在《青年界》、《人世间》、《文艺月刊》、《文艺先锋》、《益世周刊》等刊物上发表文章多篇;等等。一些女教师则到各地进行演讲,如陈衡哲参加太平洋国际年会回国后到北京大学演讲;林徽因曾应福州师范学校和英华中学之请,作了《建

---

① [法]西蒙娜·德·波伏娃著,陶铁柱译:《第二性》,北京:中国书籍出版社,1998 年,第 309 页。

筑与文学》《园林建筑艺术》的演讲，冰心到日本东方学会和东京大学演讲，讲授中国新文学史等。也有一些女教师走出国门，走向了国际大舞台。通过各种平台，近代大学女教师得到了来自大学校园外的认可和赞誉，使得女教师在内部的地位得以进一步巩固，男女教师相互共存才有可能。

再次，和谐相处，相互弥补。女教师和男教师共存，不是要压过男教师，也不是以男教师为标准，让女教师去做男教师的工作来解放自己，而是要弥补男教师的不足，做到女教师和男教师和谐相处，共存互补，共同为近代中国高等教育事业撑起一片蓝天。三无曾在《东方杂志》中指出："世界者，实男女协力缔造而成，究不得昧心强词，掠人之美，谓男子独居其功。而男女间相互之关系，又决非一般浅识者之言，为性的决斗、男女战争。盖实性的和睦、男女协同、相互扶助之关系也。妇人职业问题，要当置于男女相互扶助观念之下，男女相互尊重其各自之天性与能力，天下事不足为，故妇人职业问题，果本相互尊重之观念以行，必能为最稳健最稳妥之解决，敢断言也。"[①]确实，近代大学女教师虽然在数量、地位、职级等方面不及男教师，但女教师凭着女性特有的优势，在教学、学科学术研究、管理、社会服务等方面融入自己的情感、审美、灵气、想象，她们和男教师的理性、严肃、大气、抽象等交相辉映，做到了"许多男子做不到或做不好的，或不受人信任"之事，并且能与男教师一道"各进所见助社会进步"[②]。这时，女教师作为一个人，不是花瓶，也不是点缀，她们享有与男教师同等的权利和义务，虽然这条路艰难，但却具有女性所特有的风采。用日本学者藤森成吉的话说就是，女性的本质至少"须有和男性同样程度发挥的机会，于是男性和女性，才能并立于水平线的地位，而共同谋人类的完全圆满的发达"[③]。

总之，女教师一路拼搏，最终走上大学讲台，又以女性特有的风采，在大学的舞台上散发出了别样的光芒，用行动证实了女性能在高校占据一席之地，她们能与男性教师共同参与人才培养事业，相互弥补，和谐共处。近代大学女教师的出现，不仅和谐了大学教师队伍，而且有力地促进了近代中国女性高等教育的发展。

---

① 三无：《妇人职业问题之学说及批评》，《东方杂志》1920 年第 17 卷第 10 期，第 49—54 页。

② 李文海主编：《民国时期社会调查丛编·婚姻家庭卷》，福州：福建教育出版社，2005 年，第 65—66 页。

③ ［日］藤森成吉：《女性的本质》，《妇女杂志》1922 年第 8 卷第 7 期，第 32 页。

（二）事业与家庭兼顾

伊莱恩·肖瓦尔特（Elaine Showalter）曾将女性创作分为三个阶段："女人气"阶段、"女权主义"阶段和"女性"阶段。她认为"女人气"阶段（Feminine）是模仿（imitation）主导传统的阶段，也是将主导传统的标准和观点内在化（intemalization）的阶段；"女权主义"阶段（Feminist）是一个反对（protest）主导标准和价值，倡导（advocacy）少数派的权利、价值和自主权的时期；"女性"阶段（Female）是一个自我发现（selfdiscovery），摆脱了对对立面的依赖而把目光投向内心、寻找同一性的过程。① 如果套用肖瓦尔特的分段描述，那么近代大学女教师显然还处于第一阶段。也就意味着她们在追求实现自我价值的同时，依然遵循着传统社会对女性"贤妻良母"的规范和要求。所以近代大学女教师主要选择了以下三条路径。

1. 为家庭而舍弃事业

大学女教师经过层层努力，大多受过中西文化的熏陶，终于有机会进入大学这个职业场域。因此，她们非常珍惜"大学教师"这个角色。但传统社会对女性塑造的理想形象是"贤妻良母"，所以，一些女教师结婚后，由于很难在家庭与事业之间作出平衡，最后权衡利弊，放弃了事业，把履行妻职母职作为自己的主要责任。如陈寅恪的夫人唐篔毕业于上海体育师范学校，曾任天津女子师范学校体育主任、北京女子文理学院教师，她与陈寅恪结婚后，只在家中做"贤内助"了；朱自清夫人陈竹隐毕业于北平艺术学院，师从齐白石、寿石工、萧子泉等大师，专攻工笔画，兼学昆曲，多才多艺，她与朱自清结婚后，也不出去工作了；清华校长梅贻琦的夫人韩咏华也是一直做家庭主妇；等等。

2. 为事业而放弃家庭

一些女教师为了追求自我价值的实现，放弃了为人妻为人母的权利，把自己的一身都奉献给了事业。如冼玉清、余宝笙、刘恩兰、高君珊、张芝兰、陈懿祝、林巧稚、吴懋仪、王雪莹、周贞英、曹安和、张汇兰、梁毅文等，她们终身未婚。这种情况在大学女校长中更是显著。如表 6-10 所示。

---

① 参见张岩冰：《女权主义文论》，济南：山东教育出版社，1998 年，第 74—75 页。

表 6-10　近代中国 17 位大学女校长婚姻状况

校长	婚姻状况
杨荫榆	已婚,解除婚姻后终身未嫁
王世静	终身未婚
吴贻芳	终身未婚
俞庆棠	已婚
陆礼华	已婚
郑毓秀	已婚
王淑贞	已婚
江学珠	终身未婚
华豪吾	终身未婚
杨崇瑞	终身未婚
杨令茀	终身未婚
劳君展	已婚
张邦珍	终身未婚
林妹妹	已婚
罗秀云	已婚
廖奉献	已婚
余子玉	终身未婚

这 17 位大学女校长中,未婚的大学女校长人数有 9 位,其中杨荫榆虽然已婚,但因对方是傻子很快就解除婚姻,相当于终身未婚。这样,在有据可查的大学女校长中,未婚的占了 52.9%。

面对家庭与事业之间的矛盾,一些女教师毅然选择了事业,放弃了家庭,这也是近代大学女教师的一条选择路径,但她们为此付出的代价也是惨重的。

3. 家庭事业兼顾

近代太多大学女教师从小接受传统文化的教育,长大后又大多留学欧美,受过欧风美雨的熏陶,中西文化汇集于一身。因此,西方的教育鼓励她们在工作中要独当一面,勇于进取;但传统教育又时时要求她们尽到为妻为

219

母的职责。因此,她们选择了家庭与事业兼顾,做到个性与女性和谐并进。当然,面对家庭与事业的矛盾时,走这条道路是最完美的,但这条路也非常艰辛,借用陈衡哲的话:"采取这种方法的女性,大抵是个性甚强,责任心甚重,而天才又是比较高明的。因为她们不肯牺牲任何一方面,所以她们的内心冲突是特别的强烈与深刻,假如她们能战胜这个冲突,则亦未尝不能找到一个人己两全的办法:一方面既能靠了她的努力,使她的儿女与家庭,成为她的人格与风范的写照,使一般人士不得不相信,女性的高等教育不但不能妨害她的母妻的责任,并且能使她的成绩格外优美,另一方面,她又能不忘修养自身的学问与人格,使她所发的光明,不仅仅照及家庭的四壁。"①

在走这条道路的过程中,很多女教师存有焦虑和冲突。但正是这种冲突,使得女教师的人生更加厚重和精彩。正如美国作家露丝·本尼迪克特(Ruth Benedict)所说的:"冲突是生活的实质。没有它,个人生命便没有意义,而且所能获得的也仅是甚为肤浅的生存价值。"②但这种冲突背后,则是女教师的艰辛付出,有时则需要付出更大的代价。陈衡哲生孩子时,暂时退出大学讲台,但她并没有放弃自己的追求,而是仍然一心在家从事学术研究,她的女儿任以都曾回忆道:"在我年纪还小、大概刚开始记事的时候,我们家还住在南京,我就知道家母每天从早餐后到午饭前这一段时间,固定待在书房里,谁也不准去打扰她。有一天早上,我想找她玩,那时她怀着我妹妹,又在赶写西洋史,一定要在孩子出世前把稿子赶完,交给商务印书馆。我明知不该打扰她,又想要她陪我玩,就一直敲门,一定要她出来;结果惹得她大发脾气,吓得我大哭一场。经过这次教训,我牢牢记住:妈妈在书房的时候绝不能去找她。"③一边怀孕身体不适,一边小孩催妈妈陪玩,但陈衡哲仍然坚持写完她的论著《西洋史》,这需要多大的坚持和毅力。林徽因也是两个孩子的母亲,家中还有老母,拖着早被医生断定为绝症的瘦弱病体,坚持入深山考察,住鸡毛小店,实地勘探古建筑。在抗战期间,林徽因和家人住在李庄,贫病交加,在四面透风的农舍里,一边为孩子缝补小衣和袜子,一边和丈夫梁思成共同撰写《中国建筑史》、《图像中国建筑史》等学术著作,连她们的老朋友费正清都被他们在如此艰苦的环境中仍然坚持学术研究所打

---

① 陈衡哲:《衡哲散文集》,上海:开明书店,1938年,第184—185页。

② 〔美〕露丝·本尼迪克特著,何锡章、黄欢译:《文化模式》,北京:京华出版社,2000年,第62页。

③ 陈衡哲:《陈衡哲早年自述》,合肥:安徽教育出版社,2006年,第243页。

动。可以说,林徽因为自己所钟爱的建筑事业倾注了所有的心力。袁昌英更是对家庭与事业间的矛盾进行了传神的描述。她说:"忙!像我这末一个身兼数种要职的大员,怎样会不忙呢? 我是个主妇。当然,跑厨房,经管柴米油盐酱醋茶,就接宾客,都是我的本分。……我又是个母亲。大的孩子虽是高得超出我的头两三寸,小的却仍相当小。儿女不管大小,总是要占去母亲不少心思。要是生起病来,那就简直要母亲的命! 就是平常强健无事,他们身上的衣服鞋袜,就够你焦心……我又是个教授,而且算是个挺认真的老教授。每星期八九个钟点的正课,编讲义,看参考书,改卷本,已经就够一个人整个身心的忙了,况且还要这里参加一个会议,一去半天,那儿参加一个座谈会,又是半天……其实,做主妇也得,做母亲也得,当教授也得,三职一身兼之,都是我分内之事,责无旁贷,义不容辞。可是,我这个不守本分的人,还有一个毛病,说起来,挺难为情的! ……我自命是个作家。因为我自命是个作家,就有许多杂志、书店、机关、社会,邀我做文章。这末一来,就真的把我忙杀了! ……"①在袁昌英的叙述中,我们也看到了她的忙乱情景,但在这略显疲惫的身影中我们明显感觉到她的心情是舒畅的、愉悦的。

家庭与事业的冲突,大学女教师选择的路径有三条,不同的选择有着不同的人生。当然,第三条道路家庭事业兼顾尽管过程艰辛,但结果却是美好的。陈衡哲、林徽因、袁昌英等女教师不仅家庭关系和谐,子女优秀,而且自己在事业上也取得了骄人成绩,也许她们的成功不可复制,但她们的经验我们可以汲取。

(三)教学、学术研究与管理均衡发展

教学、学术和管理之间均衡发展其实并非易事,近代大学女教师的独特捷径就是教学学术化,管理专业化。

首先,教学学术化。蔡元培主张大学是研究高深学问之所。因此,在大学教书,既要承担教学任务,还要担负学科学术研究的重任,教学和学科学术研究是不可分割的。作为一个教师来说,不管是女教师还是男教师,教学和学科学术研究都是其基本职责。"缺少了科研,教学就会成为无源之水,丧失生机与活力;忽视了教学,科研也就截断了传播自身的最好途径,就会

---

① 袁昌英:《袁昌英散文选集》,天津:百花文艺出版社,2004 年,第 131—135 页。

丧失不断发展的动力。"①近代大学女教师也意识到教学和学科学术研究的重要性。在面对男性对女教师学术研究能力的质疑和家务杂事压力的缠扰下，她们从中找到了一条教学和学科学术研究相结合的捷径，那就是教学学术化。苏雪林的第一本学术专著《李义山与女道士恋爱事迹考证》是在教学中产生疑问后成稿；她开设"中国文学史"课程后，写成了《唐诗概论》、《辽金元文学》等专著；她在武汉大学开设"新文学研究"课程后，在备课笔记的基础上又整理成《中国二三十年代作家》一书；她的《九歌中人神恋爱问题》、《天问整理之初步》等论文也是根据教学内容整理而成。冯沅君开设课程"中国诗词"，在备课稿的基础上，她和丈夫陆侃如完成了《中国诗史》专著；她开设"中国文学史"课程后，又和丈夫陆侃如撰写了《中国文学史》一书；等等。在教学与学科学术研究之间，民国大学女教师选择了在教学中研究，把教学内容变成标志性的学术研究成果。她们用自己的学术成果证实了女性的心理和智力并不比男性差，她们不仅可以从事教学，而且在学术研究方面也可以独领风骚。

其次，管理专业化。面对管理和教学、学科学术研究之间的矛盾，近代大学女教师把自身的专业和管理结合起来，选择了一条专业化管理的道路。王世静在上任华南女子大学校长前是化学专业出身，因此特意去美国进修有关教育专业课程，以便更好地管理华南女子大学。东北特区美术专科学校校长杨令茀自幼善于作画，曾经在北京师从林纾、陈师曾等名师学画，又有故宫内给皇室家族画像的丰富经历，当时她作画的水平可以和齐白石媲美。杨令茀担任校长后，日夜操劳，几乎没时间作画，但她始终没有离开教学岗位。王淑贞担任上海女子医学院院长十八年，虽然非常忙，但她始终不离教学、科研岗位，她的学术成就享誉海内外，撰写了《妇产科学》等专著和多篇学术论文，王淑贞既是校长又是近代中国妇产科学术研究的领军人物。杨崇瑞担任北平国立第一助产学校校长十九年，但她并没有因为校长之责而影响教学和学科学术研究，撰有《妇产科学》、《妇幼卫生学》、《妇幼卫生工作纲要》、《妇婴卫生之过去与现在》、《近 20 年来中国妇婴卫生工作》等专著和论文。近代大学女校长坚持专业化管理，对自己的专业不轻易放弃，虽然忙碌而辛苦，但她们能上能下，给自己留有余地和空间。

总而言之，在新旧社会转型时期，近代大学女教师遭遇内外不利的境遇下，在教学、学科学术研究、管理和社会服务等各领域依然异军突起、独树一

---

① 姚利民：《大学教师教学论》，长沙：湖南大学出版社，2008 年，第 17 页。

帜。她们以自己的智慧和能力,做到了女教师和男教师和谐共处,家庭与事业兼顾,教学、学科学术研究和管理均衡发展,最终达到了人性和女性的和谐。在澎湃激荡的近代,这些突围路径是多么轰轰烈烈、多么激励人心。即使在今天的社会环境中,依然是大学女教师的追求和目标。

参考文献

一、史料类

[1] 教育部高等教育司. 全国高等教育统计[G]. 教育部自刊,1928.

[2] 教育部高等教育司. 二十年度全国高等教育统计[G]. 南京:教育部高等教育司,1933.

[3] 教育部教育年鉴编纂委员会. 第一次中国教育年鉴[G]. 上海:开明书店,1934.

[4] 教育部. 二十一年度全国高等教育统计[G]. 上海:商务印书馆,1935.

[5] 教育部统计室. 二十二年度全国高等教育统计[G]. 上海:商务印书馆,1936.

[6] 教育部统计室. 二十三年度全国高等教育统计[G]. 上海:商务印书馆,1936.

[7] 教育部. 专科以上学校教员名册[G]. 教育部,1942.

[8] 教育部. 专科以上学校教员名册[G]. 教育部,1944.

[9] 教育部教育年鉴编纂委员会. 第二次中国教育年鉴[G]. 上海:商务印书馆,1948.

[10] 舒新城. 中国近代教育史资料(上、中、下)[G]. 北京:人民教育出版社,1961.

[11] 李又宁,张玉法. 近代中国女权运动史料:1842—1911(上下册)[G]. 台北:传记文学出版社,1975.

[12] 李友芝等. 中国近现代师范教育史资料(第二册)[G]. 北京师范大学院内部交流资料,1983.

[13] 朱有瓛. 中国近代学制史料(第四辑)[G]. 上海:华东师范大学出版社,1993.

[14] 陈学恂. 中国近代教育史教学参考资料(中、下册)[G]. 北京:人民教

育出版社,1987.

[15] 王文俊,梁吉生. 南开大学校史资料选(1919—1949)[G]. 天津:南开大学出版社,1989.

[16] 南京大学高教研究所校史编写组. 金陵大学史料集[G]. 南京:南京大学出版社,1989.

[17] 璩鑫圭,唐良炎. 中国近代教育史资料汇编·学制演变[G]. 上海:上海教育出版社,1991.

[18] 中华全国妇女联合会妇女运动历史研究室. 中国妇女运动历史资料(1927—1937)[G]. 北京:中国妇女出版社,1991.

[19] 吴惠龄,李壑. 北京高等教育史料(第一集近现代部分)[G]. 北京:北京师范学院出版社,1992.

[20] 中国人民政治协商会议北京市东城区委员会文史资料委员会. 北京市东城区文史资料选编(第3辑)[G]. 北京:东城区政协文史资料委员会,1992.

[21] 中国第二历史档案馆. 中华民国史档案资料汇编(第五辑第一编教育一)[G]. 南京:江苏古籍出版社,1994.

[22] 北京大学,清华大学,南开大学,云南师范大学. 国立西南联合大学史料(四:教职员卷)[G]. 昆明:云南教育出版社,1998.

[23] 王学珍,郭建荣. 北京大学史料1912—1937(第2卷上、中、下)[G]. 北京:北京大学出版社,2000.

[24] 《南大百年实录》编辑组. 南大百年实录·中央大学史料选[G]. 南京:南京大学出版社,2002.

[25] 宋恩荣,章咸. 中华民国教育法规选编[G]. 南京:江苏教育出版社,2005.

[26] 潘懋元,刘海峰. 中国近代教育史资料汇编·高等教育[G]. 上海:上海教育出版社,2007.

[27] 陈学恂,田正平. 中国近代教育史资料汇编·留学教育[G]. 上海:上海教育出版社,2007.

二、文集、传记、回忆录、校史等

[1] 冯沅君. 冯沅君古典文学论文集[M]. 济南:山东人民出版社,1980.

[2] 陈衡哲. 小雨点[M]. 台北:成文出版社,1980.

［3］萧超然.北京大学校史(1898—1949年)［M］.上海:上海教育出版社,1981.

［4］李又宁,张玉法.中国妇女史论文集［M］.台北:台湾商务印书馆,1981.

［5］金涛,王国雄.女学部委员访问记［M］.北京:北京海洋出版社,1983.

［6］袁世硕,严蓉仙.冯沅君创作译文集［M］.济南:山东人民出版社,1983.

［7］肖凤.冰心传［M］.北京:北京十月文艺出版社,1987.

［8］政协北京市委员会文史资料研究委员会.话说老协和［M］.北京:中国文史出版社,1987.

［9］苏州大学,原江苏省立教育学院校友会.人民教育家俞庆棠与江苏省立教育学院［M］.苏州:苏州大学出版社,1987.

［10］王振乾,丘琴,姜克夫.东北大学史稿［M］.长春:东北师范大学出版社,1988.

［11］梅生.中国妇女问题讨论集(上册)［M］.上海:上海书店据新文化书社影印,1989.

［12］严仁英.杨崇瑞博士:诞辰百年纪念［M］.北京:北京医科大学、中国协和医科大学联合出版社,1990.

［13］袁昌英.袁昌英散文选集［M］.天津:百花文艺出版社,1991.

［14］苏雪林.浮生九四:雪林回忆录［M］.台北:三民书店,1991.

［15］朱斐.东南大学史(1902—1949)［M］.南京:东南大学出版社,1991.

［16］陈钟英,陈宇.中国现代作家选集:林徽因［M］.北京:人民文学出版社,1992.

［17］俞庆棠.俞庆棠教育论著选［M］.北京:人民教育出版社,1992.

［18］华南女子学院.余宝笙纪念文集［M］.福建华南女子文理学院内部资料,1993.

［19］吴贻谷.武汉大学校史(1893—1993)［M］.武汉:武汉大学出版社,1993.

［20］周川,黄旭.百年之功——中国近代大学校长的教育家精神［M］.福州:福建教育出版社,1994.

［21］魏国英.她们拥抱太阳——北大女学者的足迹［M］.北京:北京大学出版社,1995.

［22］冰心.冰心自传［M］.南京:江苏文艺出版社,1995.

［23］赵萝蕤.赵萝蕤自选集［M］.北京:中国工人出版社,1995.

［24］苏平.雷洁琼［M］.沈阳:辽宁人民出版社,1995.

[25] 冰心. 关于女人[M]. 北京:中国青年出版社,1995.

[26] 苏雪林. 苏雪林自传[M]. 南京:江苏文艺出版社,1996.

[27] 沈辉编. 苏雪林文集(第2卷)[M]. 合肥:安徽文艺出版社,1996.

[28] 吴崇其. 林巧稚[M]. 福州:福建科学技术出版社,1997.

[29] 陈衡哲. 陈衡哲小说·西风[M]. 上海:上海古籍出版社,1997.

[30] 姚泰. 上海医科大学七十年[M]. 上海:上海医科大学出版社,1997.

[31] 林杉. 林徽因传——一代才女的心路历程[M]. 北京:九州图书出版社.1998.

[32] 梁吉生. 南开逸事[M]. 沈阳:辽海出版社,1998.

[33] 龙泉明,徐正榜. 老武大的故事[M]. 南京:江苏文艺出版社,1998.

[34] [美]德本康夫人,蔡路得. 金陵女子大学[M]. 杨天宏,译. 珠海:珠海出版社,1999.

[35] 徐正榜. 武大逸事[M]. 沈阳:辽海出版社,1999.

[36] 张玮瑛. 燕京大学史稿(1919—1952)[M]. 北京:人民中国出版社,1999.

[37] 刘宁元. 中国女性史类编[M]. 北京:北京师范大学出版社,1999.

[38] 刘小沁. 窗子内外忆徽因[M]. 北京:人民文学出版社,2001.

[39] 林巧稚大夫诞辰100周年纪念活动领导小组,政协厦门市委员会,北京协和医院. 林巧稚纪念文集[M]. 北京:北京协和医院,2001.

[40] 侯仁之. 燕京大学人物志(第1辑)[M]. 北京:北京大学出版社,2001.

[41] 苏云峰. 从清华学堂到清华大学(1911—1929):近代中国高等教育研究[M]. 北京:生活·读书·新知三联书店,2001.

[42] 左奇、严仁英. 杨崇瑞博士——中国妇幼卫生事业的开拓者[M]. 北京:北京医科大学出版社,2002.

[43] 张玲. 女校长国际论坛:新世纪高等教育发展战略[M]. 北京:北京广播学院出版社,2002.

[44] 杨静远. 飞回的孔雀——袁昌英[M]. 北京:人民文学出版社,2002.

[45] 侯仁之. 燕京大学人物志(第2辑)[M]. 北京:北京大学出版社,2002.

[46] 李小江. 让女人自己说话:独立的历程[M]. 北京:生活·读书·新知三联书店,2003.

[47] 陈新华. 林徽因[M]. 石家庄:河北教育出版社,2003.

[48] 程斯辉,孙海英. 厚生务实 巾帼楷模——金陵女子大学校长吴贻芳[M]. 济南:山东教育出版社,2004.

[49] 中央大学南京校友会,央大学校友文选编纂委员会. 南雍骊珠:中央大学名师传略[M]. 南京:南京大学出版社,2004.

[50] 清华大学建筑学院.建筑师林徽因[M]. 北京:清华大学出版社,2004.

[51] 陈学勇. 林徽因寻真[M]. 北京:中华书局,2004.

[52] 杨永生. 记忆中的林徽因[M]. 西安:陕西师范大学出版社,2004.

[53] 朱杰人,戴从喜. 程俊英教授纪念文集[M]. 上海:华东师范大学出版社,2004.

[54] 冰心. 冰心自述[M]. 郑州:大象出版社,2005.

[55] 刘利群,张玲. 第二届大学女校长国际论坛[M]. 北京:中国传媒大学出版社,2005.

[56] 张连红. 金陵女子大学校史[M]. 南京:江苏人民出版社,2005.

[57] [美]华惠德. 华南女子大学[M]. 朱峰,王爱菊,译. 珠海:珠海出版社,2005.

[58] 王政,陈雁. 百年中国女权思潮研究[M]. 上海:复旦大学出版社,2005.

[59] 陈学勇:林徽因文存(建筑)[M]. 成都:四川文艺出版社,2005.

[60] 范震威. 世纪才女:苏雪林传[M]. 石家庄:河北教育出版社,2006.

[61] 陈衡哲.陈衡哲早年自传[M].合肥:安徽教育出版社,2006.

[62] 抢救民间家书项目组委会. 任鸿隽陈衡哲家书[M]. 北京:商务印书馆,2007.

[63] 陈小滢. 散落的珍珠:小滢的纪念册[M]. 天津:百花文艺出版社,2008.

[64] 黄祖坤. 巾帼风采(第三卷)[M]. 北京:中国画报出版社,2008.

[65] 严蓉仙. 冯沅君传[M]. 北京:人民文学出版社,2008.

[66] 陈学勇. 莲灯微光里的梦:林徽因的一生[M]. 北京:人民文学出版社,2008.

[67] 乐齐,郁华. 冰心小说[M]. 杭州:浙江文艺出版社,2007.

[68] 郭建荣. 北大的才女们[M]. 北京:北京大学出版社,2009.

[69] 王志勇. 曾经风流:40位民国女性的命运沉浮[M]. 北京:团结出版社,2009.

[70] 史建国. 陈衡哲传:"造命"人生的歌者[M]. 上海:上海远东出版社,2010.

[71] 段海宝. 冰心一片:冰心[M]. 北京:民主与建设出版社,2011.

[72] 张玲霞. 水木巾帼：记清华杰出女校友[M]. 北京：清华大学出版社,2011.

[73] 张清平. 林巧稚传[M]. 天津：百花文艺出版社,2012.

[74] 赵海菱,张汉东,岳鹏. 冯沅君传[M]. 北京：学苑出版社,2012.

[75] 钱焕琦,孙国锋. 厚生育英才：吴贻芳[M]. 南京：南京师范大学出版社,2012.

[76] 周和平. 永远的吴贻芳——纪念吴贻芳先生诞辰120周年[M]. 南京：江苏人民出版社,2013.

[77] 陈元芳. 中国会计名家传略[M]. 上海：立信会计出版社,2013.

[78] 苏雪林. 苏雪林自述自画[M]. 北京：中国青年出版社,2013.

[79] 林徽因. 林徽因经典全集[M]. 哈尔滨：哈尔滨出版社,2013.

[80] 钱焕琦. 吴贻芳——金陵女子大学校长[M]. 北京：中国传媒大学出版社,2014.

[81] 罗惜春. 袁昌英评传[M]. 湘潭：湘潭大学出版社,2015.

三、著作类

[1] 王平陵. 中国妇女的恋爱观[M]. 上海：光华书局,1926.

[2] E. H. Cressy. *Christian Higher Education in China：A Study for the year1925-26*[M]. Shanghai：China Christian Educational Association,1926.

[3] 舒新城. 近代中国留学史[M]. 上海：中华书局,1929.

[4] 俞庆棠. 民众教育[M]. 南京：正中书局,1935.

[5] 程谪凡. 中国现代女子教育史[M]. 上海：中华书局,1936.

[6] 谈社英. 中国妇女运动通史[M]. 南京：妇女共鸣社,1936.

[7] 梁占梅. 中国妇女奋斗史话[M]. 北平：建中出版社,1943.

[8] 冯沅君. 古优解[M]. 重庆：商务印刷馆,1944.

[9] 陈启天. 近代中国教育史[M]. 台北：台湾中华书局,1979.

[10] 林子勋. 中国留学教育史(1847—1975年)[M]. 台北：华冈出版有限公司,1976.

[11] 陶龙生. 留学与中国社会[M]. 台北：台湾学生书局,1978.

[12] 汪一驹. 中国知识分子与西方——留学生与近代中国(1872—1949)[M]. 梅寅生,译. 新竹：枫城出版社,1978.

[13] 陈能治. 战前十年中国的大学教育(1927—1937)[M]. 台北：台湾商务

印书馆,1980.

[14] 陈敬之. 现代文学早期的女作家[M]. 台北:成文出版社,1980.

[15] 熊明安. 中国高等教育史[M]. 重庆:重庆出版社,1983.

[16] 苏雪林. 中国二三十年代作家[M]. 台湾:纯文学出版社有限公司,1983.

[17] [日]实藤惠秀. 中国人留学日本史[M]. 谭汝谦,林启彦,译. 北京:北京:生活·读书·新知三联书店,1983.

[18] 黄福庆. 清末留日学生[M]. 台北:"中央"研究院近代史研究所,1983.

[19] 李喜所. 近代中国的留学生[M]. 北京:人民出版社,1987.

[20] Albisetti, J. C. *Schooling German Girls and Women—Secondary and Higher Education in the Nineteenth Century* [M]. New Jersey: Princeton University Press, 1988.

[21] [英]弗吉尼亚·伍尔夫. 一间自己的屋子[M]. 王还,译. 北京:生活·读书·新知三联书店,1989.

[22] 冯沅君. 古剧说汇[M]. 上海:上海书店,1989.

[23] 卢燕贞. 中国近代女子教育史(1895—1945)[M]. 台北:文史哲出版社,1989.

[24] 中华全国妇女联合会. 中国妇女运动史[M].北京:春秋出版社,1989.

[25] 陈琼莹. 清季留学政策初探[M]. 台北:文史哲出版社,1989.

[26] 梅生. 中国妇女问题讨论集(上册)[M]. 上海:上海书店据新文化书社影印,1989.

[27] 陈东原. 中国妇女生活史[M]. 上海:上海书店,1990.

[28] Kim Thomas. *Gender and Subject in Higher Education* [M]. Buckingham: Srhe and Open University Press,1990.

[29] [美]D. 赫尔雷格尔,等. 组织行为学[M]. 俞文钊,丁彪,等译. 上海:华东师范大学出版社,2001.

[30] 黄新宪. 中国留学教育的历史反思[M]. 成都:四川教育出版社,1991.

[31] 黄新宪. 中国近现代女子教育[M]. 福州:福建教育出版社,1992.

[32] 王奇生. 中国留学生的历史轨迹:1872—1949[M]. 武汉:湖北教育出版社,1992.

[33] 留学生丛书编委会. 中国留学史萃[M]. 北京:中国友谊出版公司,1992.

[34] 李喜所. 近代留学生与中外文化[M]. 天津:天津人民出版社,1992.

［35］张李玺,宋辉. 女性心理［M］. 北京:中国妇女出版社,1992.

［36］雷良波,等. 中国女子教育史［M］. 武汉:武汉出版社,1993.

［37］Genevieve Lloyd. *The Man of Reason*:*"Male" and "Female" in Western Philosophy*［M］. Minestota:University of Minestota Press,1993.

［38］孙石月. 中国近代女子留学史［M］. 北京:中国和平出版社,1995.

［39］杜学元. 中国女子教育通史［M］. 贵阳:贵州教育出版社,1995.

［40］马庚存. 中国近代妇女史［M］. 青岛:青岛出版社,1995.

［41］田正平. 留学生与中国教育近代化［M］. 广州:广东教育出版社,1996.

［42］罗苏文. 女性与近代中国社会［M］. 上海:上海人民出版社,1996.

［43］周棉. 留学生与中国的社会发展［M］. 徐州:中国矿业大学出版社,1997.

［44］李华兴. 民国教育史［M］. 上海:上海教育出版社,1997.

［45］熊贤君. 俞庆棠教育思想研究［M］. 沈阳:辽宁教育出版社,1997.

［46］李银河. 女性权力的崛起［M］. 北京:中国社会科学出版社,1997.

［47］Rey Chow. *Woman and Chinese Modernity*［M］. Minnesota:The University of Minnesota Press,1997.

［48］陈东原. 中国妇女生活史［M］. 北京:商务印书馆,1998.

［49］唐孝纯. 人民教育家俞庆棠［M］. 南京:《江苏文史资料》编辑部,1998.

［50］张岩冰. 女权主义文论［M］. 济南:山东教育出版社,1998.

［51］［法］西蒙娜·德·波伏娃. 第二性(Ⅱ)［M］. 陶铁柱,译. 北京:中国书籍出版社,1998.

［52］张建奇. 高等教育中女性地位研究［M］. 广州:中山大学出版社,1999.

［53］李小江. 身临"奇"境——性别、学问、人生［M］. 南京:江苏人民出版社,2000.

［54］李喜所. 近代中国的留美教育［M］. 天津:天津古籍出版社,2000.

［55］强海燕. 性别差异与教育［M］. 西安:陕西人民教育出版社,2000.

［56］金以林. 近代中国大学研究:1895—1949［M］. 北京:中央文献出版社,2000.

［57］谢长法. 借鉴与融合——留美学生抗战前教育活动研究［M］. 石家庄:河北教育出版社,2001.

［58］吴梓明. 基督教大学华人校长研究［M］. 福州:福建教育出版社,2001.

［59］［美］亚伯拉罕·弗莱克斯纳. 现代大学论:英美德大学研究［M］. 徐

辉,陈晓菲,译. 杭州:浙江教育出版社,2001.

[60] 安树芬. 中国女性高等教育的历史与现状研究[M]. 北京:高等教育出版社,2002.

[61] 李小江,等. 文化、教育与性别:本土经验与学科建设[M]. 南京:江苏人民出版社,2002.

[62] 朱峰. 基督教与近代中国女子高等教育:金陵女大与华南女大比较研究[M]. 福州:福建教育出版社,2002.

[63] [英]莱斯蕾·罗杰斯. 大脑的性别[M]. 李海宁,译. 北京:生活·读书·新知三联书店,2004.

[64] 夏晓虹. 晚清女性与近代中国[M]. 北京:北京大学出版社,2004.

[65] [美]E. A. 罗斯. E. A. 罗斯眼中的中国[M].晓凯,译. 重庆:重庆出版社,2004.

[66] [美]芳卫廉.基督教高等教育在变革中的中国:1880—1950[M].刘家峰,译. 珠海:珠海出版社,2005.

[67] 乔素玲. 教育与女性——近代中国女子教育与知识女性觉醒(1840—1921)[M]. 天津:天津古籍出版社,2005.

[68] 刘慧英. 遭遇解放——1890—1930年代的中国女性[M]. 北京:中央编译出版社,2005.

[69] 陈雅芳. 治校之道:女校长的管理文化与心理素质[M]. 厦门:厦门大学出版社,2005.

[70] 汪中求,吴宏彪,刘兴旺. 精细化管理[M]. 北京:新华出版社,2005.

[71] 郑新蓉. 性别与教育[M]. 北京:教育科学出版社,2005.

[72] 熊贤君. 中国女子教育史[M]. 太原:山西教育出版社,2006.

[73] 谷忠玉. 中国近代女性观的演变与女子学校教育[M]. 合肥:安徽教育出版社,2006.

[74] 智效民. 八位大学校长[M]. 武汉:长江文艺出版社,2006.

[75] [美]詹宁斯,[美]斯塔尔—沃特. 服务型领导[M]. 温旻,译. 北京:机械工业出版社,2006.

[76] [美]拉里·C.斯皮尔斯,[美]米歇尔·劳伦斯. 服务型领导:卓有成效的管理模式 [M]. 高愉,孙道银,译. 北京:人民邮电出版社,2006.

[77] 许志杰. 陆侃如和冯沅君[M]. 济南:山东画报出版社,2006.

[78] 魏国英,王春梅. 教育:性别维度的审视[M]. 上海:学林出版社,2007.

[79] 周一川. 近代中国女性日本留学史[M]. 北京:社会科学文献出版

社,2007.

[80] 祝平燕,夏玉珍. 性别社会学[M]. 武汉:华中师范大学出版社,2007.

[81] 何玲华. 新教育·新女性:北京女高师研究(1919—1924)[M]. 北京:中国社会科学出版社,2007.

[82] 李如密. 教学美的价值及其创造[M]. 广州:广东高等教育出版社,2007.

[83] 李银河. 性别问题[M]. 青岛:青岛出版社,2007.

[84] 刘利群,张莉莉. 和谐世界 文化多样:大学与媒介的责任(上)[M]. 北京:中国传媒大学出版社,2007.

[85] 徐海宁. 中国近代教会女子大学办学研究:以金陵女子大学为个案[M]. 南京:南京师范大学出版社,2008.

[86] 陆侃如,冯沅君. 中国诗史[M]. 天津:百花文艺出版社,2008.

[87] 程振响,金薇薇. 女性校长:角色·使命·成长[M]. 南京:江苏教育出版社,2009.

[88] 陈劲. 管理的式微[M]. 北京:科学出版社,2009.

[89] 吴立保.大学校长与中国近代大学本土化研究[M]. 北京:中国社会科学出版社,2010.

[90] 方刚. 性别心理学[M]. 合肥:安徽教育出版社,2010.

[91] 陈衡哲. 西洋史[M].长沙:岳麓书社,2010.

[92] 王琴. 女性职业与近代城市社会[M]. 北京:中国社会出版社,2010.

[93] 俞湛明,罗萍. 社会性别与女性发展[M]. 武汉:武汉大学出版社,2010.

[94] 程斯辉. 中国近代大学校长研究[M]. 北京:人民教育出版社,2010.

[95] [美]史黛西·比勒. 中国留美学生史[M]. 张艳,译. 北京:生活·读书·新知三联书店,2010.

[96] [美]伊格利,[美]卡莉. 穿越迷宫——指引女性领导者登上事业之巅[M]. 王丽,译. 北京:商务印书馆,2011.

[97] 王晓丹. 历史镜像——社会变迁与近代中国女性生活[M]. 昆明:云南大学出版社,2011.

[98] 王俊. 遮蔽与再现:学术职业中的性别政治[M]. 武汉:华中师范大学出版社,2011.

[99] 杜祥培. 中国女子大学办学思想与实践演化研究[M]. 北京:中央民族大学出版社,2011.

[100] 王惠姬. 中国现代化的推手——以留美实科女生为主的研究(1881—1927)[M]. 新北:花木兰文化出版社,2011.

[101] 陈媛. 中国大学教授研究——近代教授、大学与社会的互动史(1895—1949)[M]. 太原:山西教育出版社,2012.

[102] 叶维丽. 为中国寻找现代之路——中国留学生在美国(1900—1927)[M]. 北京:北京大学出版社,2012.

[103] 蒋玉梅. 性别与职业生涯:大学英语女教师职业生涯发展研究[M]. 南京:南京大学出版社,2012.

[104] 游鉴明. 超越性别身体:近代华东地区的女子体育(1895—1937)[M]. 北京:北京大学出版社,2012.

[105] 辛自强. 转型期重点人群社会心理研究[M]. 济南:山东人民出版社,2013.

[106] 朱冰. 中国大学女校长[M]. 北京:中国传媒大学出版社,2014.

四、论文类

[1] 袁世硕,严仙蓉.冯沅君传略[J].晋阳学刊,1982(02).

[2] 袁世硕.冯沅君先生的治学精神[J].文史哲,1982(04).

[3] 黄任潮.冼玉清的生平及其著作[J].岭南文史,1983(01).

[4] 周一川.清末留日学生中的女性[J].历史研究,1989(06).

[5] 林洙.碑树国土上 美留人心中——我所认识的林徽因[J].人物,1990(05).

[6] Rosener J. B. Ways women lead[J]. *Harvard Business Review*,1990(06).

[7] 杨同生.陈衡哲年谱[J].中国文学研究,1991(03).

[8] 卫生部妇幼卫生司.开创我国现代妇幼卫生事业的先驱杨崇瑞博士[J].中国妇幼保健,1991(06).

[9] Schmitz R. Teaching students to manage the conflicts? [J]. *Social Work in Education*,1994(02).

[10] [日]樱庭弓子.女校长之梦——北京女子师范大学校长杨荫榆[J].王惠敏,译.鲁迅研究月刊,1994(02).

[11] 慈鸿飞.二三十年代教师、公务员工资及生活状况考[J].近代史研究,1994(03).

[12] 李如密.教学风格综合分类的理论探讨[J].教育研究,1995(05).

[13] 陈梦玲.美籍华人之光——胡秀英博士[J].植物杂志,1996(05).

［14］张建奇．建国前我国高校女教师队伍的历史演进［J］．有色金属高教研究，1997（04）．

［15］何黎萍．中国近代妇女职业的起源［J］．妇女研究论丛，1997（03）．

［16］何黎萍．试论近代中国妇女争取职业及职业平等权的斗争历程［J］．近代史研究，1998（02）．

［17］陈学勇．《林徽因年表》补［J］．新文学史料，1999（02）．

［18］罗慧兰．女性性别优势与管理风格［J］．中华女子学院学报（社会科学），2001（03）．

［19］何黎萍．抗战以前国统区妇女职业状况研究［J］．文史哲，2002（05）．

［20］李彦荣．民国时期上海教师的薪水及其生活状况［J］．民国档案，2003（01）．

［21］何黎萍．解放战争时期妇女职业状况考察［J］．史学月刊，2003（01）．

［22］杜方智．胡适与陈衡哲［J］．书屋，2003（02）．

［23］蔡锋．民国时期高校女教师队伍的建设与发展［J］．中华女子学院学报，2003（05）．

［24］佟新．雷洁琼教授教我学术规范［J］．民主，2004（11）．

［25］高云贵．中国历史上第一位女性大学校长杨荫榆［J］．档案时空，2004（03）．

［26］赵凯．纪念杨荫榆君［J］．江苏地方志，2005（01）．

［27］陈文联．从依附走向自主：近代中国女性主体意识觉醒的历史轨迹［J］．中南大学学报（社会科学版），2005（02）．

［28］梁从诫．我的母亲林徽因［J］．北方人，2006（02）．

［29］曹爱华，李捷．对高校女教师角色冲突的理性认识［J］．天津市教科院学报，2006（03）．

［30］刘华钢，陈媛，等．广西高校女教师发展的状况：一种社会性别视角的审视与思考［J］．高教论坛，2006（04）．

［31］刘玉梅．清末民初教师群体过渡性特征分析［J］．河北大学学报（哲学社会科学版），2006（06）．

［32］任泉香，朱竑，李鹏．近现代中国女性人才的地理分布和区域分异［J］．地理学报，2007（02）．

［33］方维保．论苏雪林学术研究的品格［J］．华文文学，2007（03）．

［34］周国平．一切为了祖国，一切为了华南——著名教育家余宝笙教授［J］．民办教育研究，2007（05）．

［35］段明艳．“一代才女”陈衡哲家书家事［J］．收藏界，2007（07）．

［36］王方．我国高校女教师队伍的历史变迁及其社会地位的变化［J］．当代

教育论坛,2008(02).

[37] 刘云杉,王志明. 女性进入精英集体:有限的进步[J]. 高等教育研究,
2008(02).

[38] 乔琛. 论苏雪林《中国二三十年代作家》的独特价值——兼谈其对新世
纪现代文学研究与教学的启示[J]. 淮北煤炭师范学院学报(哲学社会
科学版),2008(06).

[39] 冯梅. 陈衡哲:中国第一女教授[J]. 新世纪周刊,2008(10).

[40] 温秀珍. 冯沅君先生治学方法略论[J]. 作家,2008(22).

[41] 马方方. 民国时期女教师的经济地位状况研究(1912—1937)[J]. 妇女
研究丛论,2009(01).

[42] 张应强. 大学教师的社会角色及责任与使命[J]. 清华大学教育研究,
2009(01).

[43] 沈晖. 1930—1931 年:苏雪林在安徽大学[J]. 新文学史料,2009(02).

[44] 刘馨. 袁昌英对中西文化的选择与接受[J]. 安顺学院学报,2009(08).

[45] 莫国香,阎莉. 女性与科学关联探析[J]. 学理论,2009(22).

[46] 王俊. 学术职业的性别寓言——解读大学女教师职业发展的新框架[J].
现代大学教育,2010(01).

[47] 刁维国,刁益虎. 吴贻芳和杨荫榆的教育管理思想与实践的比较研究[J].
青海民族大学学报(教育科学版),2010(02).

[48] 杨小波. 试论袁昌英的女性意识及其中和之美[J]. 钦州学院学报,
2010(03).

[49] 王琦. 倾心农学 真爱无疆——纪念我国农学界首位女遗传学家曹诚英
教授[J].沈阳农业大学学报(社会科学版),2010(03).

[50] 秋禾. 陆侃如和冯沅君:一份"学人夫妇"的悲欢录[J]. 山东图书馆学
刊,2010(04).

[51] 张建奇. 我国早期高校女教师队伍的形成与发展[J]. 高等教育研究,
2010(05).

[52] 夏一雪. 现代知识女性的角色困境与突围策略——以陈衡哲、袁昌英、
林徽因为例[J]. 妇女研究论丛,2010(04).

[53] 王维超,罗意. 还原林徽因在中国建筑史上的地位——试论林徽因对
中国建筑的贡献[J]. 重庆建筑,2010(08).

[54] 张觅觅. 近代教会大学与女子高等教育[J]. 教育,2010(11).

[55] 宫丽丽. 俞庆棠女子教育思想及其对妇女教育的启示[J]. 河北大学成

人教育学院学报,2011(02).

[56] 王俊. 学术共同体的性别隔离——对一所研究型大学女教师叙说的分析[J]. 妇女研究论丛,2011(02).

[57] 赵佩霞. 杨崇瑞一生追求"母婴万岁"[J]. 中国卫生人才,2011(03).

[58] 袁世硕. 文学史学大师冯沅君先生[J]. 文史哲,2011(05).

[59] 王海曼. 俞庆棠女子教育思想研究[J]. 绵阳师范学院学报,2012(03).

[60] 房兴,王小丁. 俞庆棠民众教育思想初探[J]. 教育文化论坛,2012(04).

[61] 杨兰. 女性与学术——身体的智慧与文化的多样性[J]. 兰州学刊,2012(05).

[62] 李军. 古典主义、结构理性与诗性的逻辑——林徽因、梁思成早期建筑设计与思想的再检讨[J]. 中国建筑史论汇刊,2012(01).

[63] 孙咏洁. 社会性别视角下高校女性科研现状分析[J]. 河海大学学报(哲学社会科学版),2012(03).

[64] 孙法理. 纪念苏雪林老师[J]. 江淮文史,2013(02).

[65] 黄波粦. 女人,只有一条女性的路可走:陈衡哲的事业与家庭[J]. 档案春秋,2013(02).

[66] 刘鹤,刘喜凤. 俞庆棠的战时民众教育思想与实践[J]. 教育评论,2013(05).

[67] 朱剑,贾盈盈. 学科性别隔离的国际比较[J]. 高教探索,2013(06).

[68] 黄晓红. 余宝笙与女子高等教育[J]. 黑龙江史志,2013(19).

[69] 王开林. 民国女校长杨荫榆的曲折人生[J]. 教育,2013(35).

[70] 李津. 现当代史上的女校长们[J]. 内蒙古教育,2014(11).

[71] 黄春梅,司晓宏. 学术女性职业发展的实践困境及矛盾分析[J]. 现代大学教育,2016(05).

[72] 李扬. 歧路纷出,何处是归程?[J]. 北京社会科学,2016(06).

[73] 朱剑,李战国. 精英大学中的女性领导:穿越迷宫?——基于我国38所原"985工程"大学的分析[J]. 浙江师范大学学报(社会科学版),2017(02).

[74] 项建英,高梅. 近代中国留美高校女性综论[J]. 教育评论,2017(08).

[75] 项建英. 民国时期大学女教师群体形成及其特征[J]. 高教探索,2017(09).

五、学位论文

[1] 曾芳苗. 民国教会女子教育——金陵女子文理学院的个案研究[D]. 台湾"中央"大学历史研究所硕士学位论文,1996.

[2] 武艳艳. 中国近代教会女子高等教育的研究[D]. 河北大学硕士学位论文,2003.

[3] 黄晓红. 我国女子高等教育的历程及存在问题——来自华南女子学院的个案分析[D]. 福建师范大学硕士学位论文,2004.

[4] 邓小林. 民国时期国立大学教师聘任之研究[D]. 四川大学博士学位论文,2005.

[5] 刘方. 民国时期的新兴职业女性[D].吉林大学硕士学位论文,2006.

[6] 庞海江. 近代大学教师群体透析[D].吉林大学硕士学位论文,2006.

[7] 朱勉. 林徽因的建筑人生[D]. 福建师范大学硕士学位论文,2006.

[8] 王文娟. 近代苏州女教师群体研究[D]. 上海师范大学硕士学位论文,2007.

[9] 徐卫. 近代历史上一位知识女性的时代悲剧[D]. 扬州大学硕士学位论文,2007.

[10] 许妍. 1927—1937 年河南教师群体研究[D]. 河南大学硕士学位论文,2008.

[11] 潘丽珍. 伊人宛在——守护精神[D]. 福建师范大学硕士学位论文,2008.

[12] 阮珍珍. 1912—1937 年知识女性职业状况考察[D]. 河南大学硕士学位论文,2008.

[13] 姜丽静. 历史的背景:一代女知识分子的教育记忆[D]. 华东师范大学博士学位论文,2008.

[14] 宋爱妮. 中国教会女子大学研究[D]. 中南民族大学硕士学位论文,2008.

[15] 郭丽冰.万古人间四月天——论林徽因的文学创作[D]. 东北师范大学硕士学位论文,2008.

[16] 王娜. 苏雪林民国二十三年日记研究[D]. 武汉大学硕士学位论文,2008.

[17] 逯静静. 民国初年的女学生群体研究[D]. 华中师范大学硕士学位论

文,2008.

[18] 禹旭才. 社会性别视角下的高校女教师发展研究[D]. 湖南师范大学博士学位论文,2009.

[19] 刘强. 1927—1937 年安徽教师群体研究[D]. 安徽大学硕士学位论文,2011.

[20] 王华. 女性语文名师教学风格研究[D]. 安徽师范大学硕士学位论文,2011.

[21] 肖卫兵. 中国近代国立大学校长结构及其角色研究[D]. 苏州大学博士学位论文,2011.

[22] 张兰. 金陵女子大学和北京女子高等师范学校比较研究[D]. 河北师范大学硕士学位论文,2011.

[23] 王芳. 清末民初西方思潮影响下的大学男女同校研究[D]. 华中师范大学硕士学位论文,2012.

[24] 李巧敏. 1927—1937 年的高校女教师研究[D]. 曲阜师范大学硕士学位论文,2012.

[25] 饶正慧. 民国时期著名大学校长领导力研究[D]. 西南大学博士学位论文,2013.

[26] 张波. 中国近代教会大学参与乡村教育研究[D]. 浙江师范大学硕士学位论文,2013.

[27] 孙诣芳. "士大夫"精神的沉潜[D]. 福建师范大学硕士学位论文,2013.

[28] 李婧. 中国建筑遗产测绘史研究[D]. 天津大学博士学位论文,2015.

[29] 陈晨. 民国时期大学女教师群体研究[D]. 浙江师范大学硕士学位论文,2015.

[30] 高梅. 抗战前中国留美女性教育研究[D]. 浙江师范大学硕士学位论文,2015.

[31] 李艳莉. 崇高与平凡——民国时期大学教师日常生活研究(1912—1937)[D]. 华东师范大学博士学位论文,2015.

[32] 章亚希. 近代中国女教师的兴起(19 世纪末至 1937 年)[D]. 华东师范大学硕士学位论文,2016.

六、报纸杂志类

《教育杂志 》、《中华教育界》、《教育评论》、《妇女杂志》、《妇女生活》、《女子月刊》、《妇女共鸣》、《妇女新运》、《生活周刊》、《宇宙风》、《东方杂志》、《文艺月刊》、《玲珑》、《北京女子高等师范周刊》、《华南学院校刊》、《时报》、《晨报》、*The Chinese Students' Monthly*、*The Chinese Students' Guarterly*

七、工具书

[1]《中国科学家辞典》编委会. 中国科学家辞典(现代第五分册)[Z].济南：山东科学技术出版社,1986.

[2] 薛维维.中国妇女名人录[Z].西安:陕西人民出版社,1988.

[3] 张念宏,等. 教育百科辞典[Z]. 北京:中国农业科技出版社,1988.

[4] 刘英杰. 中国教育大事典:1840—1949[Z]. 杭州:浙江教育出版社,2001.

[5] 周川.中国近现代高等教育人物辞典[Z].福州:福建教育出版社,2012.

[6] 郭明蓉,杜学元. 女子教育大辞典[Z]. 成都:四川人民出版社,2014.

附录　教育部专科以上女教师审核通过名册^①

姓名	职称	学科	籍贯	学历	专长科目	履历	服务学校
文科——中国文学门							
冯沅君	教授	中国文学	河南	法国巴黎大学文学博士	诗词与戏曲	河北女子师范学院、武汉大学、中山大学	东北大学
苏雪林	教授	中国文学	安徽	北京女子高等师范肄业、赴法研究艺术	散文、小说	沪江大学、安徽大学	武汉大学
冼玉清	教授	中国文学	广东	岭南大学文学士	中国文学诗词、中国美术史	岭南大学	岭南大学
罗　玉	教授	中国文学	四川	大夏大学文学士、法国巴黎大学文学博士	文学	朝阳学院、四川省立技术专科	四川省立艺术专科

① 这是根据 1942 年和 1944 年教育部编的《专科以上学校教员名册》(上、下)整理而成。该名册是按照《大学及独立学院教员聘任待遇暂行规程》中颁布的相关规定,对各大学需延聘的教授、副教授、讲师、助教进行考察筛选后编制而成。教员均须将学历、经历、证件及专门著作送教育部学术审议会审查,经过会议通过,合格的发给证书,并编入名册,对不合格的也就其学历、经历及著作和各校原聘任名义不符合的,即命令其改正。就全国范围来说,本名册统计的教师人数并不完整,部分教师因未上交审核材料等情况而未统计在案,而且广大的女教职工也被排除在外,因此,实际近代大学女教师人数远远不止这数。但该名册对了解近代大学女教师仍有借鉴作用。

续表

姓名	职衔	学科	籍贯	学历	专长科目	履历	服务学校
钱用和	教授	中国文学	江苏	北京女子高等师范、芝加哥大学教育学士、哥伦比亚大学研究	文史教育	北平师大、暨南大学	交通大学
方令孺	副教授	中国文学	安徽	美国华盛顿大学及威斯康辛大学肄业	文学	青岛大学、复旦大学	复旦大学
尤亚伟	副教授	中国文学	江苏	国立北平大学女子学院、法国巴黎大学博士	语文学、戏剧	中央政治学校、广西大学	中央政治学校
江清远	讲师	中国文学	浙江	国立北平大学女子师范学院	周秦诸子学术思想	北平师大附中	大学先修班
游 寿	讲师	中国文学	福建	中央大学	中国文学	福建省立福州高级中学	女子师范学院
赵□①光	讲师	中国文学	四川	四川大学	国文	四川省立南充师范	教育部特设大学先修班
过永馥	讲师	中国文学	江苏	——②	诗画、国文	国立药专	药学专校
钱卓升	讲师	中国文学	江苏	北京大学、金陵大学研究班毕业	中国文学	中学校教员	教育部国民教育司
徐世璜	讲师	中国文学	河南	河南大学	国文	中学国文教员、编译馆副编审	编译馆
吴蕙兰	讲师	中国文学	广东	北平大学女子师范学院	国文	勷勤大学	教育部特设大学先修班

① 表格中"□"表示原名册中字迹模糊难以辨认。

② 表格中"——"表示原名册中未注明该部分内容。

续表

姓名	职衔	学科	籍贯	学历	专长科目	履历	服务学校
桑继芬	讲师	中国文学	河南	河南大学	国文	编译馆副编审	编译馆
陶秋英	讲师	中国文学	江苏	燕京大学文学硕士	文学创作与研究	上海世界书局编辑及中学教员	东北大学
陈云蟾	助教	中国文学	广东	中山大学	——	中山大学	中山大学
程遁宣	助教	中国文学	江西	北平大学女子文理学院	——	中学教员	中正大学
周珪端	助教	中国文学	福建	燕京大学	——	燕大附中及遗族学校教员	福建协和学院

文科——外国文学门

姓名	职衔	学科	籍贯	学历	专长科目	履历	服务学校
宋志侠	教授	英国文学	安徽	金陵女子文理学院文学士、美国芝加哥大学硕士	英国文学、英文散文作法	大夏大学	大夏大学
康慎德	教授	英国文学	美国	美国伯特大学文学士、哥伦比亚大学硕士	英国文学	华南女子文理学院	华南女子文理学院
俞大纲	教授	英国文学	浙江	英国牛津大学文学硕士	英国文学	中央大学	中央大学
俞大缜	教授	英国文学	浙江	英国牛津大学研究	英国文学史	中央大学	中央大学
包贵思	教授	英国文学	美国	威尔斯利大学学士、悦内力夫大学硕士	英国文学	燕京大学	燕京大学
爱以利	教授	英国文学	美国	美国威斯康辛大学硕士	英国文学	华南女子文理学院	华南女子文理学院
阳克勋夫人	教授	英国文学	美国	美国西方女子大学	英国文学	之江文理学院	之江文理学院

续表

姓名	职衔	学科	籍贯	学历	专长科目	履历	服务学校
陶毓华	教授	英国文学	美国	美国波士顿大学硕士、哥伦比亚大学和南加州大学研究员	西洋文学作文	福州文山中学校长、福建协和大学	福建协和大学
孙逢贞	教授	英国文学	上海	美国印第安大学文学士、比巴得大学研究	英国文学	北京女高师、暨南大学	女子师范学院
蓝如涓	副教授	英国文学	湖北	美国西北大学文学士、美国密歇根大学硕士	——	国立中央大学、东南大学	中央政校
刘碧珠	副教授	英国文学	美国	美国卡尼登大学学士、法国图尼耶大学、瑞士佛尼堡大学肄业	文学	大夏大学、贵州大学	贵州大学
申绿庐	副教授	英国文学	美国	美国鸟海俄大学学士、美国哥伦比亚大学硕士	外国语文	福建协和学院	福建协和学院
孙家琇	副教授	英国文学	河北	燕京大学肄业、美国蒙特霍克大学硕士	英国文学、英文	西南联大、同济大学	武汉大学
吴绮嫒	讲师	英国文学	广东	美国伊里诺大学	文学	广州大学	广州大学
何荣贞	讲师	英国文学	江苏	金陵女子文理学院	英语	广西大学	广西大学
周福君	讲师	英国文学	江苏	之江大学、美国乔治顿大学文学硕士、美国路易斯菲神学硕士	英文	金陵大学	金陵大学

续表

姓名	职衔	学科	籍贯	学历	专长科目	履历	服务学校
陈瑞华	讲师	英国文学	广东	国立北京师范大学英文研究科	英文	中山大学	中山大学
多玛利亚	讲师	英国文学	美国	美国布来麻大学学士、鸟黎克烈夫大学硕士	西洋文学	福建邵武汉美中学	福建协和学院
王　远	助教	英国文学	福建	清华大学文学士	——	西南联大	西南联大
张婉飒	助教	英国文学	广东	岭南大学文学士、燕京大学神博士	——	燕京大学	燕京大学
孙以芳	助教	英国文学	浙江	燕京大学文学士及研究院社会学系	——	燕大浙大分校	交通大学
潘家锦	助教	英国文学	浙江	暨南大学	——	国立师范学院	国立师范学院
冯　斐	助教	英国文学	湖南	浙江大学	——	江西万载县立中学、广西蒙山县立中学	浙江大学
杨霞华	助教	英国文学	江苏	浙江大学	——	浙江大学	浙江大学
袁昌英	教授	法国文学	湖南	英国爱丁堡大学文科硕士	法国文学西洋戏剧	北京女子高等师范、上海中国公学	武汉大学
王淑瑛	副教授	法国文学	四川	清华大学、巴黎大学文学博士	西洋文学史、法国文学史	中山大学	东北大学
罗振英	副教授	法国文学	广东	北京女子高等师范肆业、法国里昂大学文学士	法国革命史、法国文学	暨南大学、中法大学	中法大学

续表

姓名	职衔	学科	籍贯	学历	专长科目	履历	服务学校
李恩慈	副教授	法国文学	广东	北平私立中法大学、法国里昂艺术专门学校	艺术理论法国文学	广州美术专门学校、中山大学	云南大学
陈健吾	副教授	法国文学	安徽	北京女子高等师范、法国里昂大学硕士	法文、教育心理	安徽大学	音乐院
德梦铁	副教授	德国文学	中国①	拉脱维亚国立大学	德文、俄文	浙江大学	浙江大学
江雪雯	讲师	德国文学	山东	北平师范大学、德国柏林大学、德国慕尼黑大学研究	德国文学	大夏大学	复旦大学
文科——历史学门							
魏秀莹	副教授	历史学	福建	华南女子文理学院文学士、美国南加州大学硕士	西洋史学	华南女子文理学院	华南女子文理学院
甘碧云	讲师	历史学	广西	金陵女子文理学院文学士	历史	广州贞光女中	武汉大学
柳定生	讲师	历史学	江苏	中央大学	中国通史、中国近代史	浙江大学、国立编译馆编译	中央大学
王慎楼	助教	历史学	福建	北平师范大学	——	西北师范	西北师范
李贵兰	助教	历史学	广东	中山大学	——	中山大学	中山大学
翟宗沛	助教	历史学	安徽	金陵女子文理学院	——	国立女子师范学院	国立女子师范学院
邵景珞	助教	历史学	浙江	清华大学	——	西南联大	西南联大
陆维亚	助教	历史学	湖南	武汉大学	——	武汉大学	武汉大学

① 德梦铁,俄全名为奥里格·蹙妙诺夫娜,出生在拉脱维亚首都里加市,大学毕业后到中国,视中国为她的祖国,所以她在名册上填"中国"为她的国籍。

续表

姓名	职衔	学科	籍贯	学历	专长科目	履历	服务学校
文科——哲学门							
叶叶琴	讲师	哲学	湖北	清华大学毕业以及研究院肄业	哲学	金陵大学	金陵大学
理科——数学门							
陆慎仪	教授	数学	江苏	美国威尔斯利女子大学学士、美国康乃尔大学硕士	数学分析	金陵女子文理学院、暨南大学、大同大学	湖南大学
汪沅	副教授	数学	湖南	东南大学理学士、英国伦敦大学科学硕士	数学	清华大学女生指导员	中央大学
齐植朵	副教授	数学	河北	北平大学女子文理学院	高等数学、微积分	北平大学女子文理学院、西北联合大学、山西大学	山西大学
余瑞云	副教授	数学	浙江	浙江大学	数学	浙江大学	浙江大学
叶嘉懋	副教授	数学	湖北	北京女高师、英国爱丁堡大学硕士	数学	湖南大学	边疆学校
陈鸡	副教授	数学	湖南	南开大学理学士、英国伦敦大学研究生、汉堡大学研究	几何	中央技专、武汉大学	四川大学
徐曼英	讲师	数学	江苏	东南大学	数学	中央大学	中央大学
刘智白	讲师	数学	山东	山东大学	数学	山东大学、重庆大学	重庆大学
彭毓淑	讲师	数学	四川	华西协和大学理学士	数学	华英高中	华西协和大学

续表

姓名	职衔	学科	籍贯	学历	专长科目	履历	服务学校
黄瑞璋	助教	数学	广西	广西大学理学士	——	广西大学	广西大学
马淑文	助教	数学	河南	武汉大学	——	南开中学	重庆大学
卢运凯	助教	数学	江西	武汉大学	——	——	浙江大学
徐少英	讲师	数学	湖南	湖南私立艺芳女校、英国剑桥研究	数学教育	国立西北联合大学	西北技艺专科
葛德瑾	助教	数学	江苏	武汉大学	——	——	武汉大学
翁起中	助教	数学	福建	国立厦门大学		——	厦门大学
程先安	助教	数学	浙江	武汉大学	——	乐山县县立女中	西北工学院
程毓秀	助教	数学	江苏	大同大学		中等学校教员	武汉大学
任士媛	助教	数学	贵州	大夏大学		贵阳师范学院	贵阳师范学院
刘绍秀	助教	数学	河北	燕京大学		——	东北大学
郑乘彝	助教	数学	湖北	金陵女子文理学院	——	金陵女子文理学院	金陵女子学院
陆秀丽	助教	数学	浙江	武汉大学	——	四川大学	四川大学
陈品端	助教	数学	江苏	上海私立光华大学	——	——	光华大学
江珪保	助教	数学	广东	北平大学女子文理学院	——	杭州弘道女中、九江同文中学	交通大学
宋彬	助教	数学	浙江	金陵女子文理学院	——	杭州树范中学	英士大学
方淑姝	助教	数学	江西	浙江大学		浙江大学	浙江大学
顾尔钻	助教	数学	江苏	大同大学			国立女子师范学院
赵鸿佑	助教	数学	河北	西北联合大学	——	陕西省立安康中心	西北农学院

续表

姓名	职衔	学科	籍贯	学历	专长科目	履历	服务学校
朱秀玲	助教	数学	山东	西北联合大学	——	西北联合大学	西北农学院

理科——物理门

姓名	职衔	学科	籍贯	学历	专长科目	履历	服务学校
顾静徽	教授	物理学	江苏	美国耶鲁大学硕士、美国密歇根大学博士	物理学	南开大学、大同大学、中央研究院	广西大学
周如松	教授	物理学	湖南	武汉大学、英国伦敦大学哲学博士	物理及X光运用	华西大学	复旦大学
盛希音	教授	物理学	浙江	美国密歇根大学哲学博士	光谱学原核学	暨南大学	暨南大学
吴芝兰	教授	物理学	福建	华南女子文理学院、美国密歇根大学博士	物理学	华南女子文理学院	华南女子文理学院
德乐尔	教授	物理学	美国	美国加利福尼亚大学	物理实验	华西协和大学	华西协和大学
余文琴	讲师	物理学	贵州	浙江大学	数理	贵阳医学院、贵州大学	贵州大学
唐熙涛	助教	物理学	湖南	湖南大学	——	湖南大学	湖南大学
林兰英	助教	物理学	福建	福建协和大学	——	福建协和大学	福建协和大学
曹麦生	助教	物理学	广东	岭南大学	——	——	——
钟孝姮	助教	物理学	广西	广西大学	——	广西柳州城县立国民中学	广西大学
刘道涝	助教	物理学	江苏	浙江大学	——	云南大学附属中学	齐鲁大学
孙沩	助教	物理学	浙江	浙江大学	——	浙江大学	浙江大学
孙以庄	助教	物理学	浙江	燕京大学	——	燕京大学	广东省立文理学院
丁淑贤	助教	物理学	吉林	北平大学	——	西安临大、西北联大图书管理员	西北工学院

续表

姓名	职衔	学科	籍贯	学历	专长科目	履历	服务学校
丁佩珩	助教	物理学	安徽	武汉大学	——	中等学校教员	武汉大学
卓淑贞	助教	物理学	福建	福建协和大学	——		福建协和大学
曹萱龄	助教	物理学	浙江	浙江大学	——	——	浙江大学
蔡彬珍	助教	物理学	福建	中央大学	——	——	重庆大学

理科——化学门

姓名	职衔	学科	籍贯	学历	专长科目	履历	服务学校
曹简禹	教授	化学	江苏	美国康乃尔大学学士、美国伊利诺大学博士	有机化学理论、化学、植物生理学	大同大学、女子师范学院	女子师范学院
余宝笙	教授	化学	福建	美国哥伦比亚硕士、约翰霍普金斯大学博士	生物化学	华南女子文理学院	华南女子文理学院
朱汝华	教授	化学	江苏	中央大学、美国密歇根大学博士	有机化学	中央大学北京大学	西南联合大学
程崇道	教授	化学	安徽	中央大学、德国柏林大学博士	有机化学生物化学	中央技专上海同德研究院	上海同德医学院
张锦	教授	化学	山东	美国伊利诺大学硕博士	有机化学	重庆大学	福建省研究院
杨若愚	副教授	化学	广东	北平大学女子学院	普通化学及实验	北平大学、西北联合大学、山西大学	山西大学
严梅初	副教授	化学	江苏	中央大学、德国敏斯脱大学博士	食物化学营养学	柏林卫生署专任化学师	药学专科学校
贾秉德	讲师	化学	辽宁	北京大学	化学	贵阳医学院、女子师范学院、交大贵州分校	交大贵州分校

续表

姓名	职衔	学科	籍贯	学历	专长科目	履历	服务学校
左宗祀	讲师	化学	湖南	中央大学	分析化学 生物化学	中央大学、 东北大学	东北大学
周同璧	讲师	化学	四川	燕京大学	食物化学 营养学	铭贤农工 专科学校	中央大学
张玉钿	讲师	化学	四川	华西协和 大学	化学、生物 化学	华西大学、 中央大学	华西大学
曹止贞	讲师	化学	湖南	湖南省立 工科大学	分析化学	湖南大学	湖南大学
胡国豪	讲师	化学	广东	湖南大学 理学硕士	理论化学	湖南大学	岭南大学
陈芝英	讲师	化学	福建	华南女子文 理学院、美 国卡萨大学 硕士	食物化学 及营养	福州协和 师范学院	华南女子 文理学院
许孝同	助教	化学	浙江	浙江大学	——	贵州遵义 私立中学	浙江大学
冯慧	助教	化学	浙江	浙江大学 农学士	——	福建省 研究院	交通大学
黄人道	助教	化学	四川	四川大学	——	——	四川大学
杨锦钟	助教	化学	江苏	金陵女子 文理学院	——	——	金陵女子 文理学院
丁诗健	助教	化学	湖南	湖南大学	——	湖南私立 合光女中	湖南大学
胡国贵	助教	化学	湖南	贵阳大夏 大学	——	——	大夏大学
韩望云	助教	化学	浙江	浙江大学	——	——	中央大学
蔡思扈	助教	化学	福建	北京大学	——	汉口私立 心勉女中	国立药专
钱翠麟	助教	化学	浙江	北京大学	——	——	西南联大
余虹	助教	化学	安徽	国立北平 师范大学	——	——	西北大学
朱育惠	助教	化学	湖北	湘雅医学院 医学士	——	中国红十 字会总会 救护队	湘雅 医学院
张惠元	助教	化学	湖南	湖南大学	——	——	湖南大学

续表

姓名	职衔	学科	籍贯	学历	专长科目	履历	服务学校
张姑民	助教	化学	江苏	燕京大学	——	——	重庆大学
韦婀娜	助教	化学	广东	私立武昌中华大学	——	——	湘雅医学院
陈世嘉	助教	化学	浙江	中央大学理学士	——	——	中央大学
孙秀芝	助教	化学	上海	上海大同大学	——	——	中正大学
廖嘉仪	助教	化学	江苏	金陵女子文理学院	——	省立贵阳女中	湘雅医学院
唐俶	助教	化学	江苏	中央大学	——	中央大学	中央大学
黄叔英	助教	化学	广东	大夏大学	——	大夏大学	大夏大学
曹幸生	助教	化学	广东	岭南大学	——	培正中学	岭南大学
胡媄	助教	化学	江苏	浙江大学	——	浙江大学	浙江大学
樊秀芳	助教	化学	河南	河南大学	——	河南大学	河南大学
魏素萱	助教	化学	四川	华西协和大学	——	华西协和大学	华西协和大学
周元懿	助教	化学	安徽	北平女子文理学院	——	北平女子文理学院	四川省立教育学院
纪级容	助教	化学	浙江	浙江大学	——	浙江大学	浙江大学
陈念萱	助教	化学	福建	福建协和学院	——	福建协和学院	福建协和学院

理科——生物学门

姓名	职衔	学科	籍贯	学历	专长科目	履历	服务学校
吴素萱	教授	生物学	山东	中央大学理学士、美国密歇根大学哲学博士	细胞学	西南联大	西南联大
许引明	教授	生物学	福建	华南女子文理学院、美国密歇根大学博士	寄生虫学	华南女子文理学院	华南女子文理学院
李舜旬	教授	生物学	福建	美国芝加哥大学生物学硕士	生物形态学、生物优生学	福建农院农科植物学教授	金陵大学

续表

姓名	职衔	学科	籍贯	学历	专长科目	履历	服务学校
陈品芝	教授	生物学	福建	金陵大学文理学院学士、美国密歇根大学博士	细菌学、寄生虫学	金陵女子文理学院	金陵女子文理学院
秦素美	副教授	生物学	山东	中央大学理学士、北平协和医院生理科研究	生物学、遗传学	清华大学、山东大学	四川省立教育学院
吴亮如	副教授	生物学	广东	岭南大学理学士理硕士	寄生虫学	岭南大学	岭南大学
潘次依	讲师	生物学	安徽	清华大学	软体动物	中正大学	国立师范学院
王琪	讲师	生物学	山西	国立北平师范大学	无脊椎动物	西北联合大学	西北师范学院
胡秀英	讲师	生物学	江苏	岭南大学硕士	植物分类	四川大学	华西大学
叶毓芳	讲师	生物学	浙江	中央大学理学士	生物学、实验胚胎学	中央大学山东大学	同济大学
尹左芬	讲师	生物学	山东	山东大学	生物学	山东大学、山东省立医学专校	山东医学专校
许如深	助教	生物学	福建	清华大学理学士	植物学	四川大学	四川大学
高琼珍	助教	生物学	福建	福建协和大学理学士	——	厦门同文中学	福建协和大学
谭兴立	助教	生物学	四川	四川大学	——	四川大学	四川大学
陈庄容	助教	生物学	辽宁	金陵大学	——	——	金陵大学
郭达筠	助教	生物学	四川	复旦大学	——	上海立达学院四川分校农场设计委员会	复旦大学
赵惠如	助教	生物学	江苏	中央大学	——	中央大学	中央大学
赵竹韵	助教	生物学	河北	北平师范大学	——	同济大学	中正大学

续表

姓名	职衔	学科	籍贯	学历	专长科目	履历	服务学校
胡淑琴	助教	生物学	江苏	东吴大学	——	东吴大学	华西大学
林秀瑛	助教	生物学	福建	福建协和大学	——	福建协和大学	福建协和大学
任碧筠	助教	生物学	湖南	中央大学	——	中央大学	浙江大学
张彦衡	助教	生物学	山东	齐鲁大学	——	——	齐鲁大学
张剑虹	助教	生物学	四川	四川大学	——	——	四川大学
李贵贞	助教	生物学	山东	齐鲁大学	——	齐鲁大学	贵阳医学院
杨佩芬	助教	生物学	福建	厦门大学	——	厦门大学	家庭教师
万宗玲	助教	生物学	四川	中央大学	——	中国科学社生物研究所	重庆大学
陈惠芳	助教	生物学	广东	中山大学	——	中山大学	中山大学
陈德淑	助教	生物学	广西	中山大学	——	中山大学	中山大学
理科——天文气象学门							
邹仪新	副教授	天文气象	广东	中山大学、日本东京帝国大学天文台实习	叙迹天文、实用天文	中山大学	中山大学
理科——地理学门							
刘恩兰	教授	地理学	山东	金陵女子文理学院、英国牛津大学博士	地理学、气象学	金陵女子文理学院	金陵女子文理学院
谢诗白	讲师	地理学	广东	中央大学理学士	中国地理、地理教学法	福建省立师范学校	中山大学
满颖之	助教	地理学	辽宁	东北大学	——	东北大学	东北大学
高福珍	助教	地理学	江苏	东北大学	——	——	东北大学
刘华新	助教	地理学	广西	广西大学	——	广西大学	广西大学

续表

姓名	职衔	学科	籍贯	学历	专长科目	履历	服务学校
理科——地质学门							
蔡承云	教授	地质学	江苏	美国华盛顿大学硕士	经济地质	广西大学、交通大学、唐山工程学院	重庆大学
理科——心理学门							
钱蘋	讲师	心理学	江苏	光华大学教育学士、中山大学教育硕士	教育心理心理卫生	中山大学研究所	华西协和大学
法科——政治学门							
周蜀云	教授	政治学	四川	法国南锡大学法学博士	公法	厦门大学大夏大学	审计部
刘素侠	讲师	政治学	江苏	上海法学院法学士	政治学、法医学	上海法学院	同济医学院
法科——经济学门							
丁炜文	副教授	经济学	浙江	上海大学、日本大学	合作	浙江大学	国立西康技艺专科
韦细英	助教	经济学	湖南	湖南大学	——	湖南大学	湖南大学
陈俊	助教	经济学	湖南	武汉大学	——	中英庚款董事会干事	武汉大学
法科——法律学门							
陈令仪	副教授	法律学	江苏	东南大学、法国都鲁斯大学硕士	法律	上海大夏大学	女子师范学院
谭藻芬	讲师	法律学	广东	北平中法大学文学士、法国里昂大学硕士	民法、劳工法	中山大学	中山大学
法科——社会门							
高维雅	教授	社会学	美国	美国芝加哥大学哲学博士	民族学、人类学	美国威斯康辛大学	岭南大学

续表

姓名	职衔	学科	籍贯	学历	专长科目	履历	服务学校
黄翠凤	副教授	社会学	广东	岭南大学、美国密歇根大学硕士	社会学	中央大学	岭南大学
陈文仙	副教授	社会学	福建	燕京大学、美国芝加哥大学博士	社会调查、社会行政	基督教女青年会干事	金陵大学
董离	助教	社会学	江西	燕京大学文学士	——	基督教女青年会干事	金陵大学

师范科——教育学门

姓名	职衔	学科	籍贯	学历	专长科目	履历	服务学校
包志立	教授	教育学	浙江	金陵女子文理学院文学士、美国密歇根大学哲学博士	教育心理	东吴大学、西北大学	西北大学
陈懿祝	教授	教育学	福建	美国西罗邱大学学士、哥伦比亚大学硕士	教育心理	厦门大学、福建协和大学	福建协和大学
高君珊	教授	教育学	福建	美国哥伦比亚大学硕士	初等教育、教育心理	燕京大学、中央大学	暨南大学
张芝兰	教授	教育学	山东	金陵女子文理学院、美国西北大学哲学博士	中等教育、教育测验	南京私立明德女子初级中学校长	金陵女子文理学院
陈淑圭	教授	教育学	福建	美国哥伦比亚大学哲学博士	中等教育	华南女子文理学院	华南女子文理学院
黄淑范	副教授	教育学	湖南	中山大学、日本东京帝国大学研究院、北平师范大学研究生、美国斯丹弗大学硕士	教育	湖南省立桃源女中校长、湖南省立中山图书馆馆长	女子师范学院

续表

姓名	职衔	学科	籍贯	学历	专长科目	履历	服务学校
任培道	副教授	教育学	湖南	北京师范大学、美国伟其塔大学教育硕士、美国伊利诺大学心理学硕士	教育学、心理学	国立北京农学院教员、中央党部民众训练部	国立女子师范学院
王纯懿	副教授	教育学	广东	华南女子文理学院、美国密歇根大学硕士	初等教育	华南女子文理学院	华南女子文理学院
邓峻璧	讲师	教育学	广东	中山大学	初等教育、普通教育法	国民大学附中、中山大学	社会教育学院
梁兆纯	讲师	教育学	□□	中央大学	教育	中央大学	重庆大学
梁瑞环	助教	教育学	广东	广东省立文理学院	——	广东省立文理学院	广东省立文理学院
李敬妙	助教	教育学	广东	大夏大学	——	——	福建省立师专
何镛线	助教	教育学	广东	广东省立文理学院		广东省立文理学院	广东省立文理学院
郑亚兰	助教	教育学	湖北	私立武昌中华大学		——	社会教育学院
邓碧玉	助教	教育学	福建	私立福建协和大学			福建协和大学
陈贤珍	助教	教育学	江苏	大夏大学	——	大夏大学	大夏大学
蔡彰淑	助教	教育学	四川	四川大学	——	四川峨眉县立女子简易师范	四川大学
严倚云	助教	教育学	福建	北京大学	——	西南联大	西南联大
郑　重	助教	教育学	湖南	中央大学	——	重庆女师国立编译馆临时编译	国立编译馆

续表

姓名	职衔	学科	籍贯	学历	专长科目	履历	服务学校
师范科——体育童子军学门							
高梓	教授	体育童子军学	安徽	上海女青年会体育学校、美国威斯康辛大学研究	体育	东北大学、山东大学、中央大学	国立音乐院
陈美愉	教授	体育童子军学	浙江	金陵女子文理学院、美国哥伦比亚大学硕士	卫生教育、营养学	金陵女子文理学院	中央大学
沈芳夏	讲师	体育童子军学	浙江	中央大学	体育	云南大学	贵州大学
黄宝珍	讲师	体育童子军学	贵州	国立北京女子高等师范	体育	贵州大学	贵州大学
沈瑞箴	讲师	体育童子军学	浙江	北平大学女子文理学院	舞蹈	中央大学、四川大学	国立国术体育专科学校
李兰芳	讲师	体育童子军学	浙江	中央大学	体育	英士大学教员兼女生指导员	浙江大学
吴厚柏	讲师	体育童子军学	安徽	中央大学	体育	河北省立女子师范学院	国立女子师范学院
罗爱华	讲师	体育童子军学	广东	河北省立女子师范学院	体育	西北联大	西北师范学院
信安中	讲师	体育童子军学	安徽	北平大学女子文理学院	体育	西安临大西北联大	西北农学院
叶学普	讲师	体育童子军学	江苏	中央大学	球类、田径及舞蹈	中央大学	中央政校
俞引璋	讲师	体育童子军学	安徽	中央大学	篮球、排球	上海东亚体专、国立药专	国立药专
方备	助教	体育童子军学	湖南	中央大学	体育	中央大学	中央大学
冯和光	助教	体育童子军学	浙江	上海东南体专	——	东北大学	东北大学

姓名	职衔	学科	籍贯	学历	专长科目	履历	服务学校
黄曼衍	助教	体育童子军学	广东	国立国术体育专科	——	国立国术体育专科	国立国术体育专科学校
黄蔷英	助教	体育童子军学	江苏	中央大学	——	曙光中学	中央大学
雷震华	助教	体育童子军学	江西	上海东亚体育专科	——	江西省立南昌女中	江西省立医专
范德明	助教	体育童子军学	四川	北平师范大学	——	西北师范学院	齐鲁大学
金引章	助教	体育童子军学	安徽	中央大学	——	国立药学专科	药学专科
朱嬰训	助教	体育童子军学	河北	北平师范大学	——	国立西北工学院	西康技专
臧尔清	助教	体育童子军学	江苏	中央大学	——	中央大学	中央大学
卢敏章	助教	体育童子军学	广东	金陵女子文理学院	——	金陵大学	金陵大学
朱恩贞	助教	体育童子军学	福建	金陵女子文理学院	——	上海基督教联大	金陵女子文理学院
周纪馨	助教	体育童子军学	江苏	金陵女子文理学院	——	燕京大学	燕京大学
张鸿灵	助教	体育童子军学	山东	北平师范大学	——	西北大学	西北大学
刘玉华	助教	体育童子军学	河南	中央国术馆	——	汉口体育师资训练班	国术体专
刘孝娴	助教	体育童子军学	湖南	北平大学女子文理学院	——	浙江大学	浙江大学
刘从德	助教	体育童子军学	贵州	北平大学女子文理学院	——	开封女师、贵阳女中	国立音乐院
周月英	助教	体育童子军学	浙江	中央大学	——	中央大学	中央大学
陈季贤	助教	体育童子军学	四川	重庆大学体育专修科	——	国立女子师范、重庆大学	重庆大学
陈　斌	助教	体育童子军学	福建	东亚体育专科学校	——	贵阳医学院	国立贵阳医学院

续表

姓名	职衔	学科	籍贯	学历	专长科目	履历	服务学校
师范科——家政劳作学门							
陈佩兰	教授	家政劳作学	福建	华南女子文理学院、美国柯里干大学硕士	家政学	华南女子文理学院	女子师范学院
王非曼	教授	家政劳作学	山东	美国哥伦比亚大学硕士	家政服装学、家庭管理	西北联大	西北师范学院
孙之淑	教授	家政劳作学	安徽	美国哥伦比亚大学硕士	营养学、家政学	河北省立女子师范学院	西北师范学院
章绳以	讲师	家政劳作学	江苏	北京女子师范学校	公民家政学	江苏省立教育学院	贵州大学
冯文静	讲师	家政劳作学	河北	河北省立女子师范学院	工艺、服装制图	河北省立女子师范学院	西北师范学院
姜国翠	助教	家政劳作学	山东	日本奈良市女子高等师范、东京女子美术专校	——	青木关中山中学	国立女子师范学院
农科——农艺学门							
曹诚英	教授	农艺学	安徽	中央大学美国康乃尔大学硕士	遗传学、细胞学	安徽大学、四川大学、国立编译馆	复旦大学
石翠韦	助教	农艺学	广西	广西大学	——	广西大学	广西大学
余恒星	助教	农艺学	四川	四川大学	——	四川大学	四川大学
农科——园艺学门							
高淑清	讲师	园艺学	安徽	国立劳动大学	花卉、园艺	湖北教育学院、河南大学	河南大学
任韵诚	讲师	园艺学	湖南	中央大学	园艺、苗圃学	中央大学	中央大学

续表

姓名	职衔	学科	籍贯	学历	专长科目	履历	服务学校
农科——蚕桑学门							
郑蔄	助教	蚕桑学	江苏	浙江大学	——	浙江大学	浙江大学
黄有馨	助教	蚕桑学	江西	浙江大学	——	四川大学	四川大学
农科——畜牧兽医学门							
吴意瑾	助教	畜牧兽医学	福建	江苏省立教育学院	——	四川省农业改进所	福建省立农学院
吴精秀	助教	畜牧兽医学	四川	四川省立教育学院	——	四川省立教育学院	四川省立教育学院
农科——植物病虫害学门							
谢云	讲师	植物病虫害学	江苏	法国巴黎大学	昆虫学	中央研究院	国立编译馆
项润章	助教	植物病虫害学	浙江	北平大学	——	西北农学院、四川大学	四川大学
张秀俊	助教	植物病虫害学	福州	中央大学	——	中央大学	中央大学
王薇	助教	植物病虫害学	辽宁	西北农学院	——	岐山中学	西北农学院
甘代璞	助教	植物病虫害学	四川	四川大学	——	——	四川大学
农科——农业化学门							
陈瑞麒	副教授	农业化学	广东	中山大学、美国威斯康辛大学硕士	有机化学、生物化学	中山大学	中山大学
胡杙	助教	农业化学	湖南	中央大学	——	中央大学	中央大学
吴志华	助教	农业化学	浙江	浙江大学	——		浙江大学
农科——农业经济学门							
嘉蒲英	讲师	农业经济学	美国	美国波士顿大学	业务管理	福建协和大学	福建协和大学
赵明强	助教	农业经济学	浙江	浙江大学	——	浙江大学	浙江大学

续表

姓名	职衔	学科	籍贯	学历	专长科目	履历	服务学校
工科——水利工程学门							
田淑媛	讲师	水利工程学	河北	清华大学	力学、水力学	中正大学华北水利委员会工程师	厦门大学
工科——电机工程学门							
蒋庆荷	助教	电机工程学	江苏	中央大学	——	中央大学	中央大学
工科——矿冶学门							
阳立希	助教	矿冶学	广西	广西大学	——	广西大学	广西大学
工科——化学工程学门							
刘馥英	副教授	化学工程学	浙江	浙江大学、德国敏斯脱大学油脂研究所博士	工业化学	浙江大学	浙江大学
王世宝	讲师	化学工程学	河北	美国阿海阿省立大学学士硕士	酿造、细菌	南京中央医院检验科	中央工校
王都	助教	化学工程学	浙江	中央大学	——	中央大学	中央大学
华淑英	助教	化学工程学	北平	北平大学	——	北平大学西北工学院	铭贤农工专科学校
马桂馥	助教	化学工程学	河北	北平大学	——	西北工学院	西北工学院
韦韶生	助教	化学工程学	广西	广西大学	——	云南省政府建设厅化验所	同济大学
工科——纺织工程学门							
陈达	助教	纺织工程学	山东	西北工学院	——	西北工学院	西北工学院
工科——建筑工程学门							
戴琅华	助教	建筑工程学	安徽	中央大学	——	庄后建筑师事务所绘图员	大夏大学

续表

姓名	职衔	学科	籍贯	学历	专长科目	履历	服务学校
商科——统计学门							
汪沅	教授	统计学	湖南	东南大学理学士、英国伦敦大学科学硕士	统计学	中央大学、重庆大学	重庆大学
倪亮	教授	统计学	江苏	东南大学、巴黎大学博士	统计学、心理学	金陵大学、北平中法大学	重庆大学
李舜英	助教	统计学	江苏	重庆大学统计专修科	——	重庆大学	重庆大学
郑菊英	助教	统计学	江苏	中央政治学校大学部	——	中央政治学校	中央政治学校
罗蕙芳	助教	统计学	四川	重庆大学	——	重庆大学	重庆大学
商科——会计学门							
钱素君	教授	会计学	上海	美国加利福尼亚大学商学士	审计学、会计学	交通大学、暨南大学、东吴大学、立信会计专科学校	立信会计专科学校
张蕙生	教授	会计学	浙江	美国加利福尼亚大学商学士	会计学	东吴大学、暨南大学、大夏大学、立信会计专科学校	立信会计专科学校
医药科——生理解剖学门							
严惠卿	教授	生理解剖学	福建	美国欧柏林大学文学士、美国约翰霍普金斯大学医学博士	生理卫生	北平协和医学院、福建协和大学	福建协和大学
汤工英	助教	生理解剖学	湖南	江苏医学院	——	江苏医学院	江苏医学院
唐启芳	助教	生理解剖学	江苏	江苏医学院	——	江苏医学院	江西省立医专

续表

姓名	职衔	学科	籍贯	学历	专长科目	履历	服务学校
医药科——内科医学门							
林廉卿	副教授	内科医学	广西	齐鲁大学医学院、美国肺病研究所	内科	齐鲁大学医学院	齐鲁大学
刘学敏	副教授	内科医学	河北	法国里昂大学医学博士	病理学、小儿科	云南大学医学院	云南大学
陈翠贞	副教授	内科医学	河北	美国霍金斯大学医学博士	小儿科	中央大学、北京协和医院	上海医学院
梁觉如	讲师	内科医学	湖南	私立湘雅医学院	小儿科	贵阳医学院内科	湘雅医学院
许继光	讲师	内科医学	福建	燕京大学、北平协和大学	小儿科	北平协和医学院	中正医学院
许绿叶	讲师	内科医学	广东	香港大学、英国伦敦大学	小儿科	香港国家医院、赞育医院	岭南大学
潘世晟	讲师	内科医学	湖南	北平大学医学院	病理解剖实验、病理学	湘雅医学院	湘雅医学院
冯裔华	讲师	内科医学	浙江	北平大学、日本九州帝国大学	小儿科	西北联合大学	福建省立医学院
杨显素	讲师	内科医学	湖北	湘雅医学院、耶鲁大学	小儿科	长沙仁术医院	湘雅医学院
贾淑荣	讲师	内科医学	绥远	北平大学医学院	内科	西北联大	西北医学院
江留美	助教	内科医学	湖北	四川大学	——	四川大学、中央大学	中央大学
黄志毅	助教	内科医学	浙江	浙江省立医药专科学校	——	福建省立医学院	福建省立医学院
杭 文	助教	内科医学	广西	广西省立医学院	——	广西省立医学院	广西省立医学院
谢 曼	助教	内科医学	湖南	湘雅医学院	——	湘雅医学院	湘雅医学院
卢 琇	助教	内科医学	安徽	同济大学	——	贵阳卫生事务所	同济大学

姓名	职衔	学科	籍贯	学历	专长科目	履历	服务学校
李 梅	助教	内科医学	江苏	江西省立医专	——	江西省立医专	江西省立医专
姚少伟	助教	内科医学	广西	广西省立医学院	——	广西省立医学院	广西省立医学院
陈瑞昭	助教	内科医学	福建	贵阳医学院	——	贵阳医学院	贵阳医学院

医药科——外科医学门

姓名	职衔	学科	籍贯	学历	专长科目	履历	服务学校
李瑞林	教授	外科医学	河南	北平协和医学院、美国费城杰斐逊医学院	产妇科	湘雅医学院	湘雅医学院
陈英德	教授	外科医学	广东	美国芝加哥大学医学博士	产妇科、放射学	广东光华医学院	香港政府妇女健康院
程育和	副教授	外科医学	浙江	燕京大学、北平协和医学院	妇科、产科	中央大学北京协和医学院	广西省立医学院
倪桐冈	讲师	外科医学	江苏	上海同德医学院、日本长崎大学产妇科研究	产妇科	上海大德助产学校、镇江省立医院	河南大学
胡信德	讲师	外科医学	湖北	湘雅医学院	妇产科	国立贵阳医学院妇产科主治医师兼讲师	湘雅医学院
梁勉程	助教	外科医学	广东	同济大学	——	——	同济大学
李碧华	助教	外科医学	浙江	上海私立东南医学院	——	——	中央大学
蔡文琦	助教	外科医学	江苏	同德医学院	——	同德医学院	同德医学院
常英慧	助教	外科医学	辽宁	齐鲁大学医学院	——	——	中央大学
范国声	助教	外科医学	浙江	北平协和医学院	——	——	中央大学

续表

姓名	职衔	学科	籍贯	学历	专长科目	履历	服务学校
苏 琰	助教	外科医学	广西	广西省立医学院	——	——	广西省立医学院
晏秀英	助教	外科医学	广西	广西省立医学院	——	广西阳朔卫生院	广西省立医学院
陈少刚	助教	外科医学	广西	广东光华医学院	——	梧州医院医师	广西省立医学院
孙定静	助教	外科医学	湖南	湘雅医学院	——	贵州省立医院医师	湘雅医学院
刘新华	助教	外科医学	江苏	同济大学	——	——	同济大学
刘天香	助教	外科医学	河北	齐鲁大学医学院	——	中央大学	中央大学
医药科——药学门							
马少珍	讲师	药学	安徽	日本东京药学专科学校	药理学、农业药剂学	国立药专、四川省立教育学院	四川省立教育学院
王钦华	助教	药学	浙江	浙江省立医药专科学校	——	浙江省立医药专科学校	英士大学
李 飞	助教	药学	浙江	浙江省立医药专科学校	——	浙江省立医药专科学校	英士大学
秋琼云	助教	药学	福建	金陵大学	——	卫生署技佐	中央大学
刘华屏	助教	药学	湖北	南京金陵女子大学	——	华西协和大学	华西协和大学
艺术科——音乐学门							
梅经香	教授	音乐学	江西	美国西拉古大学、新英格兰音乐学院研究	键盘、乐器、声乐、作曲	中央大学、贵阳师范、国立师范	社会教育学院
徐克丽	教授	音乐学	美国	美国哥伦比亚大学研究员	音乐	福建私立文山女子中学	福建协和大学

姓名	职衔	学科	籍贯	学历	专长科目	履历	服务学校
叶冷竹琴	副教授	音乐学	山东	英国爱丁堡大学学士、美国史密斯大学音乐硕士	声乐学	沪江大学、金陵女子文理学院	金陵女子文理学院
周崇淑	副教授	音乐学	江苏	中央大学教育学士、德国柏林音乐学院	音乐	国立师范学院	中央大学
洪达琦	讲师	音乐学	安徽	国立音乐专科	音乐	中央广播电台音乐组组员	音乐院分院
宋亭嘉	讲师	音乐学	福建	福建私立华南女子文理学院	音乐家事	福建省立音乐专科学校	福建省立师范专校
施曼姿	讲师	音乐学	美国	美国南加州大学	音乐	华南女子文理学院	华南女子文理学院
戴世佺	讲师	音乐学	湖北	北平大学女子文理学院	钢琴	中央政校	国立音乐院
何惠仙	讲师	音乐学	四川	上海音乐专科学校	钢琴	上海市立体育专科、南虹艺术学校	四川省立艺术专科
曹安和	讲师	音乐学	江苏	北平大学女子文理学院	——	北平大学女子文理学院	国立音乐院
魏非比	讲师	音乐学	福建	华南女子文理学院、美国密歇根大学硕士	音乐原理、管弦乐器	上海私立雅力士中学	华南女子文理学院
刘运春	讲师	音乐学	四川	华西协和大学	钢琴	华西协和大学	华西协和大学
洪达琳	助教	音乐学	安徽	金陵女子文理学院	——	中央训练团	国立音乐院分院
杨淑范	助教	音乐学	黑龙江	北平大学女子文理学院	——	教育部特设大学先修班教员	国立女子师范学院

续表

姓名	职衔	学科	籍贯	学历	专长科目	履历	服务学校
杨梅英	助教	音乐学	河北	河北省立女子师范学院	——	——	西康技艺专科
罗惠君	助教	音乐学	广东	北平大学女子文理学院	——	贵州省立贵阳女子师范	女子师范学院
艺术科——美术学门							
刘 伟	讲师	美术学	江苏	上海美术专科学校	中西绘画	私立女子师范学校	社会教育学院
袁 梅	讲师	美术学	浙江	上海新华艺专、东京日本大学研究、法国巴黎美术学院研究	西画	——	国立艺术专科学校
林葆青	讲师	美术学	四川	国立杭州艺专/日本东京图案专门学校	图案	武昌艺专	四川省立南充师范
熊明谦	助教	美术学	湖北	武昌艺术专科学校	国画、美术史	中央军校第一分校	武昌艺术专科学校
高惠英	助教	美术学	江苏	国立艺术专科学校	——	国立艺术专科学校	国立艺术专科学校
郑德淑	助教	美术学	安徽	国立艺术专科学校	——	国立十五中	财政部国库署
程丽娜	助教	美术学	广东	杭州艺术专科学校	——	国立艺术专科学校戏剧研究班导师	国立艺术专科学校
艺术科——戏剧学门							
柏恒丽	副教授	戏剧学	美国	美国威斯康辛大学硕士	戏剧学	福州私立格致中学	福建协和大学
沈蔚德	助教	戏剧学	湖北	国立戏剧学校	编剧、戏剧理论	中立戏剧学校	国立戏剧专科学校

人名索引

后　记

　　早在读博期间，本人在做博士论文《近代中国大学教育学科研究》时，查阅了很多有关近代大学的书刊，其中对近代大学教授的描述生动而形象，读之叫人爱不释手。但这些书只是研究男性教授，而对近代大学女教师几乎没有提及。对于近代女教师，人们更喜欢谈论她们的风流逸事，仅有的几个人物也只是个案研究较多。在看书过程中，本人开始慢慢关注这些女教师，结果发现近代大学女教师已发展为一个很大的群体，人数已达7000多人。然而迄今为止，学界对这一群体研究并不多见，遂萌生研究的意趣，收集了大量的资料，并在此基础上于2014年申报了浙江省哲学社会科学规划课题:《别样的风采:民国时期大学女教师研究》。

　　本人希望能对近代大学女教师有一个系统而全面的研究，揭示她们在大学是如何凭借着女性的优势，在大学的教学、学科学术研究、管理和社会服务等方面展示出别样的风采，为近代中国女性高等教育的发展写下灿烂一笔。与此同时，我也希望能把处于新旧交替之际女教师在大学的辛酸和努力进行深入书写，让我们看到近代大学女教师内心的挣扎、奋争、执着、努力的一面。这些构思非常美妙，然而在具体研究过程中，由于对近代大学女教师还没人进行系统研究，资料分布非常零碎，从2014年一直到2018年，最终花了5年的时间把一颗颗散落的珍珠串成了一挂闪闪发亮的项链，这是一个漫长而艰苦的过程。本书虽然还不是很精细，甚至有点粗糙，但我可以骄傲地说:这是第一本从教育的视角研究近代大学女教师的学术专著。

　　最后，我要感谢浙江大学出版社的张小苹老师、杨利军老师和张振华老师等，虽未曾谋面，但我深深地感受到老师们的严谨、认真和细致。这里我还要特别感谢张小苹老师，2014年省哲社课题审批后，张老师就给我打电话，还给我寄了很多有关女性方面的书籍。2018年书稿完成后，我发微信给张老师，张老师第一时间给我回复，愿意出版我的专著，并利用寒假给我审阅稿子，感动之余是满满的温暖，感谢张老师的期待和信任! 同时，我要感谢我的先生，在我书稿写作完成后，连续几天从头到尾帮我校对。女儿聪明有灵气，经常催促我早日完成书稿。感谢你们，有你们的关心和支持，让我感觉到研究的乐趣和力量。感谢所有关心我、支持我的朋友！

项建英

2018 年 2 月 1 日

图书在版编目(CIP)数据

别样的风采:近代大学女教师研究 / 项建英著.
—杭州:浙江大学出版社,2018.10
ISBN 978-7-308-18560-8

Ⅰ.①别… Ⅱ.①项… Ⅲ.①高等学校－女性－教师
－人物研究－中国－近代 Ⅳ.①K825.46

中国版本图书馆 CIP 数据核字(2018)第 191762 号

别样的风采:近代大学女教师研究

项建英 著

责任编辑	张小苹
责任校对	杨利军 张振华
封面设计	春天书装
出版发行	浙江大学出版社
	(杭州市天目山路 148 号 邮政编码 310007)
	(网址:http://www.zjupress.com)
排 版	杭州隆盛图文制作有限公司
印 刷	浙江良渚印刷厂
开 本	710mm×1000mm 1/16
印 张	17.5
字 数	305 千
版 印 次	2018 年 10 月第 1 版 2018 年 10 月第 1 次印刷
书 号	ISBN 978-7-308-18560-8
定 价	48.00 元